龙岗区青少年心理健康服务实践

杨永平　张　星　主编

吉林大学出版社

·长 春·

图书在版编目（ＣＩＰ）数据

龙岗区青少年心理健康服务实践 / 杨永平，张星主编 . — 长春 : 吉林大学出版社，2023.11
ISBN 978-7-5768-2589-3

Ⅰ . ①龙… Ⅱ . ①杨… ②张… Ⅲ . ①青少年—心理健康—健康教育—研究 Ⅳ . ① G479

中国国家版本馆 CIP 数据核字（2023）第 212119 号

书　　名　龙岗区青少年心理健康服务实践
　　　　　 LONGGANGQU QINGSHAONIAN XINLI JIANKANG FUWU SHIJIAN

作　　者　杨永平　张　星　主编
策划编辑　樊俊恒
责任编辑　樊俊恒
责任校对　樊俊恒
装帧设计　李　冲
出版发行　吉林大学出版社
社　　址　长春市人民大街 4059 号
邮政编码　130021
发行电话　0431-89580028/29/21
网　　址　http://www.jlup.com.cn
电子邮箱　jldxcbs@sina.com
印　　刷　北京亚吉飞数码科技有限公司
开　　本　710mm×1000mm　1/16
印　　张　15.5
字　　数　246 千字
版　　次　2023 年 11 月　第 1 版
印　　次　2023 年 11 月　第 1 次
书　　号　ISBN 978-7-5768-2589-3
定　　价　89.00 元

杨永平，男，深圳市龙岗区慢性病防治院院长，主任医师。研究生学历，毕业于中山大学，社会医学与卫生事业管理专业，研究方向：疾病控制。先后在中文核心期刊发表论文十余篇。深圳市医院管理者协会医院公共卫生与健康专业委员会副主任委员，广东省卫生经济学会常务委员，深圳市预防医学会病原生物学专业委员会委员，深圳市预防医学会卫生应急专业委员会委员，广东省职业健康协会理事，深圳市预防医学会第五届理事会理事，深圳市职业健康协会理事，从事公共卫生工作近 20 年。

　　张　星，女，深圳市龙岗区慢性病防治院副院长，精神科副主任医师。研究生学历，毕业于新疆医科大学，研究方向：精神病与精神卫生，先后在中文核心期刊发表论文十余篇。深圳市医师协会精神科医师分会第二届理事会副会长，深圳市医学会精神医学专业委员会委员，深圳市精神疾病质控中心委员，深圳市社会心理服务协会委员。从事精神疾病防治工作 10 余年。

编委会名单

主　　　编：杨永平　张　星

副　主　编：杨策策　刘文平　齐　岩

成　　　员：杨永平　张　星　杨策策

　　　　　　刘文平　齐　岩　赵伟森

　　　　　　叶彩萍　张　坤　王训强

　　　　　　李嘉茹　严玉红

编委会秘书：李嘉茹　严玉红

编写单位：深圳市龙岗区慢性病防治院

序

　　快速的经济发展,日新月异的科技进步以及巨大的社会变革带来了巨大的社会心态变化。为培育"自尊自信、理性平和、积极向上"的社会心态,中共十九大报告强调了要加强社会心理服务体系建设,在此之后国家多部委多次发文,重点要求要重视青少年的心理健康问题,青少年心理健康日益受到国家以及全社会的关注。

　　当前,随着社会经济发展加速、家庭生活条件改善、疾病减少等环境因素作用,孩子生长发育的潜力被充分挖掘,生长发育加速,青春期提前来临。而由于新媒体的迅速发展、电子产品普及、性道德标准变化、教育年限延长、婚龄生育推后、经济独立时间推迟等社会发展态势,当前的青少年们似乎更不愿意长大,青春期特征的"半依赖"状态时间延长。青春期又被称为性成熟期,被认为是最戏剧化和最困难的阶段之一,而青春期的"延长"似乎意味着心理冲突和矛盾加大加深。

　　呵护青少年身心健康成长,减少青少年心理问题带来的不良影响,不仅是社会心理服务体系的政策要求,更是维持家庭和谐美满、学校规范有序、社会安定文明的重要举措。2019年深圳市作为全国第一批社会心理服务体系建设试点之一,先行先试,敢为人先。龙岗区社会心理服务体系建设作为深圳市社会心理服务体系建设大局中的"排头兵"、"先行者",龙岗区卫生健康局等政府部门更是高度重视,将该项工作常抓不懈,大力组建心理健康服务队伍,开展全人群、全生命周期的社会心理服务,收到了巨大的社会效果。

　　本书在深入贯彻党中央有关决策部署的基础上,以深圳市龙岗区未成年人心理健康服务现实情况为主线,针对当前儿童青少年普遍存在的常见心理问题,以深入浅出的语言和丰富的实际案例,从个体层面、家庭与生活层面、学校与社会层面,归纳了未成年人常见的17类心理健康服务实践,包括青少年注意缺陷多动障碍、神经性厌食障碍、阿斯伯格综合征、情绪问题、问题性互动媒体的使用、亲子关系问题、睡眠健康问题、学业问题、社会交往问题、适应问题、品行障碍、自伤自杀问题、危机干预问题等多样化心理健康热点问题。通过不同的视角(如心理咨询师、心理治疗师、精神科医生、社会工作者等)将工作中的一些服务实践、心得体会以及相关领域的研究新方法、新进展,去芜存菁,辑录成书,对于新形势下如何推进未成年人心理健康服务体系建设具有重要的实践价值。

本书以青少年心理健康服务实践的形式,更贴合实际地通过多角度、多学科、多层次探讨青少年心理问题的"根源",辩"症"施"治",更好地去帮助、解决青少年成长过程中遇到的心理问题。

顺理而举易为力,背时而动难为功。藉着社会心理服务体系建设的政策支持,深圳市龙岗区心理健康领域的工作人员牢记习近平总书记的殷殷嘱托,充分发挥心理健康专业优势,积极作为,久久为功,以更加昂扬的斗志、更加开拓创新的思维,提供更加优质的心理健康服务,以实际行动增进市民群众的获得感、幸福感,在深圳建设先行示范区的伟大历史征程中谱写了心理健康工作新篇章。

贾福军

2023 年 11 月 23 日于广州

目　录

第一章　综　述｜1

　第一节　青少年群体特点及发展规律｜2

　第二节　我国青少年心理健康综合状况｜8

　第三节　龙岗区青少年心理健康服务综合状况｜12

第二章　儿童青少年心理健康服务实践｜17

　第一节　当多动与稚鸟相遇｜18

　第二节　被困于"天才病"的孩子｜27

　第三节　向食物"敞开心扉"｜39

　第四节　回归安稳梦乡｜48

　第五节　航向新的岸边｜60

　第六节　勇敢地迈出第一步｜69

　第七节　重建人生的乐章｜80

　第八节　数字世界的迷途｜89

　第九节　超越障碍，飞向未来｜98

　第十节　考场的"闪亮之星"｜108

　第十一节　镇定心灵的"秘笈"｜119

　第十二节　重新认识自我的旅程｜131

　第十三节　发现自我，拥抱性健康｜143

　第十四节　敲开学习之门：重拾兴趣｜153

　第十五节　共同种下爱的种子｜164

　第十六节　危机的"解锁钥匙"｜176

　第十七节　重铸家与我的纽带｜187

第三章　青少年心理健康发展的重要议题　199

第一节　青少年自我同一性的建构　200

第二节　良好的家庭关系是一切的底色　203

第三节　青少年的个体情绪发展与转化　207

第四节　正确面对青少年出现成长性障碍　212

第五节　青少年做自己的掌控者　216

第六节　青少年青春期性教育　220

第七节　青少年心理健康的社会性　224

参考文献　230

后　记　237

第一章

综　述

第一节 青少年群体特点及发展规律

青少年是社会中一个重要的群体,在他们身上凝聚着社会的希望与未来。了解青少年群体的特点和发展规律,对于正确引导他们的成长具有重要的意义。本节将从身体发育、心理特点、社交关系以及认知发展等方面,综合描述青少年群体的特点和发展规律。

一、身体发育

青少年是从儿童向成人转变的关键时期,身体发生了很大的变化。在生理上,青少年群体呈现出迅速增长的特点,身高、体重等指标以及性征开始显现。

首先是生理特点的变化,包括身高、体重、肌肉发育、骨骼增长等方面的快速发展。其次是青春期是青少年身体发育的关键时期,男女性征的发育差异明显,包括男性青少年的声音变低、颜面部和体毛的增加,女性青少年的乳房发育、月经的开始等。最后是运动能力的提高,青少年群体的肌肉力量、耐力、协调能力和反应速度都有明显的进步,他们在体育活动和运动竞技中表现出更高的水平和潜力,生理机能逐渐达到成人水平。这些身体发育特点和变化是青少年期的普遍现象,是由内分泌系统的调节和生长发育过程的演变引起的,青少年期的身体发育对青少年的健康和心理发展具有重要的影响。

二、心理特点

青春期身体外形剧变,对青少年的心理发展作用很大。最突出的一点是带来"成人感"(Feeling of being an adult)。青少年认识到"自己已经长大了",意识到自己开始不再是"小孩子",增强了他们自我意识的一些新体验,所以产生了"我是成人了"的成人感。人格的发展速度加剧了。但由于生理发展迅速,心理发展往往跟不上相应的变化,所以青春期发育初期,即初中生或少年期,行为举止常常显得笨拙,并造成心理上的"笨拙感"。

青少年群体的心理特点主要表现在自我意识的加强、情绪波动明显、对自我探索与求异心理的推崇以及自我评价的不确定性的增加。这些特点在青少年阶段是非常普遍和显著的,与他们正处在身份建构、社会角色转变和个人独立性发展的关键时期密切相关。他们开始对自身的价值观、兴趣爱好以及个人身份有更深入的思考和关注,同时也更容易受到外界环境和他人评价的影响,导致情绪上的波动和自我评价的不稳定。这也是青少年群体成长中的正常且重要的心理变化,他们需要通过适当的支持和指导来帮助他们形成积极健康的自我认识和心理状态。

(一)自我意识的加强

青少年群体意识到自己与他人的差异,开始关注自己的形象和地位。他们对外貌、个人形象和自我认同有较强的关注和追求。

在青春期,青少年正处于身份认同探索的阶段,他们开始意识到自己与他人的差异,并试图寻找自己在社会中的定位。在这个过程中,他们会对自己的外貌、个人形象和自我认同产生强烈的关注,希望通过与他人的比较来建立自己的独特性和价值。

(二)情绪波动明显

青少年正处于身体和大脑的快速发育阶段,身体激素水平和神经系统调节功能发生变化,导致他们情绪较为不稳定,这种生理发展的影响会导致情绪忽高忽低,对外界刺激的反应较为敏感。他们常常陷入情感的起伏和冲突中,对自己的情绪表达尚不成熟。

并且,在这一时期青少年正处在自我身份建构和独立性发展的阶段。他们开始思考自己是谁、与他人的关系如何以及未来的方向等问题,这些问题的探索过程容易引发情绪上的不稳定和冲突。例如,由于社交关系的影响,他们可能会遭遇友谊问题、群体排斥、挫折与否定等压力,从而导致情绪起伏。

同时,青少年面临来自学业、家庭期望、社会等多方面的压力,这些压力可能会使他们感到焦虑、沮丧或不安,进而引发情绪波动。然而,青少年往往自我认知和情绪调节能力尚不成熟,大多数青少年的自我认知和情绪调节能力还在发展中。他们可能无法准确地识别和理解自己的情绪,也缺乏有效的方式来调节和应对情绪变化。

总之,青少年群体情绪波动较大、易受外界刺激而产生情绪变化,多数是由于生理发展、自我身份构建、社交关系、外界压力以及自我认知和情绪调节能力的不成熟所致。这一阶段的情绪变化是正常的,但社会面对青少年群体的情绪关怀和支持是非常重要的。

（三）自我探索与求异心理

随着科技和媒体的发展,青少年接触到更广泛的信息和文化。青少年群体普遍存在对探索未知事物的强烈欲望,渴望独立和新鲜感。他们对不同的观念和文化保持开放的态度,对新事物充满好奇和求知欲。他们通过互联网、社交媒体、电视和电影等渠道,接触到不同国家、不同文化和不同观点的信息,这使得他们对多样性和新事物表现出更强的兴趣和好奇心。

（四）自我评价的不确定性

青少年群体对自我评价存在误差和不确定性,常常对自己的才华和价值感到困惑和怀疑。他们需要通过积极的自我探索和社会反馈来树立正确的自我价值观。

青少年的自我评价是指他们对自己的认知和评价。这包括他们如何看待自己的外貌、能力、价值观、性格特点和成就等方面。自我评价是一个人对自己的全面认识和评判,并且对自己的情感和自尊心有深远影响。对于青少年来说,自我评价对他们的自信心、自尊心和心理健康都有重要作用。一个积极的自我评价可以促进他们的成长和发展,而负面的自我评价可能导致压力、焦虑和心理问题的出现。

青少年群体对自我评价存在误差和不确定性的原因有多个方面。首先,青少年正处于身份探索和自我认同的阶段,他们正在寻找自己的特点和才能,并试图将其与社会角色和期望相匹配。这个过程中,他们可能会经历自我怀疑、自我否定和自我评价不稳定等情绪和认知的波动。

此外，青少年的自我评价也受到外界评价和社会比较的影响。他们常常会通过与同龄人、家人、教师和媒体的比较，来衡量自己的价值和才华。这种外部评价和比较往往会给他们带来不确定性和困惑，尤其是当他们发现自己在某些方面与他人不同或不符合主流标准时。例如，青少年群体在成长过程中可能会面临挑战和失败，而这些经历可能会对他们的自我评价产生负面影响。他们可能会因为在学业、体育、社交等方面的困难和挫折而陷入自我怀疑和自责的情绪中。

为了帮助青少年建立正确的自我价值观，他们需要积极地自我探索和社会反馈。积极的自我探索意味着青少年应该主动尝试不同的兴趣和活动，发现自己的潜力和兴趣所在。同时，社会反馈可以帮助他们建立实际和客观的自我认知。与家人、朋友和老师的交流和反馈可以给予青少年鼓励、认可和指导，帮助他们建立积极的自我评价。

最重要的是，社会应该为青少年提供一个支持和尊重他们个体差异的环境。这意味着我们需要避免过度的标准化和竞争，关注每个青少年的个人需求和发展潜力，并给予他们适当的支持和鼓励。这样，青少年才能在积极的环境中发展自己的能力和价值观。

三、社交关系

青少年群体在青春期亲密关系和家庭关系的重塑过程中，面临许多挑战和调整。他们需要在与同伴建立亲密关系的同时，也要学会如何与父母进行有效的沟通和理解。这是一个既充满机遇又伴随着困惑和冲突的阶段。

青少年与同伴之间的交流和亲密关系对他们的自我认同和社会适应至关重要。通过与朋友的深入交流和分享，他们不仅可以发展自己的情感和认知能力，还可以建立互相支持和理解的关系。这种亲密关系的形成有助于青少年在社交和心理健康方面获得更好的发展。

与此同时，青少年在与家庭的关系中也面临着挑战。随着他们逐渐脱离对父母的依赖并追求独立性，他们渴望在家庭中获得更多的自主权和决策权。与此同时，父母可能对他们的期望和要求有所不同，造成了权力冲突和代沟的出现。青少年需要与父母进行开放和积极的沟通，以增进相互的理解和解决冲突。

在这一发展阶段,理解和支持青少年的亲密关系和家庭关系的重塑非常重要。社会应该提供积极的环境和支持,包含医疗、校园、社会等多方面环境,鼓励青少年发展健康的亲密关系,并加强与家庭成员之间的沟通和理解。同时,青少年本人也需要学会处理人际关系和解决冲突的技能,以更好地适应和发展。

总而言之,青少年群体在青春期的亲密关系方面面临着重塑和调整的挑战。他们倾向于与同伴进行深入交流,并通过参与集体活动和社交场合来锻炼自己的社交能力。与此同时,他们也努力在与家庭的关系中寻求更多的自主权和独立性,但在与父母之间也面临着权力冲突和代沟的问题。这一阶段对于青少年的社交能力和个人发展来说都非常关键,需要适应和应对各种变化和挑战。

四、认知发展

在青春期,未成年人群体的认知发展逐渐向抽象思维的转变是多种因素综合作用的结果。

青少年的大脑在这个阶段经历了显著的重塑和发展,尤其是前额叶皮质和额叶皮层,它们负责高级认知功能的执行和规划。这种生理发育促进了他们的思维能力的成熟和提高。随着年龄的增长,青少年积累了更多的经验和知识,青少年在学校和社交环境中接触到更多的抽象概念和知识,例如数学、科学理论和逻辑推理等,这些学习经历扩展了他们的思维能力,并提供了实践和应用抽象思维的机会,这使他们能够将具体的经验和案例应用到更广泛的情境中,他们开始能够发现和理解事物之间的相似性、关联和模式,并运用这些认知工具来解决更复杂的问题。

在这个阶段,青少年群体开始面临更多的社会互动和复杂的社交关系,他们需要理解和适应社会规范和价值观。这种社会发展要求他们在思考和分析问题时更加细致和灵活,从而促进了抽象思维的发展。这一认知发展的转变使得他们能够更好地理解和解决复杂的问题,为他们的学业和个人发展提供了基础。

青少年在认知发展上经历了从具体思维到抽象思维的转变,使他们能够从事物的表面特征中提取出共同的属性,并进行分类和比较,能够运用辩证思维和推理能力,通过逻辑的思考方式解决问题。

具体来说,青少年开始能够从不同的角度思考问题,包括分析问题涉及的多个因素和利益,从而更全面地了解问题的本质。他们能够将自己的想法与他人的观点进行对比、辨析和推理,从而形成更准确的判断和决策。此外,青少年还能够处理矛盾和冲突,学会在不同的观念之间找到平衡点,以达到更为合理和可行的解决方案。

这种逻辑思维的成熟对青少年群体具有重要的意义,它促使他们能够更好地应对复杂的社会和学习环境,培养批判性思维和创新能力,为日后的学习、工作和生活奠定坚实的基础。

在此基础上,青少年群体也开始建立对未来的规划和职业意识,对自己的长远发展设定目标。他们开始关注社会职业和自己的兴趣爱好,并积极寻求相关的学习和培训。

青少年的兴趣爱好在未来规划和职业意识的形成中起到重要的作用。他们开始关注社会职业,并参与各种与自己兴趣相关的活动,以了解更多相关的知识和技能。这有助于他们更好地了解自己的兴趣和优势,从而可以更明确地制定未来的规划和目标。

家庭和教育环境也对青少年的未来规划和职业意识产生积极的影响。父母、老师和其他家庭成员的支持和指导,可以帮助他们认识到未来的重要性,并为他们提供必要的信息和资源。教育系统也可以通过相关的教育课程和活动来引导青少年开始思考自己的未来,并培养他们的职业意识和规划能力。

最后,社会的发展和变化也为青少年提供了更广阔的职业选择和机会。他们可以通过社交媒体和互联网了解更多职业信息和工作机会,从而更好地进行未来规划和职业选择。

总之,青少年群体开始关注未来规划和职业意识的原因是多方面的,包括年龄的增长、兴趣爱好、家庭和教育环境的影响以及社会的发展和变化。这些因素共同作用,推动青少年群体积极思考自己的未来,并为自己的发展设定目标。

第二节　我国青少年心理健康综合状况

　　我国党和政府高度重视儿童青少年心理健康教育工作。2012 年，教育部对《中小学心理健康教育指导纲要》（以下简称"《纲要》"）进行了修订，新版《纲要》的总目标发生了变化，首次提出"促进学生身心和谐可持续发展，为他们健康成长和幸福生活奠定基础"。"正确认识自我"成为各个年龄段中小学生首要的心理健康教育内容。《纲要》要求每所中小学校至少配备一名专职或兼职心理健康教育教师，心理健康教育教师享受班主任同等待遇。这些政策和制度的制定，为未成年人心理健康服务工作的顺利开展奠定了坚实的基础。2013 年 5 月正式实施的《中华人民共和国精神卫生法》明确要求，各级各类学校要开展心理健康教育，配备专业教师及心理辅导室，同时通过教师培训保障心理健康教育的实施。在《国家中长期教育改革和发展规划纲要（2010—2020 年）》中也明确提出要加强心理健康教育。2015 年 7 月，根据《中小学心理健康教育指导纲要》的精神和国家有关中小学心理健康教育工作的基本要求，教育部办公厅下发了《中小学心理辅导室建设指南》，提出："通过向学生提供发展性心理辅导和心理支持，提高全体学生的心理素质，培养他们积极乐观、健康向上的心理品质，促进学生身心和谐可持续发展，有效适应学校生活和社会公共生活，为他们快乐学习、健康成长和幸福生活奠定坚实基础。"该指南对中小学校园的心理辅导室的功能定位、基本设置、管理规范等都作了明确的规定。

　　近年来，党和政府越来越重视心理健康服务体系建设。2016 年 8 月，党中央领导在全国卫生与健康大会上发表重要讲话，强调"要加大心理健康问题基础性研究，做好心理健康知识和心理疾病科普工作，规范发展心理治疗、心理咨询等心理健康服务"。2016 年，中共中央国务院印发《"健康中国 2030"规划纲要》。在《"健康中国 2030"规划纲要》中有专门一节提到"促进心理健康"，明确提出："加强心理健康服务体系建设和规范化管理。加大全民心理健康科普宣传力度,提升心理健康素养。"2016 年 12 月,国家卫生计生委、中宣部、中央综治办、国家发改委、教育部等 22 部委联合发文,颁布了《关于加强心理健康服务的指导意见》,这是我国首个加强心理健康服务的宏观指导性意见。《关于加强心理健康服务的指导意见》提出的基本目标是:到 2020 年,全民心理健康意识明显提高;到 2030 年,全民心理健康素养普遍提升。《关于加强心理健康服务的指导意见》明确提出"全面加强儿童青少年心理健康教育",对学前教育机构、特殊教育机构、中小学校和高校都提出了具体要求。2017 年 10 月,党的十九大报告中指出,加强社会心理服务体系建设,培育自尊自信、理性平和、积极向上的社会心态。2018 年 11 月,国家卫生健康委、中央政法委、中宣部、教育部等 10 部委联合发文,颁布了《全国社会心理服务体系建设试点工作方案》,指出工作目标是"到 2021 年底,试点地区逐步建立健全社会心理服务体系,将心理健康服务融入社会治理体系、精神文明建设,融入平安中国、健康中国建设";并且提出了具体工作指标,对村(社区)综治中心、高等院校、中小学、各党政机关、企事业单位、新经济组织、精神专科医院等都提出了具体要求。

世界卫生组织(WHO)于 1946 年在《世界卫生组织宣言》中给健康下的定义为:"健康是一种身体上、心理上和社会适应上的完好状态,而不仅是没有疾病及虚弱现象。"从世界卫生组织对健康的定义中可以看出,健康包含了三个基本要素:躯体健康、心理健康和具有社会适应能力。1990 年,世界卫生组织是这样给健康下的定义:一个人只有在躯体、心理、社会适应和道德四个方面都健康,才算是完全健康。可见,心理健康的内涵越来越丰富。

关于心理健康,第三届国际心理卫生大会于 1948 年明确指出:"心理健康是指在身体、智能以及情感上与他人心理不相矛盾的范围内,将个人心境发展到最佳的状态。"世界卫生组织在 2001 年就指出:心理健康是一种健康或幸福状态,在这种状态下,个体可以实现自我价值、能够应对正常的生活压力、工作富有成效,以及有能力对所在社会做出贡献。《关于加强心理健康服务的指导意见》(国卫疾控发〔2016〕77 号)明确指出,心理健康是人在成长和发展过程中,认知合理、情绪稳定、行为适当、人际和谐、适应变化的一种完好状态。心理健康是健康的重要组成部分,关系到广大人民群众的幸福安康,影响社会和谐发展。

青少年的心理健康事关家庭幸福、社会和谐与国家未来,越来越引起全社会的关注。当前,青少年心理健康面临一些问题和挑战,《2022年国民心理健康调查报告:现状、影响因素与服务状况》研究发现,在我国各年龄层中,青少年为抑郁的高风险群体。数据显示青少年群体有14.8%存在不同程度的抑郁风险,而25~34岁年龄组的抑郁风险检出率为12.3%,同时焦虑风险检出率的年龄差异呈现类似趋势。对1987—2022年我国青少年心理健康水平进行横断历史元分析,结果表明,初中生心理健康水平随年级升高而下降,初一年级学生随年代变化的幅度最大;且性别差异显著,女生心理健康变化的幅度较大,心理健康水平也更低。

近年来,我国青少年抑郁和焦虑的检出率逐渐升高,成为一个备受关注的社会问题。众多研究表明,青少年的心理健康问题与多种因素密切相关,其中学业压力、家庭关系紧张、缺乏情感支持和互联网沉迷等因素是导致问题日益普遍的主要原因。

首先,学业压力是我国青少年心理健康问题增加的重要因素之一。当前教育系统对学生要求较为严格,竞争激烈。长时间的学习和备考常常使青少年陷入紧张和焦虑的状态,并且学习课业重等因素可能导致青少年的睡眠时间不足,从而影响他们的身心健康。尤其是在高中阶段,备战高考成为青少年群体极为重要的任务,而巨大的学业压力不仅来自于家庭和学校的期望,还源自对未来的不确定性和竞争压力。

其次,家庭关系紧张和缺乏情感支持也对青少年的心理健康产生了负面影响。家庭是孩子们成长的重要环境,家庭关系的主观和客观困难可能对青少年产生长期影响。研究发现,父母的婚姻问题、家庭暴力、亲子关系不和谐等都会对青少年产生心理压力,增加他们出现抑郁和焦虑的风险。同时,缺乏家庭中温暖和稳定的情感支持也会使青少年感到孤独、无助,进而加重心理健康问题。积极的家庭环境和社会支持网络可以提供情感支持和心理教育,减轻青少年的压力和焦虑。

此外,社交压力和自我认同问题也导致青少年心理健康问题的增加。在与同龄人的交往中,一些青少年可能面临来自社交关系的压力和挫折感。缺乏自信心和自尊心的青少年更容易受到外界评价的影响,进而产生心理健康问题。

同时,当前青少年的成长,与网络的发展和兴起同步,网络已成为他们的主要生活方式之一,这是以前青少年所不具备的文化特征和时代背景。我国青少年普遍使用互联网和智能手机,对虚拟世界具有较高的依赖性。过度使用互联网可能导致社交隔离和沉迷问题,网络与手机成瘾是心理健康的巨大隐患,业已发现,相比于轻度的电子产品使用者,重度电子产品使用者更可能体验到不快乐,幸福感水平较低,并有更高的自杀风险。青少年在社交媒体和电子产品上花费更多时间会减少他们在现实生活中进行当面社交、阅读印刷媒体和参与体育运动的时间,而这些在现实生活中的活动与抑郁症状和情绪困扰呈负相关。换句话说,社交媒体和电子产品的使用会直接或间接地影响青少年的心理健康。这种使用方式可能导致网络成瘾、睡眠质量下降、自尊心降低以及身体形象等问题,这些问题可以看作网络交媒体使用对青少年心理健康的中介影响。

综上所述,学业压力、家庭关系紧张、缺乏情感支持和互联网沉迷等因素是导致青少年心理健康问题增加的主要原因。在解决这一问题上,需要关注学生的学业压力管理、家庭教育和社会支持资源的提供,以促进我国青少年的心理健康和幸福发展。

需要注意的是,在探讨我国青少年心理健康状况时,我们也应关注我国社会对心理健康问题的关注和改善。近年来,中国社会对青少年心理健康问题的关注度逐渐提高,医疗部门、学校和社区也逐渐增设心理健康服务点,提供心理咨询和心理健康教育、开通心理咨询热线等。这些积极的变化表明我国对于青少年心理健康问题的重视和努力,守护青少年心理健康,促进青少年身心健康成长已亟不可待。

如何守护青少年的心理健康? 守护青少年的心理健康是一项系统性工程,需要我国社会、医疗、教育、家庭等多个部门的共同关注。从工作的协同看,守护青少年的心理健康需要各相关部门之间建立健全的联动机制,集中心理服务工作力量。社会部门、医疗机构、学校等应该形成紧密的合作关系,完善心理服务由前端到后端的完整性链条,共同关注青少年心理健康问题,合作开展心理服务工作,例如,强化医校协作,可聘请精神心理专业医务人员定期进学校指导,转诊前置,参与高危学生、确诊学生的心理治疗。创新机制,注重实效,建立专门的心理健康工作组织,由专业人士组成,负责制定相关政策、规划和方案,定期举行联席会议,共同研究解决青少年心理健康问题。此外,应该加强对从业人员的培训和教育,提高他们的专业素养和服务能力,以确保提供的心理服务具有专业性和有效性。

其次,为了守护青少年的心理健康,需要畅通信息渠道,建立持续性的心理健康监测与预警机制。通过建立和完善青少年心理健康信息系统,收集和分析相关数据,及时掌握青少年心理健康问题的动态变化和趋势。同时,利用现代科技手段,开展心理健康问题的在线监测与预警,如多部门联合搭建形成儿童青少年心理健康大数据平台和预测模型,深入开展青少年常见心理问题与精神障碍的早期识别与干预研究,及时发现和解决潜在的心理健康风险。此外,应该加强对青少年心理健康问题的宣传和教育,提高社会各界对青少年心理健康的认识和关注度,形成全社会共同关注和参与的局面。

在此基础上不断完善社会心理支持体系,增强系统性和专业化的心理服务供给。在社会部门、医疗机构、学校等提供的心理服务之外,还应该加强与社区组织、志愿者组织等的合作,共同提供心理支持和援助。比如,在开学、期中、期末、传染病高发期、春季等心理疾病易发时段,强化心理健康宣传教育,通过发布"给家长的一封信"等方式,传播家庭心理教育方法;开发出家庭心理教育书单,提供电子阅览网址;图书馆和书店设立家庭心理教育专柜、专栏和亲子阅读专区、专座。此外,不断扩大科学化儿童青少年心理服务的辐射范围,建立心理健康教育的长效机制,将心理健康教育融入学校教育和家庭教育中,培养和提升青少年的心理健康素养,让更多的青少年能够获得专业的心理服务。

第三节　龙岗区青少年心理健康服务综合状况

2018年,国家十部委联合印发了《全国社会心理服务体系建设试点工作方案》,为做好社会心理服务体系建设国家试点工作,满足市民群众对美好生活的多元化心理需求,深圳市人民政府办公厅于2019年印发《深圳市社会心理服务体系建设试点工作实施方案(2019—2021)》的通知,在社会心理健康服务体系建构的背景下,龙岗区各层级单位响应中央号召,强化心理健康社会化意识,多层次、全方位地开展社会心理健康服务工作,助力掀起社会心理服务的热潮。

近年来,龙岗区创新探索多项举措,关爱青少年心理健康,将抓好未成年人心理健康工作作为加强和改进全区未成年人思想道德建设的重要内容,不断推动市域社会治理现代化落实落细落具体,通过线上＋线下、讲座团辅、教学培训、心理诊疗等各类心理健康服务形式,借助医疗、学校、社区、中心等阵地,开展形式多样、内容丰富的未成年人心理健康主题的社会心理服务,提升未成年人心理健康教育水平,营造良好的心理健康教育氛围。

近年来,龙岗区在校学生心理疾病确诊、休学停学、自杀现象等发生率较高,以龙岗区心理咨询热线2023年1—7月份接线情况为例,未成年人相关心理热线占比48.1%,主要为高中生(40.9%)和初中生相关热线(36.1%),超三分之一的来电未成年人已被确诊为抑郁症、焦虑症、多动症、童年情绪障碍等疾病。此外,29.5%具有自伤行为,27.9%在生活中具有较为严重的情绪困扰,29.5%具有厌学倾向。

今年以来,龙岗区卫健局从顶层设计出发,探索龙岗区精神卫生中心和试点学校联动的双场所服务模式,多层次推进龙岗区未成年人心理健康服务"医—教—家"联动试点工作,根据不同年龄阶段学生身心发展特点和规律,科学有效实施心理健康教育,提供全面、专业的心理健康卫生服务,旨在培养未成年人良好的心理素质,促进其身心和谐发展,为龙岗辖区未成年人心理健康发展保驾护航。

一是建立未成年人心理健康服务工作联动机制。制定《龙岗区关于促进未成年人心理健康医教联动试点工作方案》,以龙岗区未成年人心理健康服务为导向,联动卫健、政法、教育等各部门,建立未成年人心理健康服务联席会议机制,加强心理工作交流,了解心理工作进展,研讨心理工作问题,促进心理工作完善。在联动机制下,持续性促进龙岗区未成年人的心理健康发展,为青少年群体提供更全面、协同的心理支持和心理服务。

二是搭建全区未成年人心理危机干预服务网络。开设覆盖全区范围的24小时未成年人心理咨询服务热线,整合家庭、学校、街道、教育、医疗等多方力量,形成一体化的心理危机干预服务网络,及时接收未成年人心理危机援助需求,形成"早发现、早干预"的未成年人心理危机服务工作机制。整合全区心理卫生资源,形成"咨询初评—问题诊断—干预治疗"的工作闭环,根据青少年的问题诊断结果,制定个性化的干预治疗方案,这包括在医疗、学校、社区、家庭等多种场所进行干预治疗,例如心理咨询、心理教育、心理培训等。同时,配备专业心理人员进行定期随访和跟踪服务,确保干预效果的持续性和延续性。减少危机事件的发生。

三是持续推进龙岗区未成年人心理健康服务"医—教—家"联动试点工作。龙岗区慢性病防治院联合龙岗区心理咨询协会,以试点学校为据点,面向全体学生开展预防性和发展性心理健康服务,聚焦于生命教育、情绪压力、人际关系、自我成长、青春期教育等主题,采取团队历奇、生命体验、心理剧场、心理减压游园会等形式开展未成年人团体心理课堂,帮助未成年人舒缓情绪压力,调整自我内心状态,树立积极向上的心态。以身心健康发展的视角,为龙岗区青少年群体持续提供优质高效的心理健康卫生服务,防范化解突发青少年群体心理危机事件风险,为建设教育民生幸福标杆提供有力支撑。

四是开展试点学校心理教师团体督导活动。为深入探索实施龙岗区未成年人心理健康服务"医—教—家"联动试点工作,龙岗区精神卫生中心联合区教育局在试点学校开展心理教师团体督导工作,该工作以龙岗区慢性病防治院心理卫生科为主导,联合市级、区级精神心理医疗专家参与,通过开展心理教师团体督导的方式,将医疗视角深度切入教育视角,加强医教沟通,提升龙岗区心理健康教师人才的服务能力。

与此同时,龙岗区积极孵化省市区心理健康教育特色学校,现有省级心理特色校4所,市级心理特色校8所,区级心理特色校24所;其中,心理特色校积极发挥示范引领作用,为推动区域心理教育工作的发展贡献出卓越的力量。

五是提供重点未成年人治疗性心理健康服务。针对具有心理精神健康疾病、长期受负面情绪困扰、长期停学和休学等重点未成年人,开展个体心理咨询辅导及团体心理成长课堂。通过群体治疗、绘画治疗、纸笔练习、音乐治疗、团体游戏治疗、意象剧场等形式,帮助未成年人向内探索自我,激发自身成长内驱力。此外,针对青少年心理健康问题高发的中考、高考时期,龙岗区慢性病防治院以开通中高考减压心理热线平台的形式,为辖区考生保驾护航。提供24小时不间断的心理咨询和支持服务。考生和家长可以通过拨打热线电话,排解与中高考有关的心理压力,咨询学习问题以及应对方法等方面的问题。

六是发展未成年人心理健康服务人才队伍。在未成年人社会层面,龙岗区重点关注未成年人心理服务人才队伍的建设。在龙岗区精神卫生中心指导下,龙岗区心理咨询协会举办多期家庭教育指导师等系列培训,课程覆盖教师、社工、医护等多方服务人员。这些系列课程也为龙岗区本土化家庭教育指导服务队伍遴选出新一批具有良好的心理素质和职业操守,同时具备家庭教育指导专业能力、群众满意度高并符合龙岗特色且具有创新意义的高质量家庭教育公益讲师。在此基础上,学员们将逐渐参与进龙岗区多样化的系列性心理健康服务活动,包括但不限于心理健康讲座、心理危机干预、心灵成长团体辅导等形式,实现由课程学员到心理服务者的角色转化,共同守护龙岗区居民心理健康。

青少年的心理健康,事关家庭的幸福,国家的未来,民族的希望。目前,龙岗区针对未成年人群体的心理健康工作已取得一定成效,但还需不断深入基层开展宣传,抓好落实工作,全力打造集心理医疗服务、教育服务、社会服务、文化服务、科普服务、理论宣讲、健康促进与心理发展于一体的深圳市未成年人心理健康服务"龙岗模式",让心理健康服务更加贴近日常生活,促进龙岗未成年人健康心理工作的可持续发展。

第二章

儿童青少年心理健康服务实践

第一节　当多动与稚鸟相遇

——注意缺陷多动障碍儿童青少年心理健康服务

一、案例情况

闹闹今年上初中了，他从上幼儿园时就被多人、多方盖章为问题儿童了。幼儿园老师投诉他太喧闹、爱捣乱、太容易分心，不好管理，还打其他小朋友，总是三天两头被叫家长提前接回家。上小学后老师总投诉他在学校里不服从管理，不遵守纪律，完全无法抵抗干扰，上课期间特别容易分心走神，东张西望，外面的小鸟一叽喳，闹闹的头就转到窗外了。其他同学一点小动静，闹闹的眼睛和头就立刻跟上了。老师在课堂提问，话音还未落，闹闹的答案就噼里啪啦输出了。喜欢接话茬，老师说上句，他下一句就跟上了，经常打乱老师上课的节奏。爱和同桌讲笑话，常被老师拎出来罚站。上课期间坐不下来，屁股上像有个钉子似的到处乱跑，有时会跑出教室。好不容易坐着时手眼也停不下来，东摸摸西瞅瞅，注意力没法专注在学习和老师的讲课上，常常记不住老师布置的作业，做作业时常出错，有时遗漏，总是各种出错。闹闹在背课文、重复抄写课文时最没办法安静下来。总是丢三落四，不是忘记带作业，就是忘记带笔袋，有几次还把书包丢了，闹闹还经常拖延，经常迟到。老师如何好言相劝和奖惩措施都用了也没办法。玩球类运动时总显得笨手笨脚、四肢不协调，常因此在体育课上被同学们嘲笑。

闹闹在家也是闹翻了天。父母在闹闹很小的时候就发现他特别容易转移注意力，总是似听非听，和他说话时，经常心不在焉的，因此老是被父母批评，脑瓜子经常云游海外，比如闹闹此时此刻的脑子里出现的是三天前他的同学和他说过的话。父母交代他做一件事，转头就忘记了。父母让他外出到小区附近买个东西，却在家门口迷路了。日常生活中有很多问题，基本生活技能差，吃饭时常常弄得一团乱，衣服鞋子经常乱穿，房间里乱七八糟的，物品乱放，完全没有条理，没有秩序感，经常花很多时间找东西。对于他喜欢的事儿,他却能长时间安静坐下来。闹闹最喜欢弹钢琴,一坐下来弹钢琴,能安静俩小时,这是父母觉得最欣慰的。但闹闹做事冲动,想要什么父母就得立刻拿到他面前,一言不合就发脾气。想到什么就要去做,一点都不顾及危险,特别喜欢到外面探险,越是不熟悉的对他来说新鲜的地方越让他兴奋。经常在他的身上上演着"自杀式"闯祸,家人一不注意就蹬高攀楼了,经常身体上都是旧伤未愈新伤已来。无论父母如何语重心长好言相劝都没用,父母经常为闹闹无法安静下来而头疼。闹闹像是个永动机,充满活力,却又三心二意。

和同学的关系也处不好,似乎总喜欢招惹别人。好朋友好不容易张口跟他聊心事,他却又神游外太空了,被朋友指责没有耐心、不关注朋友的倾诉。朋友让他帮个忙,仔仔细细交代了他,他也口口声声答应了,但很快就把答应的事儿丢到九霄云外了。和同学们一起做游戏,被投诉不遵守游戏规则,集体活动时,要么不排队,要么打岔、干扰他人,总是很难自始至终地参加一种活动,不能安静,没征求同学意见就乱拿别人的东西,已是家常便饭了。闹闹不知道如何压抑自己的情绪,经常发脾气,时常和同学打架。同学关系也处得不好。

闹闹的老师总是对闹闹的父母讲,小孩很聪明,但是,学习态度不端正,意志力也不强,是个令人头大的学习困难户,然后就是摇头。闹闹的父母总痛心闹闹心思不定,个性过于软弱,抗不了压,像掰玉米的小猴子,未来估计什么也做不成,还冲动任性,经常担忧闹闹以后可怎么办。闹闹的朋友总抱怨闹闹待人做事不够用心。闹闹总是有很棒的主意,但就是不知道如何完成,明明觉得自己有能力,但就是发挥不出来,他也因此很苦恼,总处于挫折之中而总是愤怒。面对老师、家长和同学朋友的指责,闹闹自己也很自责,也经常崩溃,还容易焦虑,觉得自己就是这么差劲,变得越来越自卑、越来越封闭,经常自暴自弃,更加难以接近。

闹闹是怎么了?

二、问题分析

面对闹闹,老师头痛,家长心痛,同学觉得痛苦,闹闹也怪罪自己,其实,闹闹是生病了,患有儿童及青少年注意缺陷多动障碍(俗称多动症,英文为 Attention-deficit Hyperactivity Disorder, 简称为 ADHD)。

不是闹闹有意为之,而是神经系统发育异常在作祟。注意缺陷多动障碍是一种起病于儿童期的终生性慢性疾病,病因和发病机制尚不完全清楚,是神经发育性疾病,具有生物学基础,多数是遗传因素和环境等多种不利因素协同作用,遗传是最主要的因素,环境因素会使症状恶化,表现为大脑功能失调,主要表现为注意缺陷、冲动、活动过度。多动症存在已久,但在 20 世纪末被视为医学问题前,常被认为是"坏行为",这类孩子常被误解,被认为是叛逆的坏孩子,即使医学发展到现在,很多多动症患儿依然被认为是拥有一身坏毛病的不服管教的"坏"孩子。

多动症患病率高,全球儿童的发病率约为 7.2%,据统计,我国儿童ADHD 患病率为 6.26%,如果按我国儿童数量计算,约 2 300 万人。学业、职业损害重,不仅损害学习功能,还存在其他多方面、涉及生命全周期的损害,但就诊率仅 10% 左右。已被多领域专家共识为重要的公共卫生问题。

多动症缺乏特定的生物标志物,且常伴有共病,早期诊断和有效治疗都具有挑战性。从多方获取全面的诊断信息,如家长、老师、学校、其他照料者等,将有助于对患儿和青少年进行诊断。当儿童出现与其发育水平不相适应的注意缺陷、活动过度,同时伴有学习或社交等单一或多个功能损害,则应考虑存在多动症可能。

对有上述问题的 4 ~ 18 岁儿童尽早启动筛查和评估。一般到了医院,医生除了问诊病史,还会给予量表测评。病史采集很重要,除围绕多动症主要临床表现、病程、共患病、社会功能和影响因素采集病史以外,还需特别注意收集全面的发育史,如母孕期及围生期情况、生长发育史,患儿的既往病史,可能的环境和遗传病史等信息,可能存在的精神障碍史,评估家庭或养育方式,如家庭成员生理和心理状况,家庭功能和环境,监护人的养育方式,访谈并观察家长和儿童,包括精神状态评估、行为观察,重视教师提供的在校信息,结合儿童临床评估(体格检查如神经系统检查、常规体检等)和实验室检查(如脑电图、神经影像、遗传学检测、实验室检测,行为学测试和评估,认知功能测评、语言测评)结果综合判断。从父母或养育人处采集相关信息时,应注意核心症状出现的多场合(如家庭及托幼机构或学校等)、与发育年龄的匹配性以及是否存在功能损伤和损伤程度。从学校采集相关信息时,应注意囊括核心症状及强度、功能损伤程度、共患病情况等,了解儿童学习成绩。可通过书信和(或)电话、家庭作业、成绩单,与同伴、教师、家长关系,教师问卷等获取以上信息。

诊断及治疗前可参考筛查量表或诊断性工具进行评估。常用问卷有以下几种:(1)多动症诊断量表父母版,内容涉及注意力缺陷、多动—冲动核心症状共 18 个条目,用于多动症症状评定。(2)Vanderbilt 父母及教师评定量表,内容涉及注意力缺陷、多动—冲动、对立违抗障碍、品行障碍、焦虑或抑郁、抽动障碍以及学习问题、人际关系共 8 方面,用于多动症症状、共患病及功能损害评定。(3)Swanson,Nolan and Pelham 父母及教师评定量表,内容涉及注意力缺陷、多动—冲动、对立违抗障碍、品行障碍、焦虑或抑郁以及学习问题共 6 方面,用于 ADHD 症状、共患病及功能损害评定。(4)Conners 量表,分为父母量表、教师量表及简明症状量表,内容涉及注意力缺陷、多动—冲动和品行问题、学习问题、躯体问题、焦虑问题等方面,用于多动症症状、共患病及功能损害评定。(5)困难儿童问卷调查,内容涉及清晨或上学前、学校、放学后、晚上、夜晚、总体行为共 6 方面,用于多动症社会功能评定。此外,初诊除据情况选择症状、共患病、功能损害评定工具进行评估以外,还应进行认知能力评估。

医生会在全面临床访谈和心理社会评估基础上进行诊断。确诊需要找有诊断资质的医生和医疗机构。美国儿科学会(AAP)发布的临床诊疗指南针对的年龄范围是 4 ~ 18 岁,推荐的诊断标准是《精神疾病诊断与统计手册》第五版(DSM-5)。DSM-5 将注意缺陷多动障碍分为 4 个亚型,分别是注意缺陷型、多动冲动障碍型,联合型和其他注意缺陷多动障碍的亚型。诊断会根据持续出现症状的数量、持续时间(至少持续 6 个月),且至少存在于两个或以上场合如家中、学校、诊室等,造成的社交、学业等功能上的损害,且排除其他疾病后考虑。

以前很多医生认为多动症到了青春期或成年期就会自动好了,但后来多项研究发现并非如此,可能有大约一半的患儿症状会持续存在,到成年人依然是多动症。所以,针对多动症,国际上的共识是主张规范治疗。治疗过程中应鼓励家长、学校与患儿共同参与,以具体的治疗目标为基础,全面评估共病情况,制定与患儿或青少年的年龄和发展阶段相适应的个体化治疗方案,定期随访、评估,监控治疗效果和不良反应,按照慢性病管理策略进行管理。全面缓解多动症患儿核心症状,改善患儿功能损害,提高患儿及家庭生活质量。一般认为治疗应包括药物治疗、父母培训学校干预和儿童行为矫正措施的综合治疗。有的主张首选药物治疗,有的主张首选行为矫正、心理治疗。基于不同个体的特点,发病年龄不同,症状和病情严重程度等各有不同的可能性,治疗应该遵照慢性疾病的医护模式和家庭治疗原则,然后给予针对性治疗。可喜的是,多动症具有很好的可治疗性。

三、药物治疗

药物好比是眼镜,可以帮助视力异常的人看得更清楚。虽然药物不能解决一切问题,但能较安全地提供极大的改善。目前治疗多动症且有循证医学证据的药物品类众多,以中枢兴奋剂和非中枢兴奋剂为主。中枢兴奋剂国外有 15 种之多,而我国仅有哌甲酯及其控释剂(专注达)。非中枢兴奋剂包括托莫西汀、三环类抗抑郁药、安非他酮、单胺氧化酶抑制剂、5- 羟色胺再摄取抑制剂、5- 羟色胺及去甲肾上腺素再摄取抑制剂、α - 肾上腺素能药物等。ADHD 治疗药物以中枢兴奋剂和非中枢兴奋剂为主。

哌甲酯长期疗效的研究相对不多,短期疗效总体有效率约 70%。可减轻多动症核心症状,包括无目的的多动、冲动和注意力不集中,提高自控能力,改善警觉性、反应性、短期记忆、执行功能等学习能力,提高自尊心,加强与伙伴的交往技能(对交往信息和情境线索的感知能力提高),加强与家长的互动能力,降低奖赏阈值,使奖惩的行为治疗方法更容易起效。药物的疗效受父母婚姻关系和维持时间、患者本身智商、行为功能好坏、社会功能保存完好程度的影响,所以,药物治疗是否有效,要个性化评估。哌甲酯常见的不良反应有抑制食欲、入睡延迟等睡眠障碍、心率和血压增加、情绪不稳定(如有的可能会表现类似抑郁样综合征),也有一些出现不常见的不良反应如头痛、腹部不适、疲倦等。

我国使用哌甲酯的剂量是根据体重估算的,长期都在较低的剂量水平,这可能限制了药物的疗效,但药物反应存在较大的个体差异,每人的最佳剂量不同,国外通常采用剂量滴定的方法,注意逐步增加剂量以达到最佳剂量。虽然整体而言中枢兴奋药的治疗窗较宽,但如果使用大剂量也要权衡获益和风险。此外根据病情还可选择抗抑郁剂、抗精神病药等作为辅助治疗。

四、非药物治疗

非药物治疗也非常重要，因为药物不含技能。多动症儿童经常容易导致他们的父母面对很多的应激，亲子关系紧张，人际关系紧张。约1/3 的多动症患儿存在学业问题，多数情况下，他们注意力不能集中，多动又冲动，不能很好地完成学习任务，多动症的父母有明显的应激，精神异常现象多，且父母管理技能差或者缺乏。父母的抚养模式可以预测并调节多动症儿童的长期不良结局，而这些是药物治疗所不能改善的问题领域。患者、家长、学校均需要特殊帮助。对患儿、家长和教师进行有关多动症的知识教育即心理教育，是治疗的前提。常用的行为学技术包括正性强化法、暂时隔离法、消退法、示范法。治疗方法主要为行为治疗、认知行为治疗、应用行为分析、社会生活技能训练。

患者需要心理教育、认知行为治疗或干预、自我管理培训、躯体训练、游戏训练、神经反馈等。行为疗法使其学会如何有效地阻止和改变不恰当行为，如突然打断他人、激越行为、无法完成任务等，以达到改善其行为的目的。行为疗法被认为是对青春期前的患儿行之有效的治疗方法。训练干预的是通过反复练习以达到发展技能的目的。特殊教育不给患儿贴另类小孩的标签，其教育环境和方法更适于多动症儿童，可以帮助患者缓解在学校较多发生的沮丧和缺少学习动机问题，可帮助儿童在学业中发掘自己的潜力，帮助他们提高学习成绩，使其学业水平与其智力水平能保持一致。

父母也需要心理教育和父母管理培训。主题要聚焦于父母处理亲子关系和家庭关系的技能，学习如何建立良好的方式以限制多动症儿童的某些行为，了解如何用和谐的方式与多动症孩子相处，学习如何选择较合理的期望水平，指导多动症孩子完成一些家务并担负一定的责任。父母也需要学习前后一致的、正性的、有效的行为矫正方式。

学校也需要进行心理教育和学校行为干预。教育干预和个性化教育支持，包括学校环境、教室配置、教学配置和行为支持都应属于其治疗方案的一部分，通常也包括个性化教育方案（International Elite Project，IEP）或康复计划，被证实有效，而被美国儿科协会诊疗指南强烈推荐。

五、专家建议

(一)对患儿说的话

跟着自己的优点走。虽然你也有缺点,但是要在生活中用你的优点来作决定。做你擅长的事,去做你真正感兴趣的事儿,别花太多时间试图改进你不擅长的事。无论你的缺点能够被治疗到什么程度,你的人生毕竟是构筑在才华和优点上的,而不是在这些缺点上的。尽量把你不擅长的事交给别人做,把你的能量导向有创造性的出口。尽量让自己对那些从长远看对自己有好处的东西上瘾,比如阅读、运动、写作。避免对坏的东西,比如赌博、吸烟、饮酒上瘾。维持足够的组织秩序来达到目标,重点是"足够",你不需要有很强的组织性,只要够用就好,比如使用记事本或者清单等。让你自己处于支持性的社会环境中,一定要和几位好朋友保持联系,请值得信任的人给你意见,并且听他的话,同时尽量忽视那些令你泄气或责备你的人。

(二)防大于治

对儿童青少年来说,应强调均衡饮食、良好营养和定期运动非常重要。目前家长及社会宣传、医务人员培训不够。应对具有高危因素的儿童进行监测和早期识别,进行长期监测、定期筛查和家校宣教的意识,从年龄及病程上做到早发现、早诊断、早治疗。重点监测人群包括两种:一是具有遗传易感性的高危儿,如有患多动症的兄弟姐妹、父母或其他亲属。二是具有环境易感性的高危儿,如母亲孕期和围生期直接和间接吸烟、饮酒、感染、中毒、营养不良、服药、产前应激,胎儿宫内窘迫、出生时脑损伤、出生窒息、低出生体重等,铅暴露、双酚 A 等环境暴露,长期摄入富含加工肉类、披萨、零食、动物脂肪、氢化脂肪和盐等的西式饮食,父母关系不良、父母情绪不稳及教育方式不当(如消极、挑剔和严厉)等。

(三)注意共病问题

约 65% 的患儿存在一种或多种共患病,如其他发育障碍、精神心理障碍或躯体疾病。医生在对注意缺陷多动障碍儿童或青少年进行病情评估时,要注意评估可能与其共患其他疾病的可能,如有些可能合并出现焦虑或抑郁情绪,有些可能同时有睡眠障碍,有的可能合并出现品行障碍,有的可能合并出现烟、酒、药物或毒品类的物质滥用。

（四）根据年龄段针对性治疗

尚无充足证据支持诊断或治疗 4 岁以下儿童多动症。若 4 岁以下儿童存在多动症样症状且合并实质性损害,建议其父母接受父母行为管理培训。对于 4 ~ 5 岁的学龄前患病儿童,首选非药物治疗。应将患儿父母和 / 或教师管理下的行为矫正作为首选一线治疗方法。如果病情严重,可考虑予药物哌甲酯口服。但处方医师要权衡 6 岁前儿童用药的风险和延迟治疗的可能带来的危害。6 岁以后采用药物治疗和非药物治疗相结合的综合治疗,以帮助患儿以较低用药剂量达到最佳疗效。对于 6 ~ 11 岁学龄期患儿,可使用药物治疗,并联合患儿父母和 / 或教师管理下的行为矫正。对于 12 ~ 17 岁青少年患儿,应在取得患者本人同意后,给予药物治疗,可合并非药物治疗。

（五）建议所用的中枢兴奋剂治疗期间应监测生长发育

服用中枢兴奋剂可使短期体重增长速度下降,但不影响身高增长,不影响最终身高。建议治疗开始前测量身高体重,治疗中规律测量体重（不包括身高）,在剂量滴定和换药中每周至每月监测身高体重。

（六）药物可能会有不良反应,但不必过于恐慌

用药前应评估患儿的用药史、药物禁忌、基线年龄的身高及体重、心血管情况等。有先天性心脏病史或心脏手术史、一级亲属 40 岁以下猝死家族史、劳累时异于同龄儿的呼吸急促或晕厥、心悸、心律失常以及有心源性胸痛病史的患儿,用药前应参考心脏专科的意见。治疗期间除随访疗效以外,还需随访药物不良反应、定期监测体格生长指标、心率、血压等。未发现服用中枢兴奋剂可出现成瘾和依赖。

（七）何时停药

如果患儿的注意力缺陷、多动、冲动等症状和功能完全缓解 1 年以上，可由专业医生慎重评估症状、共患病和功能各方面表现，然后谨慎尝试停药，并且停药期间定期随访检测病情变化。症状完全缓解 1 年以上可考虑减量及停药。6 岁以下儿童原则上不推荐药物治疗，仅在症状造成多方面显著不良的影响时才建议谨慎选择药物治疗。（1）中枢兴奋剂常用的有哌甲酯和安非他明。我国目前仅有哌甲酯类制剂，为一线治疗药物。（2）非中枢兴奋剂包括选择性去甲肾上腺素再摄取抑制剂和 α2 肾上腺素能受体激动剂两大类。选择性去甲肾上腺素再摄取抑制剂如盐酸托莫西汀，也为一线治疗药物。α2 肾上腺素能受体激动剂包括可乐定、胍法辛等。

（八）综合治疗可能是最有用的

药物可以有所帮助，但只能控制症状，不能根除疾病，多管齐下可能最有效。约 1/3 患者到青少年期症状减轻，1/3 到成年期症状减轻，1/3 需要终生服药。正如戴眼镜可矫正视力，药物可帮助多动症患者做好每天的事务，帮助他们享有与其他同龄小孩正常的生活，减轻疾病的痛苦和给个人发展带来的不良影响。

（九）利弊共存

多动症不是只有坏处，也有好处。爱因斯坦也有多动症。多动症患儿充满活力，有很强的好奇心，直觉和创造力都很强。如果找到他们真正喜欢的事情去做，就可以专注下来，且可能创造很大价值。对多动症了解越多，就越知道疾病是如何影响患者及其周遭环境的，越有可能改变现况。患者要更了解自己才能改变自己，并继续前行。父母和老师要了解多动症的孩子很多所谓的问题不是故意的，要多了解他们，多发现和称赞他们的优点，给予他们一定的活动机会，形成关系良性循环。

（十）多方联动

在诊疗及随访过程中,医务人员、患者、家庭和学校需密切合作,达到治疗目标。在学校和医院之间建立包含儿童必要信息、简单的行为和治疗观察表格等内容的学校报告卡,以帮助医生随访及评估患儿疗效及相关问题、及时调整治疗方案,积极推行"医教结合"的联动及监测模式,推动教师及相关工作人员共同监测高危儿童、早期识别及转介多动症患儿并参与治疗及疗效监测。如果存在家庭或学校问题则可同时进行家庭或学校治疗。保证学校与家庭的沟通畅通以及保证患儿能够被及时转介到医院诊断、治疗。

第二节　被困于"天才病"的孩子

——阿斯伯格儿童青少年心理健康服务

一、案例背景

陈同学(化名),男,2011 年出生,现年 12 岁,于龙岗区某公立小学就读六年级,非独生子女,有一姐姐,母亲为龙岗区某学校教师,父亲职业为会计。

2022 年,就读六年级的陈同学因行为问题、情绪低落、人际交往困难,前往市级精神专科医院,确诊为阿斯伯格综合征伴有抑郁症状。具有局限而异常的兴趣、刻板仪式化行为、情绪低沉、自我价值感低、人际交往困难等特征。目前,陈同学已办理为期一年的休学手续,在家中静养。

龙岗区慢性病防治院经区级心理咨询热线,获取该服务对象的心理援助请求,后对陈同学开展社会心理服务,并通过长期的陪伴与支持,协助其解决困难、体验成长,帮助陈同学重返校园作良好的准备。

二、分析预估

（一）家庭资料

陈同学的父母亲为重组家庭，父亲原与他人育有一女，后与陈同学的母亲结婚，共同生育陈同学。当前四人的家庭经济条件较好，关系较为和谐。

（二）人际关系

陈同学更倾向于独处，平时只主动接触家里人，在人际交往方面存在困难。自述与家人关系较好，实际情况与父母亲、姐姐沟通很少。

（三）行为表现

陈同学长期回避人际交往，不愿离开其居住社区，热衷简单的兴奋性活动与独自看书，具有局限而异常的兴趣、刻板仪式化行为等行为特征。

（四）情绪状况

陈同学难以理解他人的情感与融入群体，经常误解他人而导致自身情绪波动，常表现出伤心、难过、焦虑、矛盾的情绪，曾有轻生念头。

（五）精神病史

陈同学在市级精神专科医院确诊为阿斯伯格综合征伴有抑郁症状，目前在吃药治疗。需持续跟进了解其具体病情，进行服药管理和跟踪，保证治疗的依从性。

（六）社会支持

服务对象有完整的家庭作为其支持系统，但因性格与疾病问题，人际关系疏远。

三、工作策略思路

该名学生作为阿斯伯格综合征伴抑郁症状的未成年人患者，需要开展多系统性的心理治疗。通过个体系统、家庭系统、社会系统的多角度介入，全方位协助该名学生调整精神心理健康状况，做好重返校园的准备工作，为其身心健康成长保驾护航。

四、理论运用

（一）焦点解决短期治疗

焦点解决短期治疗是一种以问题为中心、集中于解决当前困扰的治疗方法。它的核心理念是，人们的心理问题是可以通过寻找并改变特定的关键因素来解决的。这一方法在短时间内解决问题，并且注重对个体的资源和能力进行利用。

焦点解决短期治疗的基本原则是问题导向和解决方案导向。治疗师与咨询者合作，通过引导咨询者思考和分析问题，并探索可行的解决方案。该方法注重改变过程而非问题自身，旨在帮助咨询者发现和利用自身的技能、资源和经验，实现问题的解决和改善。

焦点解决短期治疗具有以下特点：简洁、目标明确、定向于未来、注重资源和解决方案的利用。它适用于各种心理问题，包括个人问题、家庭问题、夫妻问题等。

（二）社交故事疗法

社交故事疗法是一种适用于儿童和青少年的治疗方法，旨在帮助他们理解和应对社交情境中的挑战。这种治疗方法通过使用简短而富有意义的故事,向儿童传达正确的社交行为和应对策略,促进他们的社交技能发展。

社交故事疗法强调理解,接受和尊重个体的特殊需求和差异。治疗师会和咨询者一起编写适合他们个人情况的社交故事,帮助他们理解社交情境,并提供合适的行为选择。这些故事通常通过文字、图片和语音的形式呈现,以增强其可视化和表达的有效性。

社交故事疗法的目标是帮助儿童和青少年改善他们的社交技能、理解他人的感受和需求,并培养彼此之间的互助和合作。通过使用社交故事疗法,儿童和青少年可以增强他们的社交适应能力,提高自尊和自信,并改善与他人的关系。

(三)心理社会治疗模式

心理社会治疗模式是指将各种治疗原理结合起来,面向个体的多维度需求进行干预。该模式认为,个体的心理问题不仅受个体心理过程的影响,还受到社会环境和人际关系的影响。

心理社会治疗模式注重个体的心理资源和环境因素的相互作用。治疗师与咨询者一起分析和评估个体在心理、社会、人际关系等方面的问题,并制定合适的治疗计划。在治疗过程中,注重培养个体的应对能力、强调人际关系的重要性,并提供适应性的解决策略。

心理社会治疗模式适用于各种心理问题,包括焦虑、抑郁、人际关系问题等。它的目标是帮助个体提高自我认知、改善与他人的关系,并提升整体的心理健康和生活质量。

(四)萨提亚家庭治疗模式

萨提亚家庭治疗模式(Satir Family Therapy Model)是以美国心理学家维吉尼亚·萨提亚(Virginia Satir)命名的一种心理治疗模式。这种治疗模式主要关注家庭系统的互动和人际关系,旨在改善家庭成员之间的沟通、亲密度和情感健康。

萨提亚家庭治疗模式注重家庭成员之间的情感回应,并认为情感是个体和家庭功能的关键。它强调了以下几个方面的重要性:

1. 自我价值感和成长

萨提亚家庭治疗模式认为每个人都有自身独特的自我价值感,家庭成员应该得到尊重和接纳。在治疗中,提升个体的自尊和自信是非常关键的,而这对于家庭系统的健康发展具有积极的影响。

2. 沟通与表达

模式强调改善沟通和情感表达的技巧。家庭成员被鼓励开放、诚实地表达他们的情感和需求,同时倾听他人的感受。通过提高沟通技巧,加强情感表达,家庭成员可以建立更加健康、稳固和亲密的关系。

3. 重塑家庭角色和互动

家庭成员通常在家庭系统中扮演着特定的角色,这些角色可能对个体和家庭造成压力和困扰。通过探索和重新定义家庭成员的角色和互动方式,萨提亚家庭治疗模式帮助家庭成员增进理解,打破不健康的互动模式,鼓励更加正面、合作的互动。

4. 发展和实现个人潜能

萨提亚家庭治疗模式强调家庭成员的个人成长和潜能的发展。家庭成员被鼓励发展积极健康的个人目标和兴趣,通过个体的唯一性和成长,提升整个家庭系统的弹性和韧性。

治疗的过程中,治疗师会与家庭成员共同探索和理解家庭互动的模式,帮助他们认识到对话方式、情感表达和角色分配对家庭系统的影响。通过建立良好的沟通和亲密关系,家庭成员可以增强情感联系,有效处理挑战和冲突,共同创造一个支持和关怀的家庭环境。

总的来说,萨提亚家庭治疗模式通过优化家庭成员之间的互动和沟通方式,旨在提高家庭的情感健康和亲密度。它强调了个人的自尊、情感表达和角色的重新定义,促进个体和家庭系统的成长和发展。

五、服务计划

（一）总目标

以未成年人个体层面、家庭层面、社会生活层面作为切入点,帮助服务对象陈同学调整身心健康状态,为其重返校园作充分的准备工作。

（二）具体目标

（1）在心理层面,运用语言或非语言技巧表达对服务对象的关怀,调动积极情绪,阻断负性情绪,引导服务对象提升自我评价,改善抑郁状态。

（2）在行为层面,开展教育和训练,矫正刻板行为、攻击行为等影响教育和训练、社会交往和危害自身的异常行为,提高基本生活技能。

（3）在人际关系层面,协助服务对象加强与家人的沟通与互动,扩展朋友圈,建立良好的社会支持网络。

六、服务准备

（一）通过心理热线介入该个案,区慢病联动多部门跟进

2023 年 4 月 6 日上午 10 时许,龙岗居民心理咨询热线服务台的值班接线员接到陈同学母亲的求助电话。

陈同学母亲自述当前由于陈同学的精神心理疾病,家庭面临着较大困难与挑战。由于陈同学独处、不合群等个人特征,在五、六年级就读期间,遭受其余同学的言语欺凌、社交欺凌、网络欺凌等各种不良行为。与学校沟通后,决定休学一年,并前往市级精神专科医院,被确诊为阿斯伯格综合征伴有抑郁症状。

当前,陈同学于家中调养身心,抑郁状态相对改善。然而陈同学母亲表示孩子依旧面临人际交往困难、局限而异常的兴趣、自我价值感低以及休学期满后需重返校园的不适应性等精神心理问题,希望通过龙岗

居民心理咨询热线寻求专业人士帮助,调整、解决陈同学成长过程中的心理健康困扰。

值班接线员与陈同学母亲沟通后,当即将陈同学的情况转告龙岗区慢性病防治院心理卫生科(以下称简"区慢病")。就个案情况组织多学科专业人员讨论后,区慢病决定联合龙岗区心理咨询协会、陈同学就读学校等多方社会心理资源,依托"医—教—家"联动未成年人心理健康试点工作平台,针对陈同学的特殊情况开展未成年人心理健康成长护航行动。

（二）开展个性化心理治疗方案

当前社会主流应对阿斯伯格综合征的总体治疗方法是管理患者的不良症状,教育训练其获得与年龄相符的社交、交流和学习技能,以弥补阿斯伯格患者发育过程中未曾自然获得的技能。

区慢病联动龙岗区心理咨询协会工作人员深度探讨陈同学个体心理治疗方案,将未成年人个体层面、家庭层面、社会生活层面作为切入点,形成以个人生命资源觉察、锻炼提升人际交往相处能力、干预局限而异常的兴趣、改善刻板仪式化行为为主要目的的陈同学个性化心理治疗方案。

七、介入过程

（一）评估服务对象整体状况,建立良好咨访关系

服务过程:通过心理热线开展以焦点解决短期疗法为核心的心理治疗。

陈同学休学后,长期于家中独处,社会交往方面较为封闭,为避免陈同学产生对长期心理治疗的回避与应激情绪,区慢病首先采用心理咨询热线的方式与陈同学构建双方的交流沟通关系,为后续更深入的心理治疗建立良好基础。

与其母亲充分沟通后,区慢病指派一名心理热线接线员长期负责跟进陈同学的热线心理治疗,于每周一下午向陈同学本人提供一小时

的热线心理咨询服务。以焦点解决短期疗法(Solution-Focused Brief Therapy, SFBT)为陈同学热线心理治疗方案的主要手段,评估了解陈同学当前实际精神心理状况及社会功能的损害情况,探索陈同学自身内心与需求,聚焦肯定陈同学生活中可取积极的方面,鼓励其向前发展。经过4次心理热线服务,积极有效地构建了双方的沟通交流关系。

在非病理化的咨访沟通中,热线心理治疗方法高效快速地为陈同学与区慢病的心理治疗师建立了良好的咨访关系。

(二)深入开展心理治疗,梳理重塑个体模式

服务过程:融合多种心理治疗手法,介入改善服务对象的个体系统发展。

在此基础上,为深入有效地开展陈同学个性化心理治疗方案,经过良好沟通,区慢病为服务对象开展为期10次的初期心理咨询治疗。

面对面心理咨询治疗过程中,心理咨询师通过访谈法、叙事法以及房树人测试等绘画治疗,了解到陈同学思想单纯、行为固执、通融性较差、发散力强等个人特征,以及内心深处期待与同学友好往来的个人愿望。

结合区慢病精神科医师建议,根据陈同学当前实际精神心理状况,心理咨询师首先采用社交故事疗法、认知行为疗法等治疗手段跟进,帮助陈同学回顾过去交往经验,梳理其人际互动模式,以及退缩的行为模式和思维模式,对旧经验赋予新的意义解释,引导陈同学转变对于自我价值感低的个人评价,进行个人生命资源觉察,帮助陈同学克服恐惧回避心理,在人际交往方面建立自信心。其次,辅以角色模拟、情景重现等方式,开拓陈同学于人际交往方面的思维模式,帮助陈同学寻找和自动转变恰当良好的人际交往应对方法,改善刻板仪式化行为。

同时,区慢病联动陈同学的家庭,在陈同学家庭成员的配合下,通过布置家庭作业的方式进行日常行为训练控制。这种治疗方法旨在帮助陈同学纠正行为问题,并在日常生活中进行阳性强化和负性惩罚。

家庭作业是一种有效的治疗方法,它能够在陈同学的日常生活中塑造和强化良好的行为习惯。通过布置家庭作业,陈同学可以逐渐改变和调整他的不良行为。家庭成员在这个过程中扮演着重要的角色,他们参与其中,与陈同学一起制定目标和规划行动计划,为他提供支持和

鼓励。

在治疗中,阳性强化和负性惩罚是两种常用的行为控制方法。阳性强化是指通过奖励来增强和加强良好行为的发生频率。家庭成员可以使用各种奖励,如表扬、奖品或特殊活动,来奖励陈同学在日常生活中表现出的积极行为。这样,陈同学会逐渐将这些积极行为视为值得继续努力的行为。负性惩罚是通过给予消极刺激来减少或抑制不良行为。对于陈同学的不良行为,家庭成员可以采取一些适当的措施,如限制一些特权或增加一些额外的责任,以作为对不良行为的惩罚。这样,陈同学在后续的行为中就会更加谨慎和遵守规则。

除了行为的纠正,治疗还包括指导陈同学提高自我觉察能力。自我觉察能力是一个人在面对各种情境和冲突时,能够自主地进行分析和决策的能力。在治疗过程中,陈同学会学习到一些技巧和方法,以提高自己的觉察能力,并且在日常生活中更好地管理自己的行为和情绪。

此外,治疗还会介入到陈同学的局限和异常兴趣,以帮助他拓展自己的兴趣范围。陈同学可能有一些特别狭窄或异常强烈的兴趣,这可能会限制他与他人的互动和社交能力。治疗师会与家庭共同探索陈同学的兴趣,鼓励他尝试一些新的活动和领域,以促进他的个人成长和社会发展。

最后,治疗过程还会根据陈同学的功能水平采取恰当的应对干预措施。每个人的功能水平是不同的,因此治疗师需要根据陈同学的具体情况,选择适合他的干预手段和方法。这样可以确保治疗的有效性和针对性,帮助陈同学更好地适应和回归校园生活和学习。

总的来说,通过家庭作业和行为训练控制的治疗方法,结合家庭成员的支持与配合,陈同学将有机会纠正不良行为并建立良好的生活行为习惯。同时,这种治疗方法还将帮助陈同学提高自我觉察能力、拓展兴趣范围,并根据他的功能水平进行个性化的干预。这将为他顺利回归校园生活和学习提供良好的准备。

(三)链接资源强化支持,营造良好家庭氛围

服务过程:根据服务对象家庭实际状况,开展系统的家庭教育指导服务。

为更好地帮助陈同学及其家庭成员,区慢病为陈同学提供家庭教育

指导服务。依托"医—教—家"联动未成年人心理健康试点工作平台，从龙岗区本土化、专业化的家庭教育指导服务队伍中选派一名家庭教育指导师向陈同学及其家庭提供家庭教育指导服务。

该名家庭教育指导师根据陈同学家庭实际状况，主要从阿斯伯格综合征应对、家庭成员自我认知、家庭互动模式、亲子关系改善等多个角度，开展萨提亚家庭治疗模式教学以及实践指导，协助陈同学及其家庭成员适当学习心理学专业知识。在家庭成员自我认知方面，家庭教育指导师帮助陈同学及其家庭成员深入了解自己的个性特点、价值观和情感需求，强调尊重、理解和支持的重要性，鼓励家庭成员之间的情感表达和合作，以建立和谐、温暖的家庭环境。通过培养家庭成员的自我认知能力，他们能更好地理解自己和他人，从而改善家庭内部的互动和沟通。同时，针对陈同学和他的家庭成员之间可能存在的亲子关系问题，家庭教育指导师将进行介入和指导。他们将通过培养亲子之间的情感联系、提升亲子沟通技巧和解决问题的能力，促进亲子之间的相互理解和支持。并帮助家庭成员提升个人情绪觉察力，学会用暗示、放松、想象、身体扫描等心理手段，舒缓自身不良的情绪状态，进而为陈同学的身心健康成长营造良好的家庭氛围。

（四）开展人际交往体验，为重返校园作准备

服务过程：通过青少年团体辅导活动，使服务对象获取良性的社交体验。

个体咨询对于患有阿斯伯格综合征的陈同学是远远不够的，团体辅导课堂有助于陈同学锻炼提升社交能力。通过区慢病的真诚邀请及其家庭的积极配合，陈同学于5月底加入2023年龙岗区第一期青少年心理成长团体课堂。

在这里，告别校园生活八个月的陈同学，再次接触到了陌生同龄的孩子。陈同学与其他孩子不同，最初的见面是内敛的，选择自己坐在团体辅导室的角落，观察团辅老师与其他同学的互动。在此情况下，团辅老师坚持创造支持性环境，通过绘画治疗、纸笔练习、音乐治疗、团体游戏、意象剧场等形式积极地组建交互过程，引导孩子们感受舒适和被接纳的团辅环境。在第三次课程时，陈同学首次参与了课程互动，这是陈同学在心理健康成长路径中的重要一步。

经过 15 次团体辅导课程,在安全的团体环境中团辅老师帮助陈同学打破习得性无助,引导陈同学在新的社交环境中寻找资源,根据自身的实际情况,尝试扩展心理空间,进行了人际交往行为模式的新尝试,为其逐步适应社会,回归校园生活和学习作进一步准备。

六、服务成效

(一)挖掘个体优势资源,提升自我支持力量

在个体系统介入方面,区慢病联合龙岗心协开展个体心理治疗。帮助服务对象探索自我,通过对旧经验赋予新的意义解释,进行个人生命资源觉察,有效减缓了抑郁情绪的程度。

(二)发展良好家庭氛围,建设人际支持网络

在家庭系统介入方面,区慢病依托"医—教—家"联动未成年人心理健康试点工作平台,链接多方资源,发挥家庭教育指导服务队伍作用,协助服务对象家庭成员共同成长,为服务对象的成长与康复发展了良好的家庭环境。

在社会交往方面,区慢病针对服务对象的特殊病情,从理论到实践应用,引导服务对象理解人际交往关系,协助其建立新的行为模式,进行良好的社交体验活动,综合运用多种手法保持了良好社交体验和人际交往的持续,扩展了服务对象的社会人际支持网络。

(三)链接多方资源,做好复学准备

在社会系统介入方面,区慢病联动龙岗心协、教育等多部门,开展服务对象重返校园的准备工作。后续将通过多方联动赋能,依托"医—教—家"联动未成年人心理健康试点工作平台,针对未成年人常见的精神心理疾病与影响因素做好事前干预,协助校方更好地开展精神心理疾病学生的校园管理,提供有益服务对象学习的校园环境,善用报告、咨询、转介的机制,以预防危机事件的发生。

在各方努力下，通过多系统性的心理治疗，以自我认识的改变、人际体验的改变、生命价值的改变为主要方向，帮助该名患有阿斯伯格综合征的学生提高生活质量，获得与年龄相符的人际交往、情感理解和生活学习技能，与家人、同学和社会建立了更好的关系，拓展温暖的社会支持网络。服务对象的成长和康复过程得到了全方位的支持和保驾护航，为服务对象的身心健康成长奠定了坚实的基础。

七、专业反思

本服务案例中，陈同学作为一名阿斯伯格综合征伴抑郁症状的未成年患者，一开始面临着心理层面、行为层面、人际关系层面等诸多困难。

首先，由于该服务对象同时患有阿斯伯格综合征和抑郁症状，情况相对复杂。治疗计划的制定需要根据服务对象的实际精神心理情况进行灵活调整，定期进行治疗进程的监测和评估，及时调整治疗策略，确保治疗的连续性和有效性，以确保治疗效果的最大化。

其次，家庭系统的介入面临一定的挑战。由于家庭成员对阿斯伯格综合征的理解和接受程度不同，有时存在一定的观念差异。在家庭心理治疗中，需要保持及时的沟通，协助家长更好地理解孩子的特点，并提供适当的支持和指导。

再次，社会系统介入需要多方合作。依托"医—教—家"联动未成年人心理健康试点工作平台，在重返校园的准备工作中，需要与服务对象和家长保持密切的沟通，协助校方开展学生管理，持续性跟进多方需求，确保服务对象能够顺利融入学校生活。

最后，在为阿斯伯格综合征伴抑郁症状的未成年人提供多系统性心理治疗时，我们应当注重工作模式的构建，确保多系统介入的有机衔接。比如，根据个体、家庭和社会系统的需求，我们可以明确分工，安排不同专业人员分别负责，形成协同工作的模式。

该案例的服务实践是2023年龙岗区开展未成年人心理健康服务"龙岗模式"中，针对患有精神心理疾病未成年人的新心理服务实践。通过联动"医—教—家"多部门参与的心理治疗方式，最大化地探索与发挥了龙岗区医疗、教育、社会、家庭等多方心理卫生资源的实效，打破了心理卫生资源难以统一的僵局，为患有精神心理疾病的未成年人提供了有效的心理健康服务。

接下来,区慢病将针对未成年人心理健康,持续开展未成年人主题的心理热线活动,形成"热线介入—心理治疗—健康发展"的未成年人心理危机干预服务脉络。及时接收龙岗区未成年人心理咨询,及时提供心理辅导,形成"早发现、早干预"的未成年人心理服务工作机制,联动多方共同打造深圳市未成年人心理健康服务的"龙岗模式"。

第三节　向食物"敞开心扉"

——神经性厌食障碍儿童青少年心理健康服务

一、案例情况

严某,女,18 岁,身高 166 厘米,未婚学生。2 年来体重进行性下降 14 千克,停经 1 年。2 年前服务对象上学期间钟情于一个男孩子,两人交往一段时间之后,男孩子喜欢上了另一个女孩子,患者询问原因后得知该男孩认为自己的体重居高不下,连体重都控制不好,肯定是一个缺乏自律的人,说自己不符合他以"瘦"为美的审美要求,遂决定分手。

分手后患者制定了严格的饮食控制与减肥计划:一开始患者先将自己喜欢吃零食、火锅的次数减少,聚餐爱吃肉的习惯戒掉,再到后来与朋友聚餐时严格控制肉类及碳水,只吃素菜,自己在家的时候严格控制碳水以及脂肪含量,上述做法坚持半个月之后,患者终于遏制不住暴食的欲望,开始想念之前的饮食,于是开始点披萨、汉堡、炸鸡等之类的超加工食品外卖,外卖一到,她便迫不及待打开包装,快速把食物塞进嘴里,根本来不及品尝,空虚太久的胃获得满足,每次吃完之后便有一种"负罪感",于是她便冲进厕所,弯下腰,把一切会让自己长胖的"罪恶"清除。

之后,患者为了严格执行饮食计划,开始拒绝所有朋友的聚餐邀请,还下载了一款能够计算食物卡路里的软件,任何入口的东西都要记录,当总热量快要超标的时候,再饿也只喝水。朋友曾多次劝阻,患者根本不当回事,照镜子仍然觉得自己瘦得还不够,仍然觉得自己的腿粗、腰也不够细,整日里唉声叹气,做事情没有任何兴趣,停经,频繁眼冒金星,四肢无力。服务对象在一次偶然和朋友的聊天中知悉了我们的心理热线,在心理咨询老师耐心倾听与关怀之下服务对象逐渐接受了心理服务。第一次线下心理咨询,心理咨询师通过链接医疗资源,促使服务对象前往专科医院住院治疗,入院被诊断为"神经性厌食症",经过30多天的努力,服务对象体重逐渐恢复,出院后,心理治疗师对其及其家庭开展了一系列的心理治疗及家庭治疗,目前服务对象对体重的看法有所改观,心态较之前有向好趋势。

二、问题分析

(一)主要问题分析

1. 身体健康问题

该案例中的服务对象属于进食障碍里面的神经性厌食症,该疾病多发生于青少年期(约85%发病于13至20岁之间),病期可长达几个月至数年不等,女性患病率远远高于男性。该疾病以有意地严格控制进食,常常通过节食、拒食、导吐等手段有意造成并维持体重明显低于正常标准,从而导致机体营养不良、全身代谢紊乱和内分泌紊乱为主要特征,基于该疾病往往造成严重的身体健康问题,需要在日常心理服务过程中予以积极关注,并链接医疗资源,积极改善躯体状况是进一步治疗的基础。

2. 认知、情绪困扰问题

服务对象始终存在着对自身体重的不合理认知,服务对象虽在节食前属超重或肥胖状态,但当减重至正常体重范围时仍不能控制地不停节食,甚至产生了严重的"负罪感",影响到了正常生活。

3. 家庭支持不完善的问题

神经性厌食症多家族聚集,其他家庭成员会较易出现类似的病症,该疾病在所有精神疾病中死亡率最高,因为它会导致严重的精神病理学以及危及生命的医学并发症。服务对象家属对患者的关注度有待进一步提升。

（二）病因学分析

病因及风险因素：神经性厌食症的病因是复杂的和多因素的。目前的理解强调遗传性以及心理因素的作用，如神经心理风险，包括认知不灵活和中枢一致性弱，以及完美主义和社会认知缺陷的作用。社会文化因素方面，如家庭和同伴关系、自尊和应对方式、媒体的影响和其他文化影响，这些都是可以改变的，更有可能解释发病率的长期趋势。相反，潜在的神经生物学因素，包括自闭症谱系特征，可能会影响治疗的反应。

1. 生物因素

我们知道饮食紊乱倾向于在家庭中聚集。虽然基于小样本量，但我们也从双胞胎研究中得知，患神经性厌食症的同卵双胞胎的一致性大于异卵双胞胎。22 个基因被认为导致了超过 50%~74% 的患神经性厌食症的风险。如果母亲在怀孕期间有饮食障碍，那么其后代患饮食障碍的风险就会增加，尽管有时很难区分遗传和环境的作用。虽然遗传学的作用在很大程度上仍不为人所知，但已有一些研究探索了多种可能性。一项针对神经性厌食症限制亚型的研究发现，一个易感位点位于 1 号染色体上，在寻找瘦和强迫症的驱动力时，与 1 号、2 号和 13 号染色体有联系。当分离出呕吐行为时，发现染色体 10p（使用连锁分析的易感性基因座）上的信号更强。神经性厌食症遗传学倡议研究将观察来自美国、丹麦、瑞典和澳大利亚的大约 13 000 名患者，包括神经性厌食症患者和对照组。这是迄今为止试图研究神经性厌食症遗传学的最严格的研究，可能有助于阐明其病因（ https：//clinical trials . gov/ct2/show/NCT 01916538 ）。

在生物学方面，已知可以发现某些神经递质异常。例如，康复的患者在扣带和其他区域仍然表现出降低的 5- 羟色胺 2a 活性。δ 阿片受体和 5- 羟色胺 1D 异常也与神经性厌食症相关。多巴胺的异常也被认为发挥了作用，解释了过度活跃的运动行为以及奖励和行为抑制的异常。就生物因素而言，鉴于非典型神经性厌食症经常发生在那些肥胖 /超重但随后体重大幅下降的人群中，肥胖 / 超重实际上是非典型神经性厌食症的先兆。就此而言,肥胖和进食障碍之间有许多共同的风险因素,事实上,肥胖可能是所有进食障碍的一个重要风险因素。

表 2-1　进食障碍的成因

生物因素	心理因素	社会因素
易感性位点	特质(如完美主义、神经质等)	文化影响
神经递质异常	成熟恐惧	家庭影响
激素异常	共病精神障碍(如焦虑、抑郁等)	压力源(如霸凌、虐待)

2. 心理因素

人们认为那些易患神经性厌食症的人有各种各样的特征,如情绪障碍,即识别自身情绪的功能障碍。据一些相关的研究发现,神经性厌食症患者的情感意识水平较低、应对技能有限、痛苦耐受力差、完美主义、不灵活、神经质、消极情绪、避免伤害、强迫性、社交抑制、情绪克制和自尊心下降是其常见特征。然而,那些患有神经性厌食症的人,同时也进行暴饮暴食和排泄,表现出更多的冲动和感觉寻求。典型的神经性厌食症患者往往在认同形成、自主性问题和成熟恐惧方面存在问题。神经性厌食症的限制性亚型与强迫性人格障碍或回避型人格障碍等人格障碍有关。自残行为和自杀企图通常也与神经性厌食症有关。神经性厌食症与焦虑有很大关联,就共病而言,超过三分之二的神经性厌食症患者患有焦虑症,超过 40% 的患者患有强迫症。抑郁症在神经性厌食症患者中也极为常见。

3. 社会因素

在检查导致饮食失调的社会因素时,节食是所有饮食失调的危险因素。患有神经性厌食症和非典型神经性厌食症的青少年经常看到父母在家模仿节食行为,而其他时候父母肥胖,可能被诊断患有癌症、糖尿病或心脏问题等医学问题,从而引发青少年节食。节食是饮食失调发展的一个确定的风险因素,尽管如此,只有一小部分节食者最终会患上饮食失调。节食过度的青少年患饮食紊乱的风险是正常人的 18 倍。长期以来,社会一直被认为是引发神经性厌食症的罪魁祸首,因为它的理想是把美和瘦等同起来。虽然神经性厌食症过去主要在高加索妇女和西方社会中发现,但我们知道现在在所有种族和民族中都发现了它。国际斐济研究表明接触西方媒体会导致女性重塑身材的愿望增加,饮食失调态度和行为的发生率增加。然而,神经性厌食症可以在受西方文化影响最小的非工业化社会中发现,尽管经常通过其他来解释不同的拒绝食物和体重减轻的原因,例如宗教信仰。家庭功能障碍也与神经性厌食症有关,因为患者通常认为家庭是饮食紊乱的触发因素。过去,人们认为专横或沉迷的母亲尤其会导致饮食失调,尽管美国饮食失调学会现在对任何认为家庭是神经性厌食症主要原因的饮食失调模型采取了坚定的立场。但在现实生活中,神经性厌食症往往通常由紧张的生活转变引起,如上大学、搬家、失去父母等,或者经常被欺负或者被戏弄。

三、服务计划

第一,链接医疗资源,对服务对象进行专业的躯体评估、医疗救治。

第二,运用心理治疗手段,持续改善服务对象心理状态。

第三,持续为患者提供心理支持,助力其改变不良认知方式,构建家庭社会支持系统,重建生活系统。

四、介入过程

(一)第一阶段——医疗评估

目标:建立良好专业关系,全面躯体、精神状态状况评估

服务对象第一次来线下咨询,心理咨询师见其瘦骨嶙峋,一阵风似乎就能把她吹倒,之后通过倾听、无条件关注等方式了解了服务对象的心结,建立了良好的信任关系,初步对服务对象躯体及精神心理状况进行了评估。

首先进行了一般状况检查,包括患者的身高、排便后未穿衣服的体重、身体质量指数、身体质量指数百分位和直立生命体征(血压和脉率),以及体温和呼吸频率。其次对服务对象进行了精神病学评估,获得完整的现病史和详细的精神病学、家庭、社会和生长发育史,以及虐待和法律史,重点评估了服务对象的安全性问题,包括自杀和自残行为,因为

有研究报道虽然大多数神经性厌食症死亡被认为是由于心脏并发症,但大约20%被认为是自杀。完成了精神状况检查,如听觉幻觉和视觉幻觉和妄想等,以及认知状态,包括注意力和集中力,未发现重性精神疾病迹象。一系列评估完成之后通过链接医疗资源、社工资源,动员其家属带其前往专科心理医院进行住院治疗,并约定身体状态调整好了之后进行心理治疗。

表2-2　神经性厌食症的诊断标准(基于ICD-10和DSM-5)

a. 有意限制或避免食物摄入,导致体重明显降低,或在年轻人中,体重增加不符合预期
b. 对体重和体形的看法扭曲,害怕肥胖或缺乏对低体重严重性的洞察力
c. 出现一些行为,如避免食用被认为会使人发胖的食物、过度锻炼、使用控制体重的药物或排毒
d. 可能导致女性月经或男性性功能丧失的内分泌功能障碍。在年轻人中,青春期可能会推迟或停止

(二)第二阶段——系统心理治疗

目标:通过系统心理治疗,改善患者不良情绪,形成新认知

在心理治疗开始以及持续之中,药物治疗始终是帮助缓解抑郁和焦虑症状所必需的,也是更有效治疗的重要前提。根据国际治疗指南、系统回顾和最新报告,心理治疗代表神经性厌食症患者的治疗选择。除了基于家庭的治疗(FBT)方法以外的疗法同样有助于治疗神经性厌食症患者,但重新喂养患者通常与其他心理治疗方法一起进行。其中,认知行为疗法(CBT)、辩证行为疗法(DBT)、人际关系疗法(IPT)、认知补救疗法(CRT)和接受承诺疗法(ACT)、青少年聚焦治疗(AFT)都是在神经性厌食症中进行研究并产生不同结果的疗法。

与个体治疗相比,FBT有最强有力的证据支持。它通常对那些患病不到3年的18岁以下的人有效。FBT的Maudsley模式侧重于行为改变,将父母视为家庭的专家,并赋予他们在康复开始前承担责任的权利。该疗法包括三个阶段,为期6个月,但对于有明显僵硬和强迫性焦虑的人,这可能需要增加到12个月,在治疗结束时,50%～75%的人会恢复到健康体重,并且复发率通常很低。与青少年不同的是,还没有任何特定形式的心理治疗被证明在成人患者中更好。因此,建议成人采用

体重康复和特定心理治疗相结合的方法；对于本案例中的服务对象，优先考虑 FBT，同时我们也在文后对认知行为疗法进行了一定的阐述。

FBT 治疗计划分为三个阶段进行治疗。

第一阶段（第 1—10 周）在这期间，治疗的特征是试图免除父母造成疾病的责任，挖掘、肯定、赞扬他们养育子女的积极方面，鼓励家庭自己探索如何最好地帮助孩子恢复体重。

第二阶段（第 11—16 周）这段时间，父母帮助孩子以适合他们年龄的方式将饮食和体重控制交还给他们，青少年对饮食越来越负责。

第三阶段（第 17—20 周）重点是在青少年及其父母之间建立健康关系。

强化认知行为疗法（CBT-E）是作为成人门诊治疗开发的，在成人环境中对神经性厌食和神经性贪食均显示出良好的结果，并且在青少年队列中观察到体重和饮食障碍病理学在 60 周内得到显著改善。这种疗法是一个高度个性化治疗，侧重于维持进食障碍的认知过程，以驱动饮食行为的改变。家长小组可以有效地解决家长的情绪体验，相对缺乏知识，可以提高技能、信心，理解和坚持膳食计划，并可能在疾病的早期阶段发挥重要作用，以及作为护理已确诊疾病患者的重要辅助手段。年轻人的小组工作往往是多模式和强化治疗的一个特点，往往侧重于对自尊、身体形象或思维方式的关注。

强化认知行为疗法 CBTE 通常分为四个阶段。

第一阶段，重点是获得一个人的饮食问题的相互理解，并帮助他或她改变和稳定他们的饮食模式。

第二阶段，对进展进行系统回顾，并为主要治疗对象制定计划。

第三阶段的重点是保持人的饮食问题的过程（如解决有关体型和饮食的问题）。

第四阶段，重点转移到未来，在未来，重点是如何应对挫折和保持已经实现的变化。

（三）第三阶段——社会治疗

目标：理性看待社会对于"胖瘦"的看法，拓宽社会交往支持网络

神经性厌食症的社会治疗包括建立这些患者在进食障碍之外的生活。患有神经性厌食症的青少年可从建立自尊的活动中受益匪浅，包括

在学校的某个领域表现出色,发现新的爱好,获得工作,感觉更加独立,结交新朋友等。在这个阶段中个案管理人员(比如社会工作者)的参与对于是至关重要的。在父母没有认真对待这些疾病,并且他们不接受治疗的情况下,由于担心被忽视,社会服务机构可能需要介入,通过社会工作领域中的优势视角基本原理,发现、寻求、探索以及利用来访者自身的优势与资源,面对他们生命中的挫折与不幸,抗拒社会不良观念的控制。同时,评估受访者社交能力,引导其掌握必要的社交技巧与社交心理,拓宽社会交往支持网络。

（四）第四阶段——定期随访

目标:定期随访服务对象,巩固治疗成果

尽管精神病学取得了进展,但神经性厌食症的预后仍然是谨慎的。据认为,平均而言,不到一半的人康复,1/3 的人有不同的病程,20% 的人仍然患有慢性病。一项跟踪研究表明,51% 的患者已经康复,而 10% 的患者仍然符合神经性厌食症的全部诊断标准,16% 的患者已经因神经性厌食症的并发症而去世。如前所述,神经性厌食症在精神疾病中死亡率最高,仅次于潜在的医学并发症或自杀,然而,应该注意的是,这些年来对神经性厌食症患者进行的几乎所有随访研究大多包括成年患者,其中许多人需要精神病住院治疗。有证据表明,患有神经性厌食症的青少年患者,尤其是那些不需要住院治疗的患者,其预后并不像文献中概述的那样暗淡。我们为服务对象制定了定期的随访计划,每次随访对服务对象的进步及时形成正向反馈,提高其坚持身体康复与心理康复的依从性。

五、评估

在服务对象恢复生病前的体重及一系列的心理治疗后,对服务对象进行评估。服务对象交谈接触较之前有了明显的主动,由之前的抗拒到主动交流,通过使用汉密尔顿焦虑、抑郁量表对服务对象心理状态进行评估,结合交谈发现其焦虑、抑郁情况较前明显好转,对待社会上关于"胖瘦"的看法也较之前有了明显的动摇;服务对象家人反馈看到孩子的改变非常开心,并对其之后的生活充满了信心。

六、结案

服务对象的体重状态逐渐恢复,主要的心理困扰问题也得以解决,服务过程中制定的目标计划基本上已经达到,工作人员提前告知服务对象心理健康服务即将结束,鼓励其不必太过伤感,再一次与服务对象梳理了其整个改变过程,肯定了服务对象的努力,鼓励其定期接受精神科医生复查。

七、专业反思

(一)不良社会认知的改变还需要更多的努力

在经济社会高速发展的当下,丰富可口的食物对某些家庭、个人来说充足且易获取,随着西式饮食模式的日益普遍,加之全球儿童青少年身体活动的不足,儿童青少年肥胖已经是全球范围内日益严重的公共卫生危机,甚至有预测显示,到 2030 年全球将有超过 2.5 亿儿童和青少年患有肥胖症。一方面,肥胖已经是司空见惯的一种现象,但这并不意味着就应该对肥胖听之任之,每个人要对自己的体重有适度的合理的认知,毕竟适度的体重控制还是十分有必要的。另一方面,随着移动互联网、减肥机构上对于"身材焦虑"的渲染与贩卖焦虑,使得部分人的审美认知出现严重偏差,他们往往简单粗暴地认为女性苗条或男性肌肉发达就意味着完美和自律,甚至形成、持续内化成一些牢固的不合理的观念,就如同案例中严某面对的遭遇一样。

自从 130 多年前第一例神经性厌食症出现在文献中以来,人们已经对饮食失调有了更多的了解。目前,在 DSM-5 中有 11 种不同的进食障碍被分类,即典型的神经性厌食症、厌食症和夜食综合征。关于病因、病程、并发症和治疗的研究充斥着文献。事实上,大多数只关注饮食失调者的护理。然而,尽管做出了这些努力,进食障碍的患病率仍然很高,影响着新的人群和社区。对许多人来说,神经性厌食症康复仍然缓慢,无法实现。关于药物的治疗选择和知识不断增加,但是没有一种方法被证明是完全治愈的。对于那些因严重急性疾病、医疗状况不稳定且需要住院治疗的患者来说,治疗的证据基础仍然极其有限,神经性厌食症的死亡率仍然是所有精神疾病中最高的。

（二）理性看待心理治疗在神经性厌食症中的作用

毋庸置疑的是,食物仍然是治疗进食障碍的最佳药物。神经性厌食症的主要治疗是患者摄入足够的热量并纠正潜在的营养不良,营养康复不仅会纠正医学并发症,而且还可以帮助纠正心理方面,如典型的进食障碍认知,以及某种程度上的抑郁和焦虑,将随着再喂养而改善。

心理治疗在本病中发挥了积极且十分重要的作用,心理治疗的种类、方式、效果也逐渐得到验证,虽然青少年和成人的反应有所不同,但在现实生活当中,在治疗过程的早期积极让家庭参与的当代治疗方案被认为是目前最好的实践,与家庭的合作包括训练看护人帮助康复的技能,在疾病早期和后期都有一定的帮助。更令人欣喜的是,神经肽和遗传标记的研究增加了希望,进食障碍的病理生理学和病因将会随着遗传学的发展而得到进一步了解,甚至新的诊断工具、生物标志物、新治疗方法都会有可能涌现,未来的研究可以更接近完全预防和治愈。而对大脑功能本质的研究以及进食障碍神经回路的理解可能会为进食障碍的神经生理基础提供新的助力,更可能产生新的治疗技术,如重复经颅磁刺激、磁共振引导下聚焦超声、脑深部刺激术等。

第四节　回归安稳梦乡

——儿童青少年睡眠健康服务

一、案例情况

李某,男,17岁,高二在读,主因"反复入睡困难,白天疲倦3个月"前来咨询。来访者自从一次考试前因过度紧张失眠后,就开始担心会不会以后每天都失眠,每次睡眠前都会担心自己睡不着怎么办,为缓解睡眠来访者采取睡前观看智能手机希望产生困意而让自己入睡,可是每当放下手机,反而更加睡不着了,来访者为此反复看时间,由于担心长期的失眠身体健康及学业造成影响，来访者开始采取提前上床睡觉、听轻柔的音乐、喝一杯牛奶等方法尝试缓解失眠，但他的失眠却越发严重，甚至出现了多梦早醒，醒后难以再次入睡，睡前还出现心慌发憋，身体不适，一想到晚上睡不着觉，他第一个感觉是"害怕"。

近三个月以来来访者几乎每天晚上都难以入睡，躺在床上翻来覆去睡不着，要么看手机要么看书，即使偶尔睡着也会很快醒来，到了第二日白天往往出现上课头昏脑涨，注意力难以集中，记不住课堂内容，甚至课堂上打瞌睡，而课下做事情无精打采，和人打交道的时候往往容易发脾气等状况，为此影响到了自己的人际交往与学业。

上述案例属于睡眠障碍里面的失眠症，来访者采取了很多"错误"的睡眠方法，不正确的睡眠"打开方式"对来访者生活、社交、学习造成了严重的困扰。在公共卫生层面，睡眠问题在儿童及青少年中日益蔓延，全球数据显示大约有 1/4 的儿童青少年存在睡眠问题。患有失眠症的青少年面临许多有害的后果，包括生活质量下降、认知受损、行为/情绪问题、更严重的肥胖、更差的学校表现和更大的冒险行为等等，再加上睡眠问题潜在的慢性化和在年轻人中的高患病率，青少年睡眠问题日益引起了全社会的广泛关注。

在临床诊疗上，临床医生在治疗儿童睡眠障碍时经常依赖药物干预；然而，关于青少年失眠药物的安全性和耐受性的证据有限，而且药物的作用相对短暂，停药后无法维持。在成人中，心理干预如失眠的认知行为疗法（CBT-I），被认为是治疗睡眠障碍的一线方法。在过去的十年中，越来越多的文献表明，认知行为干预可能对青少年同样有效。

二、睡眠的重要性

人的一生中约有 1/3 的时间是在睡眠中度过的，睡眠是影响人类健康的重要因素，其在促进生长、学习和认知发展以及免疫功能等多方面都具有重要作用。睡眠不足和睡眠质量差均不利于健康，研究表明，睡眠障碍与糖尿病、肥胖、高血压病等躯体疾病及焦虑、抑郁等精神障碍密切相关。随着经济社会的发展和生活方式的改变，睡眠问题已经成为一个重要的公共卫生问题。

据统计，约有 1/3 的人在一生中有过失眠体验，约有 10%~15% 的人符合失眠障碍的诊断标准，青少年和年轻成年人的睡眠质量差会导致长期的睡眠问题,可能会影响他们到成年,有研究发现,青少年睡眠障碍预示着成人睡眠障碍,比如在 16 岁时出现睡眠问题,1/3 的人在 23 岁时仍有问题,10% 的人在 42 岁时仍有问题。

三、青少年睡眠的特点及需求

青少年时期作为一生中心理及行为发展的重要时期,在这个发育和成熟的时期,大脑的成熟会在这个时期持续进行,因此,在这个年龄范围内,睡眠的生物学模式和成年人有较大的不同。一方面,青少年被认为在睡眠开始的时间上有一个生理上的延迟,其原因是参与睡眠调节的两个过程发生了变化:内在昼夜节律计时系统和稳态睡眠—觉醒系统。另一方面,入睡的欲望减少会导致青少年较长时间保持清醒,因此,他们的总体睡眠时间缩短了。这一因素在上学期间尤其明显,因为上学所需的起床时间保持不变。

但是,这一群体所需要的睡眠时间并没有减少,相比成年人,青少年存在一段相对睡眠不足的时期。据《2022 年中国健康睡眠调查报告》显示,"双减"政策后,虽然有六成中小学生睡眠时长有不同程度增加,但小、初、高中学生睡眠平均时间仅有 7.65、7.48、6.5 小时,远低于教育部"睡眠令"明确要求的 10、9、8 小时,中小学生睡眠时长依然不足。

四、睡眠与青少年身心健康息息相关

睡眠和健康之间通常存在双向关系,在临床实践中评估睡眠时,意识到这种关系的复杂性是有帮助的。患者睡眠出现问题的早期迹象可能是睡眠分裂,即个人难以保持睡眠,导致他们感觉无法恢复。这可能会导致睡眠质量差的进一步后果,包括白天嗜睡、认知障碍和情绪不佳。

睡眠分裂本身可能是由于潜在的健康状况而发生的,例如阻塞性睡眠呼吸暂停,这种双向关系需要考虑。此外,青少年患者睡眠和健康之间的这种相互作用会对成年期产生持续的影响,对于有长期健康问题的年轻人来说尤其如此。

（一）睡眠与肥胖

在过去的十年中，已经证明睡眠时间较短或睡眠不足与肥胖症的发展有关。值得注意的是，与老年人相比，儿童和年轻人的这种联系更强。睡眠时间较短的青少年也更有可能超重。然而，因果关系很难确定，因为大多数流行病学研究都是观察性的。另外，还有混杂因素需要考虑。例如，长时间不活动、接触媒体或娱乐会导致睡眠时间缩短，还会通过久坐不动的生活方式与日后的肥胖相关联。

（二）睡眠与疲倦

在青春期和年轻成年期感到疲劳可能是一种短暂的抱怨，特别是在这个发展时期，除了社会、教育和职业需求之外，还有与成长和成熟相关的身体需求。一小部分人将患有慢性疲劳综合征，慢性疲劳综合征定义为持续 3 个月以上的持续虚弱、严重疲劳，伴有关节痛、触痛、头痛和无法恢复睡眠等相关症状，这些症状无法通过替代诊断来解释。

（三）睡眠与心理、行为健康

睡眠本身可能在塑造青少年大脑方面发挥积极作用，自我报告的睡眠持续时间与双侧海马灰质体积呈正相关。许多研究表明，睡眠不足与未确诊精神疾病的青少年情绪功能不佳有关。在非临床样本中，睡眠不足与更多的抑郁症状、绝望感和更大的焦虑有关。青少年睡眠时间短 / 不足的风险在许多大型流行病学研究中也变得显而易见：Meldrum 和 Restivo 确定了高中青少年（n=15 364）在上学期间每天晚上报告 7、6、5 或少于 5 小时的以下行为的相对风险增加：酒后驾驶、携带武器、打架、计划自杀、自杀未遂、吸烟、饮酒、酗酒、使用大麻、性风险和驾驶时发短信。Wheaton 和他的同事总结了超过 50 000 名美国青少年的数据，发现五种与伤害相关的危险行为的报告与报告的学校夜间睡眠时间少于 7 小时有关，这些行为是不常见的自行车头盔使用；不经常使用安全带；与酒后驾车的人一起乘车；酒后驾车；开车时发短信。当如此多的青少年获得如此少的睡眠，睡眠问题对心理、行为的影响应当引起足够的重视。

五、青少年睡眠问题的常见影响因素

（一）生物过程对青少年睡眠的影响

青少年早期发育／青春期开始与更倾向于晚间型昼夜节律相位（即更倾向于选择睡觉和白天活动的时间）之间密切联系，这一生物过程的行为结果在睡眠时间上最为明显，尤其是在周末。另一个涉及调节睡眠时间的过程似乎被改变，这个过程被称为睡眠—觉醒稳态，它可以被认为是一个系统，当一个人保持清醒的时间越长，睡眠压力就越大。这两种生物调节过程的成熟变化始于初中时期的青少年，并对年轻人在傍晚入睡和在清晨醒来恢复精神去上学提出了重大挑战。这方面最突出的因素是晚上和夜间的屏幕使用和社交网络，这两者在21世纪都有显著增长。周末比工作日晚睡晚起更是对工作日睡眠不足的一种反应。较晚的睡眠时间和周末的补充睡眠进一步延迟了生物夜晚的信号（即褪黑激素的产生），并驱散了残余的睡眠压力。总之，生物学驱动的过程与现代生活方式使青少年获得充足睡眠的机会变得越来越少。

（二）电子媒体对青少年睡眠的影响

今天的青少年已经成长在一个电子时代。据我国《中国互联网络发展状况统计报告》显示，未成年拥有自己的上网设备的比例已达82.9%。关于媒体如何扰乱睡眠，已经提出了几种机制。一个是媒体的使用直接取代了睡眠，青少年可能只是熬夜享受他或她正在使用的任何媒体。电子产品对睡眠产生有害影响的另一个可能机制是，电子设备产生的光可能会抑制褪黑激素，从而扰乱昼夜节律，导致无法在合理的时间入睡。最近的研究表明，暴露在相对低强度的光线下可以改变昼夜节律，抑制夜间褪黑激素的分泌。最后，媒体的使用可能会引起更多的扰乱睡眠的精神、情感和生理觉醒。

（三）咖啡因

据报道，与摄入非常少的咖啡因相比，摄入中度到高度咖啡因的高中生睡眠困难和早上嗜睡的可能性要高近 2 倍。经常大量服用咖啡因的人似乎形成了一种循环,即由于服用咖啡因而中断的睡眠会导致嗜睡,这又会导致他们增加咖啡因的摄入量。此外,咖啡因以剂量相关的方式减少慢波或"深度"睡眠时间的百分比,并改变快速眼动 / 非快速眼动睡眠,这个结果特别重要,因为慢波睡眠和快速眼动睡眠在学习和记忆巩固中都起着关键作用。

虽然青少年可能会摄入过量的咖啡因来缓解日间嗜睡,但这种行为不仅会进一步损害睡眠的质量和数量,而且高咖啡因使用者还可能面临其他物质使用和 / 或滥用以及其他冒险行为的风险。咖啡因的消费与青少年尼古丁的使用有关,这反过来可能会进一步扰乱睡眠,并使睡眠分裂 / 白天嗜睡与兴奋剂使用相结合的循环永久化。毫不奇怪,咖啡因使用量的增加经常与其他对睡眠产生负面影响的行为并存,如青少年熬夜、智能上网设备使用等。

（四）影响青少年睡眠的其他因素

许多其他因素与整个青少年年龄段的睡眠时间缩短有关,如慢性疾病、精神健康问题（即焦虑 / 压力）和处方精神药物。哮喘等慢性呼吸系统疾病和偏头痛等疼痛疾病可能会导致睡眠时间缩短和睡眠中断。虽然肥胖本身不一定导致睡眠质量差,但它是青少年阻塞性睡眠呼吸暂停的一个越来越重要的风险因素,反过来又会导致夜晚睡眠质量差和白天嗜睡的后果。

六、常见青少年睡眠障碍

（一）失眠

失眠是儿童青少年最常见的睡眠障碍,其主要表现为在睡眠机会充足与睡眠环境适宜的情况下,青少年仍然持续出现入睡困难,睡眠维持或持续时间减少,易醒或醒后难以再次入睡,睡眠质量下降,次日白天出现日间不适,比较常见的日间症状主要包括疲惫,心理状态较差,烦躁易怒,躯体不适和注意力难以集中、记忆力下降等认知功能障碍。1/5

的幼儿和青春期儿童报告有失眠症状,在青少年中失眠症状几乎无处不在。

青少年失眠主要受哪些因素影响呢?青少年失眠的原因与成人类似。首先是环境因素,最常见的是睡眠环境的突然改变;其次是自身因素,如电子产品的问题性使用,不健康的睡眠习惯以及影响睡眠的一些躯体疾病等等;最后,精神、心理因素。如急剧变化的情绪状态、对睡眠的不合理认知以及对失眠的过分担心都是失眠常见的原因。

（二）睡眠延迟综合征

据报道,睡眠延迟综合征影响了 7% 的青少年。睡眠时相延迟综合征是一种发生在青少年时期的睡眠开始时间正常延迟的病理变化,受影响的人通常在凌晨 1 点至 4 点之间睡觉,早上醒来的时间很晚。如果个人的日常生活不允许晚起,这将导致严重的睡眠剥夺。治疗需要逐渐调整睡眠周期,早上使用强光疗法,晚上避免强光照射。

七、青少年睡眠问题的心理干预

睡眠教育和睡眠卫生技术是行为睡眠干预最普遍的组成部分。睡眠教育强调获得充足睡眠以支持健康、认知和成就的重要性,并提供推荐的睡眠指南。睡眠卫生是一套旨在支持最佳睡眠健康的实践,如确保黑暗、安静的睡眠环境。在学龄儿童中,可以包括解决该年龄组常见睡眠问题的行为原则(例如,减少就寝阻力、共眠、夜醒和早起的策略)。

值得注意的是,当以父母为目标的干预措施包括具体的行为策略时,而不仅仅是介绍一般的行为原则,这些计划通常是为特定的儿童/家庭量身定制的,包括使用全面的睡眠评估、个性化的睡眠管理计划和监测工具,如睡眠日记或活动描记法。青少年频繁使用智能手机/电子产品,与平日相比,他们在周末往往睡得更晚/更久,因此稳定睡眠和起床时间,限制睡前电子产品和物质的使用(如咖啡因、尼古丁)是睡眠卫生的特别重要的方面。

（一）健康教育

行为睡眠干预需根据睡眠障碍的严重程度和类型开展健康教育，倾向于短期（即大多数 ≤ 6 次）。最简单地说，干预是教育性的，提供关于睡眠的重要性、睡眠卫生和 / 或支持睡眠健康的基本行为策略的信息。

1. 家庭健康教育

在学龄儿童中，家庭通过印刷材料（如小册子、信息单）、视频或电话，或者由经过临床培训的卫生专业人员（如护士、职业治疗师、心理学家、儿科医生）或经过培训的研究人员领导的个人或小组会议期间亲自接受教育干预。现场探访的环境包括儿童之家、学校、诊所或研究场所。鉴于父母在这个年龄阶段制定和执行规则的重要作用，他们往往发挥重要作用。

2. 学校健康教育

基于学校的干预措施经常被用来提高普通青少年对睡眠重要性、睡眠习惯和睡眠持续时间的认识。这些干预使用教室、讲座和 / 或工作簿的形式，并由受过训练的学校人员（例如，教师、运动训练员、辅导员）领导，有时与临床心理学家或医生一起进行。另外教学形式、策略，如建模、角色扮演、游戏或竞赛以及奖励和数字组件（例如，在线视频）等已经被用于支持青少年参与。

（二）认知行为治疗

当睡眠主诉严重时（如失眠），认知行为干预变得更加结构化和临床化。认知行为治疗（CBT-I）是目前国际推荐的终止失眠的一线疗法。认知治疗侧重于怎样识别和改变自己如何看待睡眠的自身消极信念和想法，也就是识别和改善引起失眠的不良信念。行为治疗侧重于促进睡眠的行为替代影响睡眠的不良行为。

行为治疗以个人或小组的形式直接提供给青少年，通常由临床心理学家或其他卫生保健提供者实施，并可能包括辅助治疗，如针对睡眠期延迟的青少年或精神病患者的强光治疗，并与其他失眠认知行为疗法相结合，如针对抑郁症的治疗。针对睡眠卫生和 / 或逐渐延长睡眠时间的简短行为疗法也已经应用于睡眠有问题的青少年。值得注意的是,一些针对青少年的行为疗法利用了互联网、短信或电话形式。

对于患有失眠症的青少年来说,包括失眠认知行为疗法在内的行为疗法是目前最常用的方法。一些其他正式的睡眠训练计划,如具有反应成本和积极强化的淡色就寝时间(FBRC-PR)也经常被使用。

(三)失眠认知行为疗法

失眠认知行为疗法,是一种专门针对失眠障碍的心理治疗方法,试验证明,失眠认知行为疗法可能会使任何年龄段的失眠人群获益。它还可能使其他慢性病患者以及特别容易失眠者获益。作为世界上公认的,非药物治疗失眠最好用的疗法,失眠认知行为疗法在致力于改善使睡眠问题长期存在的不合理信念的同时,也强调改善睡眠的不适应行为,该疗法主要分为五个部分,分别是睡眠卫生教育、睡眠限制、刺激控制、松弛疗法、认知疗法。通常情况下,失眠认知行为疗法需要使用上述三个或三个以上治疗方法。由受过训练的心理治疗师在6~8次面对面访谈(单独或以团体形式),与药物疗法减小见效迅速不同,失眠认知行为疗法的作用会延迟出现,但是长期效果却比药物更持久。

(四)睡眠卫生教育

睡眠卫生旨在加深对自身睡眠习惯的认识,以便养成良好的睡眠习惯,需要长久的坚持不懈。

(1)睡眠觉醒规律保持恒定,每天固定时间睡,固定时刻起。利用身体的"记忆"功能,长期坚持下去,会睡得更容易,醒得更自然。

(2)睡眠环境保证良好。睡眠场所的温度、光线要适宜,避免蓝光、噪声等因素干扰。

(3)避免摄入引起兴奋类的饮料和食物,避免空腹上床,睡前避免饮酒抽烟。

(4)明确床是用来睡眠的专用属性,不在床上做无关于睡眠的事情,不反复看时间。

(5)白天不打盹是保证夜眠的必要条件。

（五）睡眠限制

被治疗者要如实记录自己每晚实际睡着的时间，把卧床时间压缩到能睡着的时间区间内，其他时间维持清醒，积累足够的睡眠驱力。通过限制在床上的清醒时间（包括入睡时间、中途醒来时间和赖床时间），来提高睡眠效率，最终理论上只保留实际睡眠时间。

通过实行刺激控制加强床与睡眠之间的积极联系，减弱床与清醒状态之间的关系，帮助建立正确的睡眠反射联系，被治疗者需要做到：

（1）只有困倦或者到了规定的睡眠时间时才能上床。

（2）明确床是用来睡眠的专用属性，不在床上做与睡眠无关的事情，如看电视、吃东西等。

（3）上床后大约 20 分钟内无法入睡时（无须看表），应起身离开卧室，适当进行一些放松活动，睡意来临时再返回卧室睡觉。

在实行以上步骤中可能遇到一些困难，比如在非睡眠时间不知做什么等，这时，制定个性化的行动方案非常有必要，同时也可以利用接下来的放松训练技术帮助自己调整状态。

（六）放松训练

放松训练能够帮助被治疗者从紧张状态松弛下来，通过肌肉放松使得心理放松，缓解由于紧张、焦虑等诱因带来的不良反应。常见的放松训练有渐进肌肉放松（可按照头臂部、头部、躯干部、腿部的顺序），腹式呼吸放松（通过呼吸感受躯体紧张、气流进出以达到放松状态），想象放松训练（通过想象放松每部分的肌肉），正念放松（通过感知当下，减少思维、判断等认知活动）。

1. 认知治疗

认知治疗的目的是改变患者对失眠的认知偏差，改变对于睡眠问题的非理性信念和态度，纠正不切实际的睡眠期望。被治疗者需要识别和改变不良的睡眠信念，如"我今天晚上没有睡好，明天一定会非常疲倦"等。

另外，前面阐述的传统 CBT-I 由经过培训的治疗师开展，共 6 ~ 8 次，每次 30 ~ 50 分钟。然而在临床实践中，尤其是在缺人缺钱缺培训的基层全科医疗机构,上述治疗模式往往并不现实。在这一背景下,澳大利亚的研究者介绍了一种适合全科医生实际情况的、循序渐进的失眠简明行为治疗(brief behavioural therapy for insomnia, BBTi),鉴于国情存在差异,感兴趣者可参考文后参考文献。

2. 行为治疗

主要涉及延迟就寝时间,直到儿童可能入睡,并且一旦儿童能够在每个时间点快速开始睡眠,随后将就寝时间提前 15 ~ 30 分钟。如果在 20 分钟内无法入睡,反应成本部分会让孩子离开床,进行安静、无回报的活动 20 分钟,然后回到床上重新开始睡眠。孩子因达到目标而获得奖励,这一策略一直实施到孩子能够在预定的就寝时间目标快速入睡。62/63 名家长,有时还有他们的孩子,通过电话或亲自(单独或集体)与心理学家 / 心理学实习生或准专业人员一起参与这些治疗干预。

在学龄儿童中,行为疗法还可以解决父母和儿童对睡眠 / 就寝时间的焦虑(例如,放松、积极地自我指导、噩梦处方)。鉴于青少年经常对睡眠行为的改变表现出矛盾心理,如减少睡前电子产品的使用,激励性访谈技术可能有助于支持该年龄组采用新的睡眠行为。额外的技术,包括正念、催眠疗法和辅助强光疗法或褪黑激素,也可能对患有失眠症的年轻人有用。

(七)青少年睡眠的日常建议

对于许多青少年来说,睡眠是一种可以改变的行为,并且存在有效的干预措施。在基本层面上,良好的"睡眠卫生"可以保护睡眠。对于儿童青少年课业压力过重及其造成的睡眠不足等儿童青少年身心健康问题,国家高度重视,已出台《关于进一步减轻义务教育阶段学生作业负担和校外培训负担的意见》等一系列政策,以保障儿童青少年的休息权利。在日常生活中,我们也可以采取表 2-3 所示的措施提升睡眠质量。此外,父母设定的就寝时间限制也有帮助:例如,与父母将就寝时间设定在午夜或更晚的青少年相比,父母将就寝时间设定在晚上 10 点或更早的青少年抑郁症状和自杀意念较少。

表 2-3　给青少年改善睡眠的建议

• 制定一个睡眠计划：为自己设定一个睡觉时间，让自己有足够的时间睡觉——并且尽可能接近这个时间；
• 每天早上醒来时，让明亮的光线帮助你将生物钟调至更早的时间，这样可以帮助你更早入睡；
• 晚上睡觉前避免灯光照射，形成规律的"生物钟"；
• 避免在晚上进行"唤醒"活动，睡前给自己 30 分钟放松时间；
• 不要开着手机睡觉，也不要在卧室里开着电脑、电视或任何其他技术设备（包括灯）；
• 周末尽可能坚持你的睡眠时间表；
• 放学后避免摄入咖啡因；
• 下午 4 点后不要小睡；
• 每天玩得开心，享受生活！

八、小结

研究压倒性地支持睡眠在青少年大脑功能和行为的许多领域中的重要作用。与儿童和成人相比，睡眠是否支持青春期特有的功能，这在很大程度上仍是未知的。我们知识上的这一差距是由于在儿童、青少年和成人中检查特定现象的同时进行的研究数量有限。此外，青春期表现出独特的神经发育环境，尽管睡眠期间的大脑活动反映了这一点，但尚不清楚睡眠对青少年和成人神经元益处的重叠程度。

最后，青少年有独特的社会、认知和行为需求，因此，在青少年中观察到的更大的睡眠需求和更慢的波活动是否可能是青少年大脑中突触数量更多的结果，许多这样的问题仍然没有答案。尽管如此，确保适时的、充足的、恢复性的睡眠对于最佳的成熟是很重要的。

第五节　航向新的岸边

——儿童青少年适应障碍心理健康服务

一、案例情况

布施(化名),男,12岁,初一学生,12岁,因爸爸工作变动,一家人搬家到了深圳,2个月前家人帮忙办完转学手续,布施到新学校就读。刚到深圳时,布施觉得南方湿热多雨的天气让他很难受,像被浸在了大水缸里那样闷气。学校、课堂教学环境都和他原来所在的北方某所小学不一样,开朗的他一时有些受挫,自信心受到了打击。1个月前布施跟父母说心慌、胸闷、浑身难受上不了学,让爸爸妈妈帮他请病假。

布施妈妈不放心,先带他去医院儿科检查了身体,医生说没啥问题,该吃吃该喝喝。但布施仍然是身体不舒服不能去上学,他无法集中注意力学习。1个月来,布施在家休息,不愿意出门,也不愿意和家人交流,明显比以前紧张、害怕,做事没兴趣,老说没意思、不开心,稍微不如意就哭泣,睡眠也不踏实,晚上总是惊醒,吃饭不好好吃,总说没胃口。有一次布施和父母起了冲突,摔门外出,离家出走了快一天,他的父母急的就要报警的时候布施才回家,到家了也是把自己关在屋子里不说话。布施父母问学校班主任布施入学后的情况,老师反映也没有什么特别的,没有和同学发生冲突,也没有老师责骂,课堂上的表现也没有特别不一样的,就是看起来比较安静,经常独处,几乎不跟新同学有交往。

布施的家人觉得很蹊跷,上学时间总待在家里也不是个事儿,布施的爸妈很头痛,在邻居的建议下去看了精神科门诊。医生告知布施患了适应障碍,布施的爸爸妈妈觉得不能理解,毕竟,布施的妹妹比他还小4岁,并没有布施遇到的这些问题。

二、分析评估

医生进行面谈评估,了解症状发生前所遇到的生活事件等应激源。评估症状的性质及严重程度,了解诱因、人格特点及应对方式等因素的相对作用,根据精神科常用的诊断标准来确定诊断。进行常规检查排除潜在的健康问题引发的情绪和行为障碍的可能。

(一)精神状态评估

布施意识清晰,问答配合,言语表达流畅,无思维逻辑障碍。体型偏瘦,身高与年龄相符,穿着整洁,表情略显紧张,能礼貌回应医生,对周围环境有警惕反应。能清晰表达搬家和转学经历,时间、地点、人物定向力正常。言语量少,语音低沉,讲话语速慢,自觉思维运转速度有些变慢,情绪显低落,自我感觉差,有明显的无用感,有烦躁、担心的焦虑体验,且伴有手脚发麻、心慌、闷气等躯体性焦虑体验,伴发出现躯体化症状和植物神经功能紊乱如睡眠障碍、食欲不振等,行为懒散、少动,自觉精力变差,注意力难集中,学习效率下降,无法继续学业。未引出幻觉、妄想等精神病性症状,情感反应与内心体验协调。自诉不适应新家和新学校生活,社会交往出现退缩、回避,不愿与同龄伙伴交往。

(二)成长经历及风险因素

布施是第一胎,父母都是知识分子,经济状况中等,有一个小他四岁的妹妹。父母养育布施过程中谨小慎微,对他的照顾特别全面,无微不至,望儿成龙,对布施期望高。对布施的饮食照料很精细,唯恐渴着、饿着他,对他保护欲强,经常怕脏不让他在地上坐蹭玩,经常要对布施及布施生活的环境进行消毒。学习方面对布施管教比较严,除了学校作业,每天监督布施完成一些补课班的课外作业。对布施的交友也会经常过问,了解布施每天的活动轨迹,反复告诫布施要有防人之心,交友要谨慎,不要随便和同学们一起玩耍,布施的生活自理能力偏差。

在养育妹妹时他的父母已有一些育儿经验,且随着工作变忙没有更多的时间和精力花费在二胎孩子身上,所以,布施的妹妹成长过程中父母的管教会少一些,布施的妹妹有更多的自由到处玩耍,而不用担心被父母盯着管教。布施自小比较敏感多疑，温和、安静、内向、孤单，懂事听话，容易受到环境影响，布施觉得只有在家里才是最安全和舒服的。和熟悉的人交往可以，但不知道如何和陌生人交往。布施的妹妹更活泼、外向、开朗和大大咧咧，父母经常在亲戚朋友面前夸奖布施妹妹聪明可爱。兄妹俩若发生冲突，父母经常会批评哥哥没有让着妹妹，经常对布施说男子汉大丈夫要能屈能伸、承担更多责任。布施父母的关系一般，平时缺乏情感表达，交流偏理性。

读书期间，布施比较勤奋努力，对自己要求高，较难接受挫败，考前容易紧张、焦虑，学习成绩较好。人际交往中比较被动，但因性格温和，可吸引到周围人愿意和他交往。布施曾有一次鼓起勇气邀请同学参加他组建的滑板社团，但不知为何队员纷纷不积极参与活动而解散，布施为此感到受挫，觉得自己什么都做不好，对自己和队员都感到失望。布施的成长过程中与其他同龄小孩比起来普普通通，没有什么大风大浪，没有校园欺凌经历，没有重大躯体疾病病史和心理疾病病史，既往未服用过精神类药物和滥用药物。

布施是未成年人，心智尚未成熟，更易受环境影响。生活环境和学校环境发生了改变，但布施的身心尚未完全调整适应。从北方到南方，饮食发生了很大改变，对布施也是很大的挑战，布施父母平素忙于工作，没空给布施兄妹做饭吃，布施经常要在饭馆、学校食堂解决一日三餐。面对南方的饮食习惯，布施一下子并不适应，逐渐对饮食没有胃口，进食量明显减少。

正是长身体的年龄，但通过饮食的营养摄入可能存在不足。布施以前在北方爱到外面玩爱动爱跳，来到南方后，漫长的炎热天气要持续差不多八九个月，对布施来说是个很大的挑战。在户外没一会儿就满身大汗、浑身湿透，湿热的感觉让他难以喘气，他感觉很不舒服。所以来到南方以后他能不出门就不出门，到学校教室里有空调吹，回到家也是一天到晚空调吹着，布施的活动量和以前比起来明显少了很多。经常是能躺着就不坐着，能坐着就不站着，人似乎变得懒洋洋的，总有有气无力、疲惫不堪的感觉。

还有一点对布施挑战比较大就是南方人的语言。尽管深圳是个移民城市，五湖四海的人都有，普通话更流行。但布施所在的班级似乎以南方人居多，课外大家聚在一起说笑打闹成一团，时不时冒出几句白话，对布施来说融入也是很难的一件事。比起主动交往要不顾面子、害羞等,布施更愿意选择一个人安静地坐着。同学看到布施总是一个人安静坐着,以为他不喜欢热闹,有的觉得他高冷,更不搭理他了。实际上,布施内心很痛苦,他多么渴望有人主动和他聊天、主动把他拉进小团体里面成为团体一员。

(三)诊断评估

儿童青少年适应障碍。布施是在明显的生活改变或环境变化时——搬家和转学(应激源)产生的短期和轻度的情绪失调和行为改变,个体显著的痛苦与应激源的严重程度或强度不成比例,社交、学业或其他重要功能明显受损。这是心理社会应激因素与个体素质共同作用的结果。

适应障碍的表现形式多样,常见表现为焦虑不安、烦躁、抑郁心境、胆小害怕、注意力难以集中、惶惑不知所措和易激惹等,可伴有心慌、震颤等躯体症状,同时可出现适应不良的行为,如青少年出现逃学、打架、毁坏公物、攻击或敌视社会行为等品行障碍,儿童可表现退化现象,如幼稚言语、吮拇指、尿床等,影响日常活动,依赖性增加,有时伴发酒或药物滥用。以上多在应激性事件发生后 3 个月内出现,一旦应激源或其结果终止,这些症状不会持续超过随后的 6 个月。布施在搬家和转学差不多1—2 个月后开始逐渐出现情绪和行为变化,并显著影响到了学业、日常生活活动和人际关系。症状与生活环境变动和学习环境变动等密切相关,满足了诊断适应障碍的环境因素。

准确诊断还需排除抑郁发作、焦虑发作等。抑郁发作常常没有明显的社会心理因素作用,而适应障碍中症状的发生、发展和近期的应激性事件紧密相关,布施虽有抑郁症状,但严重程度尚未达到抑郁发作的诊断标准,可排除。布施虽有焦虑情绪,但焦虑情绪的出现也受环境因素的影响,搬家和转学是导致布施出现当前心理问题的直接诱因,且多伴发自我怀疑、自责、自我评价低等,非焦虑障碍的症状表现。

布施一家四口人都经历了搬家,布施和他的妹妹都经历了转学,布施出现了适应障碍,布施的妹妹并没有不适应。为什么呢?目前对出现适应障碍的原因尚不清楚。适应障碍的病情往往与生活事件的严重程度、个体的心理素质、应对方式、来自家庭和社会的支持等因素有关。应激源的严重程度不能预测适应障碍的严重程度,适应障碍还受应激源的性质、持续时间的长短、可逆性、处境、既往生活经验和个体性格特征等方面情况影响。青少年阶段的脆弱性,导致对应激源的体验较深。

未成年适应障碍患病率目前我国尚无确切数据,常见的诱发因素如典型的生活事件(如迁居、转学、患重病)。预后方面:疾病的慢性化和行为症状是预测青少年主要病理症状的指标。成年人预后良好,青少年最终有可能会演变成重性精神障碍,5年随访显示,43%患者演变成重性精神障碍共病状态,如精神分裂症、分裂情感障碍、双相障碍、物质滥用、人格障碍。

三、工作策略

首选心理治疗,根据心理治疗师的专业知识和布施的个人需求给予个体化心理治疗和系统家庭治疗。治疗目标是帮助布施暂时脱离难以适应的环境或困难处境,脱离应激源,请假在家休息一段时间,在这期间配合实施心理治疗,帮助他找出减少应激的方法,帮助提高处理应激境遇的能力,提高对不能改变的新学校环境的应对能力。恢复病前的功能水平,防止病情恶化或慢性化。提高布施的自我认知能力、情绪控制能力和人际交往技巧,提高对新身份的认同,增强应对能力,建立支持系统。给予家庭治疗以支持布施走出适应障碍的困境。考虑布施有严重的抑郁和焦虑体验,若心理治疗无效,可酌情选用抗抑郁药或苯二氮唑类等抗焦虑剂。

四、理论运用

心理治疗为主,包括心理咨询、心理治疗、危机干预、家庭治疗等。

系统脱敏法:诱导患者缓慢地暴露出适应障碍的应激源,使患者处于陌生生活习惯中,并通过心理放松技术等对抗适应障碍的情绪和行为问题,逐渐减轻患者心理障碍,从而达到消除疾病的目的。

支持性谈话疗法。通过沟通交流,了解患者适应障碍的原因及病情发展,并给予患者鼓励,使患者在放松状态下逐渐消除适应障碍。

认知行为治疗。可有效地帮助来访者改变关于压力/应激源影响的非理性信念。收集信息,包括了解求助原因,了解当前问题发生、发展的过程及相关因素,收集相关的个人成长史,进行心理评估,共同建立"问题清单",引导进行重要性和优先等级排序,形成初步的个案概念化,制定咨询目标。针对自动思维、中间信念和核心信念进行工作,激发改变。

接纳承诺疗法。由心理学家史蒂文·C.海斯在20世纪80年代提出,是新兴起的一种以功能性语境主义 为哲学背景、以关系框架理论为理论基础的认知行为疗法,是一种关于如何更有效、更有价值的生活的模式。病理模型认为心理僵化是人类心理问题的起源,涉及经验性回避、认知融合、脱离当下、概念化自我、价值不清、不行动或冲动或无效行动等六个方面。所以其治疗目标是构建个体的心理灵活性,提高个体接触当下并能基于现实环境和事件、根据个人的价值来改变或者坚持某些行为的能力。六个核心过程是:接纳、认知解离、关注当下、以己为景、明确价值和承诺行动。

系统家庭治疗。以系统论、信息论和控制论等为指导,以家庭或系统为单位解析成员之间的关系,进行心理干预的治疗体系。假定出现问题的家庭成员是表征家庭问题的索引病人,治疗着眼于整个家庭系统,从扰动成员之间交往模式着手,目的是改变家庭结构,改善家庭成员的互动模式,重建边界。基本原则是假设—循环—中立。

团体治疗。目的是通过团体内人际关系交互作用,促使个体在互动中通过观察、学习、体验,认识自我、探讨自我、接纳自我,调节与改善与他人的关系,学习新的态度和行为方式。

物理治疗如生物反馈治疗。利用现代生理科学仪器,通过人体内生理或病理信息的自身反馈,使患者经过特殊训练后,进行有意识的"意念"控制和心理训练,如放松训练等,以达到消除病理过程、恢复身心健康的新型治疗方法。每日训练1次,每次30分钟,10次为1疗程。

运动疗法。指有计划、有组织和重复的身体运动,以改善或保持身心健康。是运动在医学中的应用,用以改善躯体、生理、心理和精神的功能障碍,培养坚强的意志品质、加速疲劳消除、稳定情绪、强化自我概念、建立良好的人际关系。可针对个体的身体状况有目的、有计划、科学地制定有关运动方式、运动内容和运动量等,改善抑郁、焦虑和睡眠等,缓解适应障碍。具有易接受、见效快、无明显副作用、便于自我调节等优点。可作为常规药物治疗或心理治疗的补充治疗手段,运动疗法要真正起效,需要达到一定的强度和频率,即遵从运动处方。

药物治疗。对情绪异常较明显的,或经过心理治疗或支持性治疗3个月后仍无缓解时,可根据病情选用抗焦虑剂或抗抑郁药。低剂量、短疗程为宜。药物治疗同时合并心理治疗。

注意事项。对有自杀企图或暴力行为者需转入专科医院就诊。对不能主动进食或进食量少者,应注意补充营养,预防水盐代谢失衡。

五、工作过程

布施被诊断为"适应障碍,伴抑郁、焦虑心境",住进了深圳市某专科医院进行住院治疗。住院后医生给予开具了身体检查和心理评估等检查,检查结果提示无明显躯体疾病异常,有明显的焦虑、抑郁。医疗团队综合评估后制定了针对性的系列心理治疗、药物治疗和物理治疗等多管齐下的综合治疗方案。

布施的心理困扰主要源自搬家和转学的应激源,认知行为治疗过程中,从布施的主诉和家庭作业中寻找出现频率高、持续时间长且对布施影响大的典型事件进行认知—情绪—行为的横断面分析。布施典型的自动思维,例如"我无法做好学习和新环境的适应,我做什么都不行",由此错误认知主要引发了担心、情绪低落、无助的情绪症状,伴随典型行为如不想动、回避上学和外出。从布施的典型自动思维出发,探讨可能的核心信念如"我无能",并引发哪些早年经历可能与此信念的发展和维持相关,这些经历对布施意味着什么。为了避免消极的核心观念被证实,布施在成长过程中逐渐发展出了一些如中间信念和补偿性的行为策略等应对机制。如"我只有好好学习考第一名,获得父母和老师认可,我才是有能力的,否则,我就很无用"。相应的行为策略如自我要求完美做事。心理治疗过程中对布施的认知概念化进行总结和提炼,行为个案概念化,心理治疗师开始发掘布施的优势和长处如智力高,有较强的自我探索意识,做事有计划,治疗依从性好,愿意配合进行认知行为治疗。在以上基础上,结合现实状况,制定咨询目标包括:改善抑郁、焦虑情绪,矫正歪曲的认知,发展适应性的灵活的信念,增强自我价值感,增加积极应对方式。布施的心理治疗设置为每周1次,每次45分钟,共10次。

在心理治疗师的带领下,布施也学习倾听内心的声音,观察自身,然后学习接纳此时此刻,承认和拥抱出现的所有的想法和情绪,关注此时此刻正在发生的真实体验,不试图回避、否认或改变它们,对负性心理体验,布施可以尝试不评判地观察自己的想法并标记,回顾过往了解重复的思维模式和行为,基于自我价值观和目标做出承诺,学习通过调整行为改善现状,尝试更具建设性、积极、自信的行为方式改变。

在家庭治疗过程中,心理治疗师首先通过中立和共情与布施一家建立治疗联盟,布施一家承受着搬家后适应新环境的压力,家庭成员之间缺乏情感表达,治疗师帮助家庭成员逐渐表达情感。通过差异性提问、循环提问等技术采集信息,不断修正原来的假设,然后继续遵照家庭治疗原则验证假设,如此循环。期间,不断关注关系、互动和家庭系统的资源,关注家庭的力量,获得家庭成员认可,探讨家庭改变可能,并形成家庭作业。

刚开始治疗时布施有明显的紧张不安感,起初通过用药和心理治疗都无法缓解,医生就给予同时开具了生物反馈治疗方案,通过一个疗程治疗后,紧张不安明显减轻,睡眠质量得到改善。在心理治疗过程中,布施仍伴发比较严重的抑郁和焦虑症状,无法通过心理治疗有效缓解,在征得布施及其家人的同意下,医生给予开具了小剂量的抗抑郁剂帕罗西汀,并告知用药知识,告知不要自行调整或停止用药,服药过程中随时保持与医生沟通联系。

布施的食欲也有明显的改变,医疗团队联合医院营养医师制定适宜布施的饮食方案,帮助布施恢复食欲,保证在生长发育期身体的营养摄入。也给布施制定了运动处方,结合布施本身的身体素质和平时的活动习惯,以及运动项目的趣味性和布施本身的兴趣,以有氧运动为主,主要是散步、游泳、骑自行车和滑板,运动强度以中等为宜,活动时监测心率,结合布施的年龄和适宜的运动强度,制定并监测运动心率范围为104～177 次/分,运动频度定为每周 3～4 次,每次运动时间定为 45分钟至 1 小时,持续至少 9 周。运动过程注意循序渐进,运动量逐渐增加,根据身体的适应情况调整。

为了减轻搬家、转学对布施的不良影响,在心理治疗师的建议下,布施加强了与原来同学朋友联系沟通的频率,增加同伴支持,建立心理过渡桥。心理治疗师也有意识地培养了布施应对、解决问题的技能和人际交往技能。布施的家庭、所在学校和更广泛的社区所创造的保护性和支持性环境也十分重要。布施的家长经常带布施在新家周边多走走转转,熟悉新环境,布施父母利用空余时间带着布施兄妹进行娱乐放松活动,如一起打羽毛球、徒步爬山等,增加亲子活动时间,拉近亲子距离,从父母和妹妹的角度更好地陪伴、理解和支持布施,度过这段困境阶段。老师为了布施也创造了一些新机会,让布施认识新同学,新同学也主动帮助布施融入新环境,他们一起帮助布施增进与新环境的联结感。老师让班上学习好的老同学主动和布施结对子,帮助布施补习休学期间落下的功课。

六、工作成效

从接诊布施到开始心理治疗和药物治疗,目前已持续了 3 个多月,治疗目标基本达到。随着应激源的消除并经过系统治疗形成了新的适应,适应障碍随之缓解,布施可以不回避人群了,也可以像从前一样和人沟通、交流,看书能像以前一样集中注意力,自觉自信心恢复了 80%,更多时候不是觉得"我不行",而是相信自己有能力。布施可以做到有意识地使用学习到的认知行为治疗技术对习惯化的自动思维叫"停",并进行更全面合理的分析,也能去进一步思考在类似情境中出现习惯化反应的原因,可对自身有较客观全面的评估,做自己的心理咨询师,形成更具适应性、功能性更强的信念。抑郁、焦虑等负面情绪有了明显改善,日常生活中情绪渐恢复平稳,偶尔有情绪低落、心烦、担心等焦虑抑郁体验,无持续性上述情绪体验,主观困扰程度也明显下降。心慌、闷气、手脚发麻等情况较前好转,睡眠好转,可持续睡眠,梦比以往减少,未再有睡眠中惊醒的情况,睡眠状况基本恢复到了搬家前。布施可以继续上学了,不抗拒认识新同学了,在人际互动中能流露更多的内容和情感,课余活动逐渐丰富起来了。在整个治疗过程中布施也学习到了如何识别复发征兆,并习得了一些应对措施,建立了对未来的现实期待。布施家庭的互动模式也有所改变,父母在养育布施过程中习得了放手、减轻育儿焦虑的情况,给布施更多主动权和独立性,家庭成员之间的边界进行了重建,家庭氛围有了改善,全家可以共同参与家庭娱乐活动,家庭成员之间的关系变得更平等、亲密和和谐。

七、专业反思

人处于环境中,压力无处不在,不可避免会因遗传与环境的交互作用而出现认知、情绪和行为变化。儿童青少年处于发展变化中,本身具有脆弱性,布施 12 岁,处于青春前期,随着青春期激素水平、神经系统、社会因素和生活压力急剧变化,这一阶段的群体面临的挑战和受环境的影响可能更大。同样的应激源作用下,有的人适应良好,有的人适应不良,这个受多种因素影响,具体原因目前还不清楚。

人的一生是不断打怪兽升级的过程,压力来了、挑战来了不可怕,应对方式也是可以调整的。对于适应障碍,不必过于恐慌,其实,大多数人可能会在一生中的某个时候经历适应障碍,这并不是矫情或脆弱的表现,无须自责,做好自我照护,观察自身,接纳当下,做能做的,并寻求专业帮助。随着个体适应能力提高,应激源情境中的压力消失,情绪和行为障碍症状就会减退。如果及时接受正规规范治疗,可恢复正常状态,如常学习。如果没有及时接受治疗或治疗延误,未能有效消除压力源所产生的负面影响,可能会造成潜在症状加重,有可能会演变成重性精神障碍,造成社会功能障碍。

目前尚没有方法或策略可以确保预防适应障碍发生,但培养社会适应性的应对技巧和学会适应高压力可能会有帮助。如果布施在搬家、转学前知道即将面临的压力情况,并知道适应障碍相关的知识和有效应对压力的方式,他可能会调动自身内在力量、培养更具适应性的应对方式,并提前寻求社交支持。即使出现了适应不良,也可以做到提醒自己,这种情况只是暂时性的或者说是一过性的,可以渡过难关。青少年处于生态系统中,需要全社会努力共同促进建立有利的社会环境和社交网络。

第六节 勇敢地迈出第一步

——社交恐惧症儿童青少年心理健康服务

一、案例情况

小敏今年 14 岁,腼腆内敛,上初中二年级,平素对人话很少,很少主动表达。自小学六年级开始特别害怕到人多场所,特别害怕在公共场所讲话。在学习、生活中,无论与生人、熟人、异性、年长者、集体或个别交往,处处感到不自然。一讲话就脸红,心跳加速,满身大汗,紧张不安,在公共场所太难受了,尤其害怕当众演讲或表演,当众讲话时经常大脑一片空白、心跳加速、大汗淋漓。她就选择回避人群,经常是能不出门就不出门,能不在人群中讲话就不讲话,找各种理由推脱,害怕丢脸。

小敏给人的感觉很孤僻,经常独自行动,不与人交往,很被动,人际交往差。如果家里来了亲朋好友他就躲在房间里不出来,不肯见人。在学校也经常一个人独来独往,经常躲避参加集体活动。小敏觉得在家中才是舒服的、自如的,和亲密的家人说笑并没有障碍。小敏进入青春期后,在与男生交往时特别敏感,经常忧心忡忡,猜疑又多虑,会嫉妒别人的外表和落落大方,又怨恨自己无能,整天处于闷闷不乐和恐惧之中,经常自责,觉得自己太差劲了。在学校也表现得很孤单,很少主动讲话,担心被嘲笑,同学对小敏也谈不上喜欢或讨厌,有的觉得她太难接触了。放学回家总是孤零零的一个人,老师反映小敏参与班级活动的积极性差。

小敏在家人面前和家人外表现的不一致让她的父母很苦恼,她的爸爸妈妈总是念叨她,觉得她太胆小,总说她不够落落大方,经常有意让小敏到人群中去锻炼,可这样并没有让小敏有所进步,相反,小敏更害怕了,更不敢出去了。小敏内心很渴望像其他人一样,拥有好的人际关系、社交关系,但她对公共场所的害怕阻碍了她。小敏的学习成绩挺好,但她自己知道在人生舞台上她做不了主角,只能躲在角落里才能安心做自己。为此,小敏自觉也很痛苦,觉得自己是不是心理变态。想去看心理医生,但又纠结于不敢外出看医生。最终,在父母的带领下来到了精神科专科门诊。

二、分析评估

医生对小敏进行精神状态评估:小敏意识清晰,言语表达流畅,条理性好,无逻辑障碍,交谈中虽然不敢直视医生,无眼神交流,但注意力可集中。她的认知方面的问题是她对社交活动中存在消极预期和负面看法,对他人的判断带有主观性、片面性。在需要社交的场合会不自主出现明显的不安感,无持续性情感高涨表现。因社交问题出现明显的抑郁体验、闷闷不乐、自我感觉差、自我评价低。医生通过观察和问询家人了解到她的行为方面,平素衣着整洁,行为被动,跟人交流时身体总向后仰,有时给人的感觉很不自在、很别扭,有时有失态行为,比如在社交中途逃脱,事后又悔恨、气馁。社交技能差,社交中有手抖、声音颤抖的表现。虽然自己觉得很差劲,但没有消极自伤自杀的观念和行为。小敏对自己的状态有较清晰的认知,自知力完整,有强烈的求助动机。

（一）既往史

小敏是足月顺产的小孩,她的妈妈在怀她期间并没有生什么病,也没有服用什么药,孕前、孕中没有什么两样。小敏出生后体重差不多8斤重,哭声洪亮,养育过程中基本上没什么异于同龄小孩,抬头、翻身、爬、坐同同龄小孩,1岁10个月会走路,走路稍微晚一些。言语发育正常。儿时除了感冒、发热,没有什么大病。没有哮喘史,没有传染性疾病病史或其他慢性疾病史,神经系统疾病病史也无。

（二）性格

自小敏感、多疑、胆小、孤僻,自卑,但做事认真、细致、严谨,自我要求高,自我评价低。

（三）个人成长史

小敏的生长发育与同龄小孩无明显特殊,父母的养育方式比较粗糙,小敏自觉未明显感受到家庭成员的亲密和温暖。

（四）家族史

父母身体健康,无明显躯体疾病病史,父母亲关系一般并不亲密,平时父母双方沟通交流较少。父亲常年在外,疏于照料,成长过程中缺乏安全感,母亲只注意到吃穿住行等物质照料,疏于情感方面的关注,没有关注到孩子的内心世界,不能很好理解小敏目前处于的阶段。

（五）人际关系

人际关系紧张,进入青春期后经常对父母发脾气,与异性交往时显得特别敏感、羞怯,想见又害怕见异性,不敢见异性,不敢面对面眼神对视,总感觉到自己视线不自主地看到对方的敏感部位,因此心慌、胸闷、紧张不安,且上述表现越来越严重。同学关系并不紧密,没有亲密的朋友关系。

（六）学校环境

小敏所处的学校环境一般,未有明显的被孤立感,但对老师和同学也无亲近感。

（七）身心体检评估

躯体体检和抽血化验、内分泌等检查等排除了躯体疾病的可能。智力测评结果正常。焦虑自评量表提示中度焦虑,抑郁自评量表提示有中度抑郁。

（八）风险因素

生物学因素:小敏处于青春期,处于高敏感、高冲动的生物学敏感性、不成熟性阶段。

心理学因素:性格偏懦弱,缺乏主动解决问题的意识,认知存在错误模式,认为回避社会交往就能避免伤害。

社会学因素:家庭环境支持一般,父亲在成长过程中的缺位,母亲缺少情感关注。

（九）社交恐惧症的其他可能风险因素有

比如遗传过程中血清素和多巴胺这两种参与人体情绪控制的神经传输介质工作不正常。部分是遗传因素,家族聚集性问题,家庭因素影响,部分是后天习得性影响,如父母患有精神病史,父母婚姻冲突,父母过分保护或遗弃,儿童期虐待,儿童期缺乏与成年人的亲近关系,儿童期经常搬迁、学习成绩落后等。

三、整体评估

社交恐惧症（社交焦虑障碍）的特征是明显而持久地害怕社交性情境或可能诱发使人尴尬的社交行为和活动。一旦面临社交情境就出现严重的焦虑反应，如有不同程度的紧张、不安和恐惧，常伴有脸红、不敢与人对视、出汗和口干、手足无措等自主神经症状等。害羞脸红是其中最突出的自主神经表现。

患者自身是清楚这种反应是过分且不合理的，但无法控制，在社交情境中过度关注自己的表情和行为，并对自己的表现评价过低。因害怕在人前出丑或难堪，而尽力回避各种社交场合，常常害怕出门，不敢与人交往，甚至长期脱离社会生活，明显地影响了个人的生活、学业和社会功能。一般情况下无异常，焦虑明确指向无危险的社交情境，患者出现目前的回避，焦虑反应是原发的而非继发于其他症状如妄想或强迫思维等。

社交恐怖症多青春期起病，女性多见于男性，患病率 13% 左右，属于焦虑障碍的一种，占比约 10% ~ 20%。部分患者同时伴有回避型人格障碍。常同时伴有情感障碍、焦虑障碍、物质滥用、其他恐惧症亚型等。青少年社交恐惧症易共病抑郁障碍，同时出现社交焦虑相关的注意力分散，引发学习困难、逃学和其他行为问题、物质滥用等。

医生经综合评估后告知小敏是社交恐怖症。她主要的恐怖对象是：社交场合、人际接触。她的主要障碍表现是：见人异常恐惧，并有回避和退缩行为。

（一）排除诊断

小敏无偏执观念、无妄想，判断力和自知力良好，可排除偏执性精神病。小敏无主动回避目光接触，并非缺乏与他人主动交往的兴趣和行为，也并非不能理解与他人社交的意义，而是害怕与人交往而不能形成良性互动，不符合孤独症谱系障碍诊断。小敏的回避社交并非是与父母亲人分离引发的焦虑，也非父母离开后独处的焦虑，故不符合分离性焦虑。小敏无明确地针对自身健康或身体内部的焦虑、恐惧，不担心自身健康是否受到威胁，不符合疑病症。

（二）社交恐怖症的疾病风险

严重时会严重影响一个人的全面发展，阻碍融入校园环境和社会环境。可能出现抑郁障碍等其他精神疾病。异于同学的表现，可能得不到周围人的理解和支持，可能会遭遇社交孤立、被嘲笑、校园霸凌等。延误治疗可能导致学业、社会功能严重受损。

四、工作策略

治疗社交恐惧症目前公认有效的是心理治疗和药物治疗，其中心理治疗尤为重要。小敏作为社交障碍伴抑郁症状的未成年人患者，需要开展基于个人层面、家庭和社会层面的多系统性的综合治疗。通过多角度介入，矫正不良认知，缓解抑郁、焦虑情绪，引导减少回避行为，改善社会交往能力，增进社交活动，引导形成正向反馈，并逐渐建立其自信心，助力学业和个人成长。总体目标是帮助小敏正常进行社会交往，达到人际关系和谐。治疗策略主要包括以下几方面。

（一）暴露疗法

暴露疗法基于的假设是焦虑通过对恐惧事物的回避得以维持，而暴露的实质是主动接触引发焦虑的刺激，并且保持接触直到认知到预期的负性结果并未发生，焦虑即开始降低，这个过程被称为"习惯化"。可有效打断恐惧体验和现实刺激的条件性关联，建立新情绪体验的行为经验，可分为想象暴露和现场暴露。暴露疗法是治疗社交恐惧症最重要的治疗方法。实施暴露治疗至少需要四个步骤：一是准备，包括心理教育、暴露原理学习、动机会谈、暴露协议、暴露中的问题预热等。二是制定暴露等级条目表，包括暴露刺激、引发的焦虑程度，学习量化焦虑自评。三是首次暴露，按照暴露等级条目表设计，引入暴露刺激，让患者置身暴露刺激下持续接受刺激而不采用回避或仪式化行为应对焦虑，反复自评量化焦虑，直到达到习惯化。四是重复暴露。重复进行相同刺激的暴露任务，直到焦虑峰值分数减半甚至更低，再进入新的暴露刺激条目进行暴露。通常采用由低等级暴露刺激条目逐渐向高焦虑等级条目进行。暴露效果受患者的治疗动机、治疗关系、治疗操作目标和程序的具体化和一致性、患者对暴露治疗原理的理解、首次暴露执行情况、回避行为或仪式化行为的阻断等多个因素影响。暴露治疗联合认知治疗纠正歪曲的评价和认知,效果更佳。

（二）认知疗法

认知理论认为认知是情感和行为反应的中介,是引起人们情绪和行为问题的原因,不是事件本身而是人们对事件的解释或者态度。负性认知和情绪、行为互相加强,形成恶性循环,是情绪和行为障碍迁延不愈的重要原因。社交恐怖最基本的认知是对他人负性评价的害怕。认知疗法可纠正不合理的认知信念,改变不良认知,从而有助于缓解焦虑。

（三）行为功能分析

对诱发焦虑恐惧的具体情境、回避行为发生的背景、过程、条件、结果等分析,评价恐惧行为功能意义,了解相应的生理、心理、情绪、行为反应之间的关联模式,指导行为治疗。

（四）社交技能训练

社会交往技能是社会功能的重要组成部分,用以沟通情感并达成人际目标的人际互动。社会交往技能包括合适的言语和非言语的反应协调传递,诸如着装和行为规范、关于什么该说什么不该说的规则、关于情感表达的风格准则、社会强化功能、人际距离等,更具体地说,社交技能包括在人际关系中表达积极和消极情绪而不会因此失去社会支持的能力。社交技能训练程式将复杂的社交技能分解成若干单元,包括4种基本社交技能(发起谈话、维持谈话、表达积极感受、表达消极感受)、会谈技能、有主见的技能、冲突管理的技能、公共生活技能、交友约会的技能、职业/工作等技能。社交恐惧症患者常有社交技能缺陷,技能的缺乏常导致负性反馈,使患者易受挫而进一步回避社交。

社交技能训练可消除和改变原有不适应的社交模式,学习新的社交技能或保持其原有的适应的社交技能,并能在训练结束后能够在新的环境下发展某种技能并应用,增强社交功能。社交技能训练程式由1～2

名治疗师作为训练者带领 6 ~ 10 名患者参与其中,每周进行 1 ~ 2 次训练,每次训练时组员都有进行角色扮演的任务。第一步是治疗师讲解社交技能训练的基本原理,第二步讨论技能的步骤,第三步治疗师在角色扮演中示范技能,第四步和团体成员回顾角色扮演,第五步团体成员参与角色扮演,第六步治疗师和其他组员向团体成员提供积极反馈,第七步引出和提供改进和提高的建议,第八步让团体成员在相同的情境下再进行一次角色扮演,第九步提供额外反馈,第十步制定家庭作业,在下节课开始时回顾。

(五)正念呼吸治疗

有意识地对当下身心内外经历和体验保持觉察,不进行主观评判。把注意力集中在呼吸上并观察、练习呼吸。

(六)团体治疗

通过组员间的互动验证纠正不恰当的认知,其形式有助于社交恐惧症的治疗。团体的环境可以通过示范、预演、角色扮演等模拟社交场合,使患者的社交交往正常化。

(七)药物治疗

苯二氮类药物可一定程度上减轻焦虑情绪,缓解病情具有即时性,目前在临床上广泛使用。但该药易产生心理依赖,不宜单独使用、长期使用。抗抑郁药物如选择性五羟色胺再摄取抑制剂通常是一线药物,一般需要服药 9 个月至一年,需缓慢减量减药过早停药易复发,双通道再摄取抑制剂也有效。

(八)虚拟现实疗法(Virtual Reality Therqpy, VRT)

虚拟现实疗法是暴露疗法的替代,即将焦虑症、恐惧症患者带到令其恐慌的环境中,校正患者对恐怖、焦虑刺激的错误认识,并消除由这种刺激引发的习惯性恐怖、焦虑反应。VRT 更具安全性,VR 环境创建了对真实世界环境的沉浸式模拟,让人可以像在真实环境中一样四处走动并与环境互动。VR 会将社交恐怖症带入到社交情境中,其中的虚拟同伴们正在交谈,他们每个人都有着不同的谈话、沟通方式,患者的任务则是聆听他们的对话并试着与他们互动。在 VR 的再现下,患者重新被带到了曾经令自己恐惧的环境中,这个过程中还可以记录患者的行为和生理反应,提供相对真实的临床评估结果,并借助咨询师的引导,训练有素的治疗师可以控制外部刺激的强度,循序渐进地对患者进行矫正,引导患者尝试适应环境,逐步改变不良认知方式。尽管 VR 治疗无法完全取代传统心理诊疗,但如果我们无法重现现实环境,或者现实环境过于危险、难以控制,则会大大影响治疗效果,所以,VR 对于心理治疗具有很大的裨益。尽管"医疗 + 科技"具有巨大的潜力,但仍需要承认的是,VR 治疗只是传统暴露疗法的一种辅助工具。在 VR 疗法中,对于患者认知行为的纠偏则明显不足,可能无法触及患者的思维核心。心理治疗不仅依靠药物与专业的医学知识,医生与患者之间的关系,也是治疗过程中的重要一环。

五、工作过程

对小敏自己,需要学习的是接纳目前的自己,尽量减少自我评判和预期评判,改变对自己的态度,重新看待自己,用发展变化的眼光看自己,看到我们人类自身的局限性,接受变化的世界和成长的自己。另外,小敏正在生长发育期,平时要保证充足的睡眠和饮食规律,进行适量的运动。可以通过记日记等方式记录每天的心情、压力和感受等。精神科医生与团队中的心理咨询师和心理治疗师联动,给予开具了药物治疗和心理治疗处方,包括心理支持,宣教教授小敏社交技巧,并给予进行规范化认知治疗过程。

为了让小敏能体验集体环境,医生还给小敏进行了团体治疗。团体主要以社交技能训练为主,由 1 名治疗师作为训练者带领 8 名患者参与其中,每周进行 1 次训练,每次训练时小敏都有进行角色扮演的任务。引导她模仿正常人的沟通、交往方式,学习并掌握基本的人际交往模式。学习主动社交技巧,勇敢主动与人展开交往,学习运用一些简单的社交方法,比如学习一些打招呼和进行交谈的话语,主动打开与别人讲话的窗口。以真诚、认真、热情、开放的姿态与人主动社交。与人会面时身体前倾,不要躲避,表示出接纳别人的姿态。交谈时,眼睛要看着对方,不时地点头示意,表示集中精力倾听对方和赞同对方,创造融洽的交谈氛围,学会付出,提高信赖感。少想多做,这个过程中要学会放松身心。训练中小敏主要习得了与人接触的正确方式,学习表达需求和愿望、请求帮助、征求意见、表达意见和交换信息的社交沟通能力,也学习如何建立适当的社交反应,比如怎么给予积极感受反馈如感谢、亲热和消极感受反馈如反对等。在团体治疗的过程中,小敏看到了其他组员的问题,不觉得自己是个例外了,并且团队人员的善意和支持,让小敏放松了很多。

小敏进行了 6 次认知行为治疗。第一、二次咨询主要是了解情况,建立良好咨客关系,明确小敏不合理信念的表现方面,确定了工作目标,布置家庭作业,列举和他人在一起聊天的感受,和医生一起制定属于自己的暴露等级条目表。第三次咨询主要是反馈家庭作业,分析社交过程中的感受,总结观察的情况。认识不良的认知模式,从生物、心理、社会等方面探讨社交障碍的原因,布置家庭作业,从积极心理学角度切入,写出自己的十个优点,每天大声朗读 10 遍。第四次咨询主要是打破错误认知,建立积极思维,进行积极自我暗示和行为放松训练。反馈家庭作业,帮助认知重建,介绍社会交往技巧,借助课堂游戏等沉浸式体验。布置家庭作业,继续大声朗读优点并积极体会,继续进行放松训练练习。第五次咨询主要以场听和启发为主,发现不足,体验领悟,巩固既往咨询收获。第六次咨询总结既往咨询,让小敏谈自己的体验和感受,自我评估、他人、咨询师评估小敏与人交往中的进步和不足,总结小敏的咨询成长,结束咨询。在认知行为治疗过程中,也随时穿插着正念呼吸练习、社交技能训练、放松训练等。

在治疗过程中小敏可逐步扩大社交活动范围,逐步增加参加社会活动的频率,先到相对熟悉、觉得安全的集体环境中,面对同学时迎头直上。经过几个月的练习,小敏报了个演讲课,并且去外地参与了一次演讲,可逐步到更大的天地里去活动,逐步摆脱依赖,逐步降低对社交环境的焦虑,消除孤独畏缩行为、自卑和不合群的习惯。在这个过程中,小敏的视野逐步开阔,社会交往经验也逐步增加,且同步培养了对人的责任感、毅力和独立交往能力,自我形象也会得以改善。

因为小敏合并明显的抑郁症状,根据对小敏的评估结果,医生给小敏开具了舍曲林药物改善抑郁和焦虑症状,并进行了用药指导和疾病相关知识,引导小敏改变对疾病的态度。小敏要遵医嘱服药,并要定时向医生反馈服药过程中的病情变化和可能出现的不适,并随时与医生交换信息,避免自行减药或停药。

也把小敏的父母和老师拉入治疗同盟中。对小敏周围相关的人宣教社交恐惧症的疾病知识,鼓励他们给予小敏持续的积极关注,并给予耐心,引导他们多关注小敏的优势面,提升小敏社交信心,对小敏的每一次社交努力和尝试给予正向反馈。增加父母老师之间的沟通联系和交流,增加彼此对小敏的了解和理解,了解小敏在家庭、学校的社交行为、面临的困境等,帮助小敏创造更适宜、被接纳、支持的集体环境,帮小敏分析其中原因,引导小敏转变为更积极且可变的想法。父母老师也参与学习有效的社交技能练习,起示范和榜样作用,并主动给小敏创造社交的机会,陪伴和帮助小敏逐渐扩大社交圈,积累社交经验。

六、工作成效

经过差不多一年的治疗,小敏的症状明显减轻,焦虑和抑郁体验明显减少,可以比以前更客观地看待自己,在客观看待他人评价方面也有进步,不似既往经常陷入病态的思维模式怪圈。可较客观地看待自己的患病事实,因为自己的症状表现胡思乱想出现的次数也比以往明显减少,不再自我怀疑自己是变态,能不背负心理疾病的沉重标签。平时在紧张的时候可以及时想到自我觉察,并进行放松训练练习。和父母的关系及其他人际关系都有好转,回避行为出现也较以前明显减少了。在社交场所也可以集中注意力了,学习比以前更不受影响了。她对自己的病情也有了新的看法和感悟,能认识到这是一个难得的成长经历,小敏变得更了解自己,也变得没那么厌恶自己甚至可以说越来越喜欢自己了。她可以看到自身的优势,减少自我贬低对自己成长的阻碍,让自己的成长路上变得轻松些。她对服药的态度和接纳度也变得更加平和,不再总担心药物的副作用,并且能在医生的指导下坚持服药,定期体检,进行心理测评明确目前的焦虑状态和抑郁状态。小敏在与他人互动互助的人际交往过程中自尊心和自信心增加了,人也变得外向开朗了,话比以前多了。

七、专业反思

青春期的社交恐惧症是可以通过在专业引导下改善认知模式、习得一些操作技能逐渐改善的。经过改善认知模式、暴露疗法、团体活动、社交技能训练和药物治疗等多种治疗手段的多管齐下,小敏的病情改善较大。但小敏仍处于青春期,身体和心理仍处于发展成熟中,幼稚和成熟仍在不断碰撞,所以小敏的情况会时有反复,她也会不时体验着挫败、自我感觉差、怀疑自己、行为回避等情况,但这就是青春期的课题吧。只要小敏仍然抱着开放、学习的心态,去不断了解、认识自身,了解认识这个世界,她会习得更多的社交障碍方面的知识和积极有效的应对技能,而这些知识和技能正是她应对洪流和打击的坚硬盔甲。

第七节　重建人生的乐章

——品行障碍儿童青少年心理健康服务

一、案例情况

张某,14岁男孩,目前在读初一,自幼乖巧懂事,学习上进,是老师、父母眼中的乖孩子。自孩子考上初中一年以来,孩子开始出现说谎、在学校不能安心上课,欺负同学,骚扰女同学,逃课上网,与社会闲散人员混在一起,破坏公共设施等不良行为,成绩一落千丈,老师、父母多次劝说无效。因父母忙于工作,自孩子考上初中之后,忽视对孩子的关注,缺少对孩子的管教,孩子目前发展为顶撞父母、对父母说脏话,扬言父母要是再"多管闲事"就要殴打父母,还多次离家出走,甚至偷窃父母的财物,虐待小动物等等不良行为。一个月前曾因偷窃别人自行车被警察当场抓住,批评教育之后并不能深刻认识到自己的行为对社会造成的重要危害,依然我行我素。

该案例中的张某最终被诊断为品行障碍,这是一种精神疾病,其特征是重复和持续的行为模式,涉及侵犯他人的基本权利和破坏主要的社会规范或规则。品行障碍是儿童和青少年心理健康中最常见的临床疾病之一,伴随着大量的社会、情感和行为问题,给社区带来了高昂的成本。对其他人或动物或财产的攻击行为,以及欺骗、偷窃或其他严重违反规则的行为是这种障碍的核心特征。风险因素包括男性、母亲怀孕期间吸烟、童年贫困、遭受身体或性虐待或家庭暴力以及父母物质使用障碍或犯罪行为。干预措施包括治疗共病,如注意力缺陷/多动症;支持家庭内部清晰、直接和积极的沟通;并鼓励家庭和青少年利用社区资源。作为长期治疗的一部分,心理学家或治疗师可以实施几种基于证据的心理社会干预。目前,还没有药物被批准用于治疗品行障碍。但是,目前的主流观点是强烈建议患有注意力缺陷/多动症和品行问题的患者使用精神兴奋剂治疗,也有一些证据支持用利培酮治疗品行障碍和攻击性,但卫生保健专业人员应该权衡该药物的潜在益处及其不利的代谢作用。

二、品行障碍流行病学

（一）发病率

品行障碍（CD）通常出现在儿童期或青春期,其特征是侵犯他人权利的行为,如对人或动物的身体攻击、偷窃、损坏财产和违反规则。学龄儿童中品行障碍的患病率约为3%,它是转诊到精神卫生服务机构的主要原因。但矛盾的是,它是最不被广泛认可和研究的精神疾病之一。品行障碍的全球患病率估计为2%~2.5%,其中男孩患病率为3%~4%,女孩患病率为1%~2%。约10%的人在儿童期和青春期的某个时候受到影响。随着时间的推移,品行障碍的患病率是否发生了变化还存在争议。品行障碍在男性中的发病率大约是女性的两倍,这一发现在各个地理区域都有观察到。典型的品行障碍发病年龄是在儿童中期或青少年早期,几乎没有证据表明品行障碍的流行率在国家之间有所不同。然而,与其他精神疾病类似,估计品行障碍的患病率仅在全球5%的国家存在,其中35.6%的高收入国家有数据,但只有1.6%的低收入或中等收入国家有数据。品行障碍的患病率是否从儿童期到青春期增加是有争议的,然而,更有力的证据支持与年龄相关的症状变化。事实上,随着年龄的增长,攻击性行为的频率会下降,而非攻击性症状往往会在整个青春期增加。

（二）风险因素

1. 遗传因素

有多变量双胞胎研究确定了导致品行障碍的两个独立的遗传因素,其中一个与破坏规则有关,另一个与公开攻击有关,这表明品行障碍在其遗传结构方面不是一个统一的结构。遗传因素对品行障碍的影响从儿童期到青春期逐渐增加;然而,随着时间的推移,基因的贡献并不稳定,这表明在生命的不同阶段,部分不同的基因对品行障碍有影响。事实上,像大多数精神障碍一样,品行障碍被认为具有复杂的多因素病因,其特征是多基因遗传和个体间的遗传异质性,并辅以环境因素的影响,这些因素可能在发育过程中的任何阶段与遗传因素相互作用。

2. 环境风险因素

双生子研究表明,大约50%的品行障碍可归因于环境影响,其中产前、围产期、家族和邻里风险因素被认为有一定作用。在产前风险因素中,母亲吸烟、饮酒、吸毒和怀孕期间的压力是记录最充分的。怀孕期间母亲的压力对后代前额叶皮质发育的影响可能介导了压力与品行障碍症状的联系。此外,母亲在妊娠最后三个月的焦虑与儿童期开始的行为问题有关,这些问题会在他们的后代中从儿童期持续到青春期。怀孕期间适度饮酒（每周 1 ~ 6 个单位）会增加儿童期行为问题的风险;围产期风险因素包括产科并发症、父母精神病史、营养不良和接触重金属。出生并发症被认为会损害大脑发育,导致日后生活功能障碍,特别是缺氧破坏了与品行障碍相关的皮质下结构和白质束,并可能将出生并发症与品行障碍的风险联系起来。同样,营养不良可通过神经元损失、神经递质功能变化和神经毒性导致神经认知障碍,这可能增加品行障碍的风险,与这一假设一致的是,童年时期频繁的饥饿与成年后更易冲动、自制力更差和暴力行为增加有关,尤其是在男性中。早期对高风险儿童或临床儿童样本的研究也表明,暴露于重金属（如铅）与品行障碍之间存在关联。

其他环境风险因素包括不正常的同龄人、低下的社会经济地位、贫困和社区暴力。异常同伴和品行障碍之间的联系反映了社会选择和社会因果关系。此外，最近的证据表明，青少年时期与不正常的同龄人交往是正常的，有效的父母教育可以缓冲这些影响。较低的社会经济地位与终生持续品行障碍风险增加 3.5 倍相关。此外，社区暴力和品行障碍之间的联系已经得到证实，压力生活事件、同伴和亲子冲突以及母亲压力被确定为关键的中介因素。

（三）共病

与许多其他儿童疾病类似，品行障碍与其他情绪和行为问题的共病非常常见。事实上，患有品行障碍的儿童符合对立违抗性障碍标准的风险要高 15 倍，这种障碍的特征是脾气爆发、违抗性行为和易怒。在《精神障碍诊断与统计手册（第五版）》即 DSM-5 被开发出来之前，对立违抗性障碍被排除在品行障碍患者的共病诊断之外，早期的研究表明对立违抗性障碍是品行障碍的先兆，尽管最近的证据表明这些障碍之间的转换比以前认为的要少。患有品行障碍的儿童患多动症的风险也比没有品行障碍的儿童高 10 倍，与没有多动症的品行障碍儿童相比，患有品行障碍和共病多动症的儿童发病年龄更早，症状更严重，病程更持久，他们也可能有更高的阅读和智力残疾率。在青春期，品行障碍经常与物质滥用联系在一起。除了外化障碍，品行障碍经常与重度抑郁障碍共病，特别是在女孩中，尽管这种关联的时间顺序尚不清楚。

三、筛查、评估

筛查评估品行障碍对于在发育早期发现有严重行为问题风险的儿童非常重要，此时治疗是最有效的。筛查评估可能导致品行障碍的问题的最常见方法是让父母和 / 或教师完成包括一系列常见行为问题的评定量表，然后确定该儿童的行为问题对于他们这个年龄的儿童来说是否符合规范（表 2-4）。因此，当问题行为已经造成损害时，最佳筛查可以识别问题行为，符合筛查标准的儿童被纳入有针对性的预防方案。值得注意的是，筛查研究应该始于学校，因为在学校表现出问题的幼儿通常也会在家里表现出问题，而反之则不然，在家庭以外表现出问题的幼儿在以后出现适应问题的风险最高。因此,对于年龄较小的儿童,在筛选过程中包括教师评级是很重要的。在年龄较大的儿童和青少年中,评估自我报告的行为问题更加重要,因为儿童的反社会行为越来越多地发生在远离父母或老师的地方。

表2-4　用于评估行为的问题范式

你逃学过吗? 如果有,多久一次? 什么情况下? 你被学校停学或开除过吗? 如果是,当时的情况如何?
你在学校打过架吗? 如果是,有多少/多久一次? 是什么导致了这些争斗? 你和你的邻居或在其他地方打过架吗?
你惹上警察了吗? 如果是,你被逮捕了吗? 你被指控过吗? 如果是,为了什么? 你和警察有过其他没有导致逮捕的互动吗? 如果是,发生了什么? 你参与过偷窃吗?
你有过毁坏财产的经历吗? 如果是,是什么情况? 你放过火吗? 如果是,情况如何?
你喝酒吗? 你吸毒吗? 如果有,多久一次? 多少量?
你性生活活跃吗?
你有没有未经允许在外面待到很晚的时候? 你整晚都在外面吗? 你曾经离家出走过吗?

　　注意: 在评估以上问题的答案时,家庭医生应该优先考虑安全性。如果青少年表示他或她有伤害他人或被伤害的紧迫危险(例如,纵火、打架或离家出走),家庭医生应立即让父母参与进来,并帮助他们制定安全计划,该计划至少包括增加在家的监测,甚至可以包括住院精神病治疗。如果青少年对上述任何一个问题的回答是肯定的,家庭医生应该尝试让青少年参与改变行为的可能原因,与父母讨论这一问题,并鼓励家庭内部和与其他卫生专业人员的持续沟通。以上问题并不是适合所有年龄的。医生应该根据年龄和背景选择要问的问题。

四、干预

　　反社会行为轨迹往往始于童年早期,因此在学龄前和小学早期对破坏性行为进行有效治疗是预防品行障碍的关键。基于社会学习原则的育儿干预已被推荐为儿童早期这些疾病的一线干预措施,并在这一时期有很大的效果。而品行障碍的有效管理旨在减少核心症状,改善具有反应性攻击和情绪调节障碍的个体的情绪调节,增强道德发展和社会技能,并减少共病精神障碍和发育障碍的症状。它还旨在提高教育成果和就业能力,并尽量减少犯罪行为。有效的管理和治疗在很大程度上依赖于心理健康专业人员和服务的参与。持久的行为改变最有可能通过主要针对父母或主要照顾者和/或儿童或青少年的家庭环境和同龄群体的行为干预措施来实现。

（一）行为干预

最具成本效益的品行障碍治疗集中在儿童早期至中期,基于在儿童早期(如＜8岁)相对短暂(如10周)的治疗产生的巨大效果,在此期间的干预可被认为是最佳的。鉴于儿童期发病的品行障碍比青少年期发病的品行障碍更有害,应该向所有儿童的父母提供早期干预养育计划。

（二）家庭支持

基于家庭支持的干预措施,旨在提高家庭解决问题的技能、情感凝聚力和相关的育儿技能,通常为期3个月。干预中应该强调减轻家庭整体压力的好处,父母与孩子温暖的互动,以及避免严厉的管教,鼓励家庭寻求组织的支持。参加高中体育活动可以减少品行障碍和成人反社会行为之间的联系,可以被视为减少品行障碍症状的干预措施。父母应该感同身受,在与被诊断为品行障碍的孩子交流时,调整自己的情绪表达。应该清楚地解释干预的原因,如参加约会和规定宵禁等限制。还应该鼓励父母治疗他们自己的心理健康问题。

（三）儿童早期到中期的心理社会干预

儿童早期和中期(3～11岁)行为问题治疗的循证指南和荟萃分析建议将基于社会学习理论的行为父母培训(也称为父母管理培训)作为一线方法(具体可详见文后参考文献),这种干预措施主要的核心组成部分,包括主要侧重于增加父母的热情和积极强化理想的儿童行为,然后是以纪律为重点的组成部分,其中父母接受培训,向其子女提供有效的指导,并应用一致的、非攻击性的后果来限制儿童的消极行为。针对父

85

母的技能培训通常强调积极的方法,如治疗师演示、角色扮演和家庭作业。这种干预似乎在儿童早期最为有益,在现实环境中进行的这种干预的有效性试验显示了与在高度控制的条件下进行的试验相当的结果。

而在社会层面上的干预目标是解决社会问题,以及社会认知过程和与自我调节有关的缺陷。关于解决社会问题的技能培训,它包括25个7～13岁儿童的每周小组培训课程,允许与同龄人一起练习技能。对于具有品行障碍特征的儿童,这种治疗的效果可以通过增加对儿童和父母的情绪处理训练来增强。

在儿童早期到晚期,以青少年为重点的认知行为干预的治疗效果比父母培训干预的效果小得多。基于以上阐述,我们建议认知行为技能培训应与家长培训同时进行。特别是对于患有严重品行障碍的儿童,建议采用包括以儿童为中心和以父母为中心的多模式方法。

（四）童年晚期和青春期的心理社会干预

在儿童晚期和青春期,结合家庭策略、行为策略和认知行为疗法的多成分治疗最为有效。这些干预措施的育儿部分基于社会学习理论,但不同于用于幼儿的干预措施。西方国家中最成熟的治疗方法是多系统疗法和俄勒冈寄养治疗,这两种方法都是在美国开发和实施的。而在欧洲,干预措施主要包括对父母进行心理教育,或者在严重的情况下,将儿童从家庭中带走,并安置在青年福利机构或少年拘留设施中。

1. 多系统疗法

多系统疗法针对反社会行为,由治疗团队在日常环境(如家庭或学校)中实施,治疗团队由治疗师、个案经理和行为管理专家组成,通常持续3～5个月。目标侧重于改善家庭功能和养育技能;增加青少年与亲社会同龄人的交往;以及改善他们的社交、情绪调节和解决问题的技巧、学校表现和社区支持。这种干预特别密集,有密切监督的治疗师,他们工作量小,允许每周多次联系和每周7天每天24小时随叫随到的支持。在两项荟萃分析中,对少年犯罪的小干预效果主要表现在15岁以下有严重反社会行为的青少年身上,与常规治疗(个人咨询或家庭治疗)相比,所有年龄组的精神病理学和药物使用都有所减少。

2.寄养疗法

寄养疗法是一个以社区为基础的方案,在该方案中,青少年被安置在经过培训的寄养人员(每个寄养家庭一名)那里6～9个月,他们实施一个基于象征性的每日强化系统,并建立明确和一致的限制。在此期间,青少年每周与个别治疗师接触,治疗师除了提供以团体为基础的技能培训之外,还提供支持和宣传,以解决社会问题的技能、愤怒表达和教育或职业规划为重点。亲生父母同时接受强化的行为父母培训,旨在帮助青少年在治疗完成后重新融入家庭和社区。针对犯罪青少年的两项随机对照试验表明,与基于社区的寄宿团体护理相比,女孩早孕率大幅下降,男孩暴力行为减少,男女青少年犯罪和刑事转诊率略有下降。然而,寄养疗法的积极作用似乎仅限于患有特别严重的品行障碍的青少年。

(五)特殊教育和拘留

许多患有品行障碍的儿童和青少年被安置在特殊教育、寄养、青少年福利机构或少年司法或拘留系统中。没有基于人口的数据来比较不同国家儿童被安置在这些机构中的比率。总的来说,关于这些设施使用的良好控制的结果研究很少。特殊教育与拘留干预受到较大的挑战,一方面有研究发现,在中学(而不是小学)为有品行问题的儿童提供特殊教育会增加高中未完成学业的风险和品行障碍的严重性,需要足够大的对照研究来评估患有品行障碍的儿童的寄养或青少年福利安置的长期结果。另一方面,拘留后精神障碍、药物滥用和自杀的比率很高,监禁可能导致更多的精神障碍,如重度抑郁症或创伤后应激障碍,甚至有研究报告称,青年被监禁后犯罪行为增加。总之,许多广泛用于青少年品行障碍患者的干预措施缺乏有效性和成本效益的证据,并且可能有医源性影响。

(六)精神药理学干预

品行障碍应该主要使用上面讨论的社会心理干预来治疗。然而,在某些情况下,如儿童和青少年品行障碍和共病多动症,药物治疗是必要的。如果心理社会干预没有导致反应性攻击有意义的减少,患有品行障碍、高水平反应性攻击和严重情绪调节障碍的个人可以给予抗精神病药物。兴奋剂和神经安定药是多动症儿童中最常研究和最有效的品行障碍或行为问题药物。此外,托莫西汀、可乐定、卡马西平、丙戊酸钠和锂盐已在患有多动症和品行障碍或攻击性行为的儿童中进行了低质量随机对照试验,但由于效果较小且经常出现副作用,不建议用于患有品行障碍的个体。

1. 兴奋剂

荟萃分析表明,精神兴奋剂(如哌醋甲酯和安非他明)对患有品行障碍的儿童和青少年的行为问题有中等至大的影响,主要是在那些共患多动症的儿童和青少年中。事实上,对于共患多动症的患者,兴奋剂治疗应该在心理社会干预之前或同时开始。

2. 抗精神病药

利培酮对患有品行障碍的 5 ~ 18 岁青少年的易怒和反应性攻击有很大的短期影响。尽管对患有品行障碍且智商低的儿童的长期疗效和安全性已得到证实,但长期使用非典型抗精神病药物会导致体重增加和代谢综合征;因此,最低有效剂量应在尽可能短的时间内给药。

表 2-5　治疗品行障碍患者的实用干预措施

建议父母治疗自己的身心健康问题;
评估严重程度,必要时转介给专科医生治疗;
以清晰、直接的方式向父母和青少年展示倾听和沟通技巧;
强调父母对青少年活动的监督(例如,青少年在哪里,他/她和谁在一起),鼓励实施宵禁;
鼓励父母和青少年讨论适当行为的奖励和不当行为的后果(如宵禁后不回家),奖励和结果应该提前讨论,最好是在与能够促进沟通的医疗保健专业人员参与下;
鼓励家长就学校环境中的任何问题与学校工作人员(包括学校社会工作者)进行协调,所有参与治疗青少年的专业人员应协调护理,以确保所有人都了解合并症、关注点和治疗方法;
确保共病如多动症、物质使用、情绪或焦虑障碍得到治疗;
如果青少年有自己的电话和社交媒体账户,鼓励父母和青少年一起查看短信和社交媒体帖子,讨论这些信息如何影响相关各方;

续表

为家长和青少年提供健康活动的选择,如运动队、学校俱乐部、一些社区团体等等;
建议父母和青少年建立一起玩耍或愉快活动的日常习惯(例如,玩棋盘游戏、观看适当的电视节目)。

五、总结

许多患有品行障碍的儿童在成年后会发展成反社会人格障碍,并给医疗保健、法律、教育和社会福利系统带来不成比例的负担。因此,在生命早期解决品行障碍的根本原因并为品行障碍患者提供有效的治疗,这可能会给患者、他们的家庭和社会带来巨大的好处。方法论的进步与大规模的国际和跨学科合作相结合,将导致我们对品行障碍病因学的理解发生重大变化;反过来,这些进展将使能够优化品行障碍的诊断、治疗和预防。

第八节　数字世界的迷途

——问题性互动媒体使用青少年心理健康服务

一、案例情况

杨某,男,17 岁,高中二年级在读学生。由家长带其前来心理咨询,据家长反映,杨某自幼学习成绩优异,自从接触智能手机之后学习成绩一落千丈,近 2 年来每天晚上回家之后习惯将自己关在房中,家长询问他自称自己在房中学习,希望家人不要打扰,起初家人担心孩子学习用脑过度,便将银行卡绑定在孩子的手机上方便孩子买一些好吃的东西,直到有一天家长发现银行卡消费记录里面很多花费被用于游戏充值,家长不停询问,其仍然辩称是为其同学充值,暑假在家期间更是生活单调没有规律,经常是整宿整宿的不睡觉玩游戏,而到了白天很晚才会起床,也不出去活动,除了吃饭就是玩网络游戏。通过仔细询问来访者我们了解了该家庭的日常生活环境,来访者自诉自己起初并没有一离开手机就难受的表现,其称自己的父亲每次下班回家喜欢坐在客厅,看手机上的一些短视频,经常是手不离机,自己找他说话他也经常听不到。

为此来访者只能将生活中的不顺、学习上的压力寄托在了虚拟社交上,久而久之,自己上网的时间越来越长,经常是一离开手机就难受,每天坐车、走路的时候也要拿出来手机看,眼睛近视度数一再加深。他在学校里开始经常逃课上网、玩游戏,迷恋虚拟世界里面的权力感、成就感、归属感和满足感,在学校里拉帮结派,和老师、同学的关系很差,经常与别的同学打架,其父亲只要限制其上网,其就会扬言连父亲也要打。服务对象母亲担心孩子再继续下去,整个人就废掉了,于是软硬兼施"哄骗"孩子前来进行咨询及治疗。

该案例中的服务对象具有一些典型的网络成瘾表现,如过度使用网络,严重扰乱了生活作息与学习;当戒断或无法获取网络访问途径时,服务对象表现出愤怒、冲动,甚至一些品行上的问题;出现耐受现象,服务对象由最初的局限与家庭之中上网最后发展到走路、坐车等问题性使用,再到最后逃课上网等;网瘾对服务对象已经产生了一些负面影响,如不能有效进行社会交往,成绩一落千丈,甚至还会有一些躯体上的损害,比如近视加深。

21世纪是网络的时代,网络和我们的生活关系十分密切,然而,网络也如同一张巨网,困住了一些青少年人群,使其在网络中消耗大量时间、迷失了人生的方向。本篇章我们将围绕青少年网络使用的问题进行展开。

二、案例分析

我们每天都随身携带着一个小工具,它为我们提供了即时通信、学习办公、上网娱乐、购物交易等服务,它就是智能手机。由智能手机促成的活动一直是青少年发展目标的核心——随着年轻人将同龄人作为主要的社会支持系统,手机为年轻人之间提供了持续的联系,并提供了接触和塑造青年文化的机会。再加上年轻人继续使用着更古老的娱乐屏幕媒体形式(例如,电视、视频游戏、电脑),青少年使用媒体的时间比他们睡觉或上学的时间还要多——平均7.5小时/天。虽然大多数年轻媒体用户充分地将它融入了他们原本丰富的生活,但不可否认的是,有一小部分人患有被一些人称为网瘾的疾病。虽然自电视时代以来,技术的过度使用及其影响一直令人担忧,但不断变化的媒体环境以及我们对该问题理解的进步要求定期更新已知信息。故本篇章来提供对该问题的理解,并提出、解决以下问题:什么是该问题的最佳术语?它在全球青少年中的流行程度如何?什么样的个体特征使年轻人容易网瘾?有哪些常见的共病?最后,使用了哪些治疗策略,哪些被认为是有效的?

（一）"网络成瘾"的定义

最近的出版物使用了各种各样的术语来提及这个问题。在过去的5年里,视频游戏成瘾、有问题的互联网使用、有问题的互联网游戏、互联网成瘾、有问题的视频游戏以及许多其他术语已经被用来识别这个问题。这些术语都有局限性。专注于一种特定的行为,如网络游戏,并没有抓住年轻人经历的各种媒体使用问题。甚至术语"互联网"在含义上也可能不是特别精确或一致,因为在线功能现在是无缝的,并且渗透到电话、计算机、平板电脑、游戏系统或电视的所有活动中。为了将术语集中在跨设备的各种行为上,并避免可能不必要地羞辱游戏玩家并阻碍他们寻求帮助,本篇章采用 Bickham 教授的建议使用术语:有问题的互动媒体使用(PIMU)。该术语试图涵盖在临床环境中看到的广泛的潜在媒体使用行为,包括游戏、信息搜索和社交媒体使用等,而没有命名可能导致该术语过时的特定行为或媒体类型。

关于互联网游戏,因为它们被视为具有独特的功能,并因过度使用而造成更大的伤害。2013 年,美国精神病学协会在其更新的《精神障碍诊断和统计手册》(DSM-5)中将网络游戏障碍(IGD)描述为一种需要进一步研究才能归类为独特精神障碍的疾病。IGD 的拟议临床诊断包括持续使用互联网玩游戏,伴有相关的苦恼或生活障碍,以及认可 9 种症状中的至少 5 种,包括全神贯注于游戏、越来越需要花更多时间玩游戏、无法减少游戏时间、对他人隐瞒游戏量以及利用游戏减轻负面情绪。紧随其后,WHO 将游戏障碍(GD)纳入其第 11 次修订的国际疾病分类(ICD-11)。然而,在 IGD 定义后的几年中,许多作者对这些诊断标准表示不满,指出了所定义症状的局限性,并对该诊断领域存在共识的想法提出了质疑。例如,他们认为,全神贯注于游戏可能代表一种参与形式,类似于其他类型的全神贯注的活动,而不是某种病态。同样,用游戏来避免不良情绪不太可能将问题玩家与休闲玩家区分开来。

（二）流行病学

由于该领域缺乏标准化的语言,报告这一问题的当前流行情况需要使用采用不同定义的工具。然而,不同测量方法之间的相似性可能会导致合理的可比流行率。据中国互联网络信息中心发布第 49 次《中国互联网络发展状况统计报告》显示,截至 2021 年 12 月,我国手机网民规模达 10.29 亿,网民中使用手机上网的比例达 99.7%,农村未成年人网民通过手机上网的比例达到 92.7%,高于城镇 0.7 个百分点,未成年拥有自己的上网设备的比例已达 82.9%,在各类上网设备中,手机仍是上网的最主要设备,国家卫健委报道全世界范围内青少年过度网络成瘾的发病率是 6%,我国比例接近 10%。当使用更少限制性的疾病定义时,发病率更高。也有一些证据表明,欧洲的比率较低,北美和亚洲的比率较高,但这些结果并不普遍。了解谁是最危险的,以及如何最好地治疗这个问题,对于全面的当代青少年医学是至关重要的。

（三）问题性互动媒体使用的潜在决定因素

个体特征、人口统计学特征和心理社会特征都被认为是 PIMU 的可能决定因素。青春期青少年身体心理发育的冲突、学业的压力、不和谐的家庭氛围以及不良的社会风气等,可能让他们无所适从,于是选择逃避,渐渐迷恋上虚拟的网络世界。这其中性别起了很大的作用,据发现,男孩和年轻男子风险比女孩和年轻妇女高 2、3 倍,甚至 5 倍。在整个青春期早期,PIMU 随着年龄的增长而增加,但在 15 ~ 16 岁左右达到峰值。社会经济地位较低的指标,包括母亲受教育程度较低和单亲家庭,已被证明增加了 PIMU 的风险。

1. 家庭功能

年轻人的家庭功能在他们 PIMU 的发展中发挥了作用。风险因素包括较低水平的家庭凝聚力、更多的家庭冲突和较差的家庭关系。一方面,更糟糕的亲子关系与更有问题的游戏有关。与父母相处的时间少,父母的爱少,父母的敌意多,父母教养质量低,这些都是游戏问题发展中潜在的家庭特征。玩游戏和其他在线社交活动可以作为困难家庭生活的慰藉,一些寻求游戏成瘾治疗的青少年报告说,他们玩游戏的部分动机是逃避现实和虚拟友谊的吸引。另一方面,积极的亲子关系可以防止问题游戏的发展。此外,父母对青少年互联网使用的监控也可以减少PIMU,从而改善亲子关系。父母有一些预防工具,可以改善他们家庭的整体功能,父亲似乎起着特别有影响力的作用,因为他们与青少年的关系被证明是特别有保护作用的。

2. 性格特征

PIMU 患者经常表现出与自我控制相关的领域的局限性,包括更高水平的冲动;除了冲动,与攻击性和敌意相关的行为特征在有媒体使用问题的青少年中也很常见。神经质,即感觉紧张和恐惧的倾向,被认为是 PIMU 的潜在诱发因素,神经质是包括焦虑和抑郁在内的情绪障碍内在化的常见因素,这些情绪障碍经常与 PIMU 共病。经历 PIMU 的年轻人在他们的心理和个性特征上很可能既有相似性又有多样性,鉴于文化在人格发展中起着重要作用,有必要进行调查以确定我们目前的知识是否适用于我国。

3. 神经生物学和大脑功能

除了个人特征和家庭功能,似乎还有一些神经生物学功能障碍可能是 PIMU 患者的特征。青少年的大脑尚未发育完全,更多的是用感情来思考问题,什么高兴就接触什么,与成年人用理智看问题是有很大区别的,研究人员从基于赌博和物质使用成瘾者大脑功能的模型出发,寻找与这些疾病的相似之处,视频游戏和某些类型的互联网使用已被证明会快速释放多巴胺,导致即时满足和潜在的重复反应,包括强迫行为和增加的耐受性。在奖励处理和抑制控制的同步测试中,行为和脑电图结果都表明患有 IGD 的青少年表现出不规则的行为系统。而成像研究表明,患有网络成瘾的青少年的大脑与患有物质使用障碍的青少年的大脑至少有一个结构异常,即眶额皮质厚度减少。

4. 共病

与 PIMU 共病的核心心理健康问题主要包括抑郁症、注意力缺陷多动症(ADHD)、焦虑症和自闭症。由于这一领域的大多数研究都是横断面的,PIMU 和这些其他疾病之间的联系的确切解释是未知的,可能包括单向关系(在任一方向上)、双向关系,或导致这两个问题的共同因素。

考虑到这些严重精神健康问题的复杂病因，PIMU 很可能是由先前存在的精神健康问题引起的，过度玩游戏和使用互联网带来的行为和环境也可能加剧这些障碍的某些症状，这种关联可能因独特的共病以及个体 PIMU 经历中明显的特定行为而有所不同。

5. 抑郁症

抑郁症一直被认为是有问题的视频游戏、互联网和智能手机使用的预兆。华西医院心理卫生中心曾研究发现，在没有网瘾问题组里的青少年，抑郁的患病率仅为 1.01%，而轻度网瘾组抑郁的患病率增加到 4.85%，在中度及重度网瘾组中直接飙升到了 24.8% 及 58.73%。而在严重网络成瘾组中，至少共患一种精神病理综合征的概率接近 70%。而在一项比较互联网成瘾量表多个预测因素的研究中，即使考虑到人口统计数据、性格特征和未来时间视角（即，设想和追求未来目标的能力），抑郁水平也有最强的相关性。抑郁和网络成瘾之间的关系紧密，常常一起出现，或者一个先出现，另一个紧随其后，年轻人使用技术来应对抑郁和焦虑可能解释了至少一些观察到的关系，但 PIMU 和抑郁之间的相互关系可能是最现实的。

6. 多动症

由于冲动是患有 PIMU 的青少年的一个共同特征，因此多动症是其最常见的共病之一。患有多动症的人比没有多动症的人患 PIMU 的比例更高。此外，患有多动症的青少年表现出更严重的 PIMU 症状，对治疗的反应也更小。容易厌倦、自制力差和其他多动症的典型症状可能会导致这种联系。

7. 孤独症

与健康的同龄人相比，患有自闭症的年轻人更容易强迫性地使用互联网和玩电子游戏，在线交流平台，尤其是那些在定义明确的多人游戏规则中出现的平台，可能被视为威胁较小，因此对自闭症青年特别有吸引力，他们渴望联系，但往往缺乏良好的社交技能。

8. 睡眠问题

PIMU 对青少年睡眠的影响不容忽视，睡前电子设备的使用不仅会影响青少年睡眠的启动,也会对青少年睡眠的质量产生影响。使用电子屏幕被证明会以多种方式扰乱睡眠:延长入睡时间,减少夜间的睡眠持续时间,减少褪黑激素分泌,造成生物钟延迟,快速眼动睡眠的数量减少和延迟,并降低次日早上的警觉性等。如果睡眠持续受到干扰,则可能会干扰正常的生物恢复并影响健康。而更频繁的夜间检查智能手机与睡眠质量和心理健康状况降低有关。与智能手机使用的其他方面相比,睡眠期间智能手机的使用是与睡眠障碍最相关的因素。同样的,睡眠不足在夜间使用电子设备与随后的抑郁情绪、外化行为以及自尊和应对能力下降之间起中介作用。这可能就会陷入一种恶性循环之中,即青少年长期晚上长时间使用智能电子设备,对睡眠造成不利影响,而这种不健康的睡眠方式或者模式可能会进一步造成青少年过度使用智能设备以打发睡前时间,而一旦这种睡眠习惯养成,可能会对青少年以后的睡眠造成更大的影响。

9. 行为与成瘾问题

长期 PIMU 与不健康行为、冲动行为以及成瘾问题相关。日常生活中常见的不健康的行为主要包括吸烟、饮酒、久坐行为与缺乏身体活动等。有研究发现,智能手机使用超过 4 个小时与不健康行为有关。在成瘾方面,有研究发现 PIMU 往往与酒精依赖和尼古丁依赖症显著相关,成瘾的特征是对特定物质或活动的异常高度依赖,导致反复参与具有负面结果的行为。青少年个体通过使用智能设备获取信息、社交互动和娱乐可获得即时满足,激活多巴胺能奖赏回路,智能设备(和社交媒体)的使用可以作为皮质奖励系统的线索,青少年用户可能会习惯于反复检查他们的智能设备,并最终上瘾。

三、治疗

尽管围绕这一问题的术语以及将这一问题称为成瘾或其自身心理健康诊断的适当性仍有持续的争论,虽然一般网络成瘾者没有主动求助的动机,但世界各地正在对青少年的网络成瘾问题积极探索治疗新模式、新方法,以克服他们无序的媒体使用及其后果。如针对智能性手机问题性使用上,有研究显示,完全放弃智能手机或将其每天使用时间减少 1 小时都能对参与者生活方式和幸福感产生积极影响,减少使用的获益甚至能持续更长时间且比完全放弃智能手机更稳定,这表明每天对花在智能手机上的时间进行有意识和可控的变化,就可以促进主观幸福感,减少焦虑和抑郁症状,减少使用问题的倾向。但是到目前为止,还没有一个公认的治疗 PIMU 的方法。

(一)认知行为疗法(CBT)

寻求改变有问题的思维模式及其导致的行为,特别是在以健康、直接的方式应对心理问题方面。使用 CBT 来解决有问题用户的认知方法是在近二十年前提出的,并且已经被应用和调整到许多人群和环境中。在一项原型研究中,被确定为有网络成瘾和共病障碍的患者接受了 10 个疗程的 CBT,并显示出在互联网使用和焦虑方面的改善。总体而言,CBT 在减少抑郁和 IGD 症状方面是成功的,对焦虑的效果稍差。尽管 CBT 在减少游戏次数方面的有效性证据较少,但这一目标并不重要,因为游戏本身并不存在问题。基于认知行为疗法的辩证行为疗法,除了处理思想和行为,还处理情绪,也应用于 PIMU,似乎为未来的治疗提供了希望。

表 2-6　CBT 网络成瘾干预

第一阶段,认识网络成瘾的特点、类别及产生原因,列出戒除网瘾的主要目标;
第二阶段,思考改变网络成瘾的基本原则;
第三阶段,制定抗网瘾的计划,发现并削弱增强上网行为的强化物;
第四阶段,对既往使用网络后的愉快感受进行评估、再评估;
第五阶段,发现替代物,如培养兴趣,多和朋友、家人在一起,在现实生活中发挥自身的交际才能;
第六阶段,对比网络世界与现实生活中的异同,意识到网络世界只是理想自我的一种形式,找到完整的、现实的自我;
第七阶段,回顾治疗过程,看看定下目标的实现度及症状的治疗程度。

加拿大学者 R.A.Davis 提出了 7 阶段,11 周关键治疗周期的认知行为疗法干预网络成瘾,现证实验研究证明认知行为疗法对于网络成瘾戒断有较好疗效,但治疗周期可能达三个月或更长,需坚持治疗。

（二）团体和家庭疗法

网络成瘾或使用过度个体，会存在一定的社会孤立感，团体治疗可以提供一种社会联系，帮助认识、接纳、改变自我。正念冥想被视为一种自我调节的方法，它强调有意识地感知和关注当下，它与增强的情绪调节和积极的情绪结果有关，某些正念训练方法可以减少戒断症状和复发率，调节与智能手机成瘾相关的焦虑情绪状态，甚至帮助成瘾者识别生活的内在价值并控制反刍的发生，其在抑制成瘾问题和心理问题提供有效策略方面的积极作用引起了关注，虽然为期 8 周或更长时间且包括 9 ~ 12 人的基于小组的干预措施似乎最有效，但这些方法差异很大，因此很难确定该方法的哪些其他方面有助于 PIMU。此外，运动、团体心理辅导、运动 + 团体辅导均可不同程度地抑制智能手机成瘾者心理渴求和成瘾及共患抑郁、焦虑程度。

（三）药物治疗

药物治疗的一般方法是使用药物治疗 PIMU 的共病或潜在病理，包括抑郁症、ADHD、强迫症（OCD）等。在 114 名患有 IGD 的青少年和成人的典型 RCT 中，研究了两种抗抑郁药（艾司西酞普兰和安非他酮）的有效性。两者均可有效减少 IGD，但安非他酮也可改善冲动、注意力不集中和情绪问题，这与其作为 ADHD 治疗药物的报道一致。按照类似的方案，研究人员比较了两种 ADHD 药物 [兴奋剂（哌醋甲酯）和非兴奋剂（托莫西汀）] 对 ADHD 和 IGD 症状的有效性。这两种药物似乎通过调节冲动的能力成功地减轻了 IGD 的症状。其他研究揭示了类似的作用，从而得出一个总体结论，即药物方法可以成功地减轻 PIMU 病和共病障碍的症状。

四、日常建议

如何在日常生活中纠正或者减少 PIMU 对青少年造成的影响，结合日常生活中的现象以及众多来访者的咨询案例，在日常生活中我们建议。

（1）家长以身作则：现实生活中太多太多的成年人何尝不是"网络沉迷者"，家长应当树立良好的示范，有意识地主动减少网络使用，身体力行地营造温馨、和谐的家庭氛围，多陪伴、倾听青少年的心声，引导孩子树立其他兴趣爱好，不要用电子产品强化孩子的内心，要培养孩子对于网络的自控能力。

（2）树立正确认知：青少年应当正确认识网络带来的便捷，以及成瘾带来的危害，既不能因噎废食，全盘否定网络的有利方面，也不能良莠不分，一味接受网络的各种信息。

（3）延迟满足：打开手机软件、电脑等之前先停下思考几分钟，关闭软件的推送功能，避免或减少被"精准狙击"的可能性或者直接卸载软件。

（4）建立任务管理：合理制定规则，给孩子明确上网的时间界限，但尽量不用粗暴、强硬的方式；合理规划每日时间、细化时间段主要的活动明细。

（5）转移和替代：多关注现实的环境，现实中的人，现实中的生活，发展新的爱好，找到自己现实生活中的兴趣点，主动参与安全、合法合规的线下活动，融入现实人际交往，减少虚拟化社交。

（6）寻求专业人士的帮助：必要时应主动向专业机构、专业人士寻求帮助，以摆脱成瘾。

第九节　超越障碍，飞向未来

——学习障碍儿童青少年心理健康服务

一、案例情况

小智是小学四年级学生，从开始识字就很难分辨形状相似的字母和汉字，写作业时字迹潦草，常常缺一笔或多一笔，错别字连篇。读生字时分不清 zh、ch、sh、z、c、s，总是读错音，朗读课文时速度很慢，经常会漏字、加字、替换字，或者跳行阅读。阅读理解能力很差，不明白所学字词的意义。虽然她已经小学四年级了，但她的阅读能力和识字量水平相当于一二年级学生,学习成绩特别是语文成绩很差,数学方面也差强人意。另外,小智在做一些手工作业时也显得笨手笨脚,绘画课的作品也是惨不忍睹。很难把注意力集中在一个任务上,注意力集中时间短,听课效率低,多动,老师反映小智聪明但无法发挥用于学习。她的父母很头痛,起初总是因为觉得小孩不好好学习、学习态度不认真、偷懒而抱怨她,在手把手教小孩学习一段时间后,又担心小智是不是智力有问题,就去看了医生,智力测试结果提示在正常范围,家长就更困扰了。还好医生建议带小智到有学习障碍的儿少专科门诊进一步评估,医生通过问诊和专业评估,告知是小智患有学习障碍。

二、案例解析

小智出生成长这个过程中未经历重大疾病和心理创伤,家庭关系尚可,父母关系算不上亲密但也无明显对抗或者矛盾,父母对待他也没有过于严厉或者宽松,他的性格外向、开朗、爱和人交往,人际关系也维持得不错。他每年的体检都提示生长发育与同龄人无特殊,智力测评也在正常范围,但小智在学习方面遇到了难题,而这个难题如果不经过专业评估,很多时候会被误以为是小孩调皮、捣蛋、学习态度不端正、故意不学好。而这种误解也会给小智等类似的孩子造成更大的困扰,也是亲子矛盾加剧的一个重要原因。在医院进行精神状态评估提示:小智意识清晰,接触主动有礼貌,交谈对答切题。未引出幻觉、妄想等精神病性症状,未引出持续性情绪高涨、思维速度过快、行为夸大或持续性情绪低落、思维迟缓、行为减少等躁狂或抑郁体验,情感反应与内心体验协调。对自身目前面临的学习问题有一定的认识,主要表现在阅读理解障碍、阅读能力差、计算障碍等方面。

三、什么是学习障碍

学习障碍属于一种神经发育障碍,又称特定学习障碍或发育性学习障碍,是一组异质性疾病,于1963年首次提出这一名称。特征是难以掌握某些学习技能,受累儿童的学习技能显著低于适足年龄所应有的水平,且影响学业或职业表现。在智力水平正常的儿童中,学习障碍是最严重、最普遍的长期学习困难。通常涉及获取、保留、应用特定技能或信息集的困难,认知处理过程异常,在接收和处理外界的知识、信息过程中出现某种程度的障碍,是大脑对知识、信息的感知、理解和记忆受损。可涉及感知、记忆、注意、解决问题或社会交往中的功能障碍,由一组障碍构成,表现在理解、阅读、书写、语言或非语言表达、计算及运动功能方面的特殊和明显的损害。学习障碍是在儿童早期出现的基于神经的病症,通常发病在入学前,从发育的早期阶段开始,儿童获得学习技能的正常方式受损,不包括由视觉、听觉异常或智能障碍、情绪困扰或环境、文化、经济地位不利等因素所导致的学习困难。

学习障碍程度严重者通常在儿童早期即可表现出来,但是大多数轻到中度的学习障碍者通常直到学龄期出现严格的学业问题时才被发现,该病可对个体、社会、学术和/或职业功能的发展造成损害。

学习障碍多见于学龄期,在适龄儿童中患病率大约 5% ~ 8%,男女比例约 5:1,学习障碍筛出率随年级升高总体上呈下降趋势。阅读和书面障碍是最常被诊断出的学习障碍,数学障碍的学生相对较少。大约 40% 的数学障碍的学生表现出共病性阅读障碍,30%~47% 有写作障碍的儿童也有阅读障碍。

四、学习障碍的常见原因

目前病因仍有待进一步明确,可以是先天性或获得性,综合性研究遗传、免疫、代谢、环境等因素的交互作用对学习障碍发生发展的影响。先天性缺陷,如父母双方存在某些遗传基因突变或伴有家族病史,母亲在妊娠期间抽烟、酗酒、吸毒或未遵医嘱,滥用处方药。获得性可能是环境因素或脑部病变或创伤所致。环境因素如:环境毒物接触,如农药中毒、煤气中毒、有机溶剂中毒、铅中毒。脑部病变/创伤的常见类型包括:中枢系统感染、恶性肿瘤及相关治疗、癫痫、颅脑创伤、营养不良,严重的社会孤独和脱离,虐待和虐待等不良童年经历,精神心理疾病如抑郁症、焦虑症等。高危人群包括早产儿或低体重新生儿,伴有家族病史和家庭成员中确诊有神经/精神疾病者,母亲有长期吸烟、酗酒、吸毒史,长期营养不良,曾经遭受严重的脑部感染或创伤,既往曾经遭受严重的精神打击或身心伤害,长期压力过大,精神高度紧张。

五、学习障碍的表现

学习障碍可表现在语言表达困难、阅读困难、书写困难、计算困难、注意短暂、注意力无法集中、对外界的信息反应迟钝、动作增多、精细运动问题等各个方面。临床最常见的是阅读障碍,约占 70% 以上。学习障碍患者可能伴发注意缺陷多动障碍等其他方面的问题,如冲动控制问题、无目的的活动、活动过多、纪律问题、攻击性行为,退缩和回避行为、羞怯、过分恐惧。学习障碍与智商并不直接相关,通常智力在一般水平,可能在其他方面优于常人。

六、常见的特定学习障碍类型

常见的特定学习障碍类型有:阅读障碍(阅读损伤),发生阅读障碍,识别阅读障碍,书写困难(书面表达障碍)、命名性失语症(举名困难)、计算障碍(数学障碍)、计算不能。

阅读障碍的主要特征是语音处理的核心缺陷,这导致解码("读出"单词)、拼写和单词识别方面的障碍。这些障碍导致阅读流利度和理解困难,词汇量减少,知识内容降低,以及整体学校成绩下降。具体表现为语言表达可能含混不清,对于外界的声、光、气味刺激特别敏感。了解或使用口语障碍,了解或使用书面语言障碍,语言表达、阅读理解障碍,说话时逻辑混乱,令人费解,朗读时漏字、添字、念错字、替换字,阅读不流畅、跳字、跳行,读错音调、读相似结构的音,不能区分同音字、难以识别相近词,对阅读内容无法理解,学习书面语言衍生规则的能力不足,确定词根或词干有困难,确定单词中的哪个字母应跟在其他字母之后有困难。

书写障碍可分为动作书写障碍、空间书写障碍和听写障碍。动作书写障碍的缺陷源于精细运动协调、视觉感知和本体感觉的障碍,并表现出难以辨认或缓慢完成的书面作业,对该类儿童进行的特定检查显示手部力量和耐力测量异常。空间书写障碍的主要损伤与空间感知障碍有关,损害了字母间距并极大地影响了绘画能力。听写障碍的主要机制是语音记忆(关于与音素相关的声音)与拼字记忆(关于书面字母)互相转化的功能低下。具体表现为书写姿势差,书写困难,书写潦草、字体扭曲、笔画错漏、容易写错字、书写内容不按照正常格式和标点,逃避书写。无法区分外界声音,对别人的语言无法理解具体含义。无法区分相似的物体和影像,对书面文字和符号的辨识存在困难。协调运动障碍,无法根据自己的思想完成相应的动作,尤其是较为精细的动作如系鞋带、绘画。

数学障碍,又称数学学习障碍或计算障碍或发展性计算障碍,主要由 3 个认知过程的缺陷引起。语言工作记忆(获得数学程序所必需),长期记忆(存储和检索数学事件所必需)和视觉空间处理。在临床上,根据所需要的技能可分为 4 个亚型的缺陷:(1)核心数:涉及数感、数量估计、数行能力、符号管理、基本计数;(2)记忆:检索数学事件,进行计算,记住规则和公式;(3)推理:掌握数学概念,复杂的数学程序,逻辑问题和解决问题;(4)视觉空间:几何、图形和表格。具体表现为使用数学概念理解和使用数字和推理障碍,计数和计算障碍,记不住基本公式,甚至无法理解数字所代表的含义,不认识数字符号,无法理解数学运算的原理,很难主动发展计算策略。

七、学习障碍的诊疗

大多数的评估和干预研究往往是复杂的,需要大量的物力、人力和财力,且存在研究到实际运用到学习生活中的普及性和有效性问题。尤其是早期的儿童,如果没有得到及时的评价和诊断,或得到错误的评价结果,对未来及时干预或使用哪种干预措施会造成很大影响。

八、诊断评估

像小智遇到的学习问题,需要尽早识别,如学习、理解能力远低于正常水平,需及时到医院专科门诊如神经科、精神科、学习障碍门诊诊断、评估。医生通常会根据患者病史、详细的家族史、儿童的疾病史、体检、神经系统和神经发育检查、影像学检查等医学评估查找病因,既要进行认知功能和精神状态评估、智商评估等,也要对儿童对学校的态度,学习动机、人际关系不良和自信程度等进行评估。有必要对言语、认知、教育、医学和心理方面,以及社会和情感—行为方面进行评估,以确定并鉴别上述方面的缺陷,便于制定个性化治疗方案和监测治疗进展过程。

可进行如下评估:(1)智力评估:包括言语和非言语的智力检查。

（2）心理教育测试：对描述儿童信息处理的习惯方式（如是全面或分析型，视觉型还是听觉型）有所帮助。（3）语言评价：建立对语言理解和使用的整合、语音加工和言语记忆，也可以评估语用（社会）语言。（4）阅读评价：测查在词的解码和再认、段落理解和阅读流畅性方面的能力。（5）写作评价：可以通过评价拼写、句法和意思表达的流畅性来获得。（6）数学能力：可以根据计算能力、操作知识和数学概念来进行评价，以及"词问题"的解释。（7）教学评估和绩效评估：教师对课堂行为的观察和学业表现的决定。（8）心理评估：需识别有无注意缺陷多动障碍（ADHD）、行为障碍、焦虑障碍、抑郁障碍等，这些表现常伴随学习障碍或需与之鉴别。学习障碍一般要到小学一年级至三年级才可以比较准确地诊断，但是在幼儿阶段，有一些相关测评可以早期鉴别出那些有学习障碍高风险的孩子，从而可以及早进行干预。可根据患者潜在的学习成绩与实际的学习成绩之间存在差距给予诊断。

小智的学习障碍病史明确，无明显家族病史，生长发育过程中无重大疾病史，身体体检和神经系统及神经发育检查未发现明显异常，智商测试在正常范围，认知功能方面表现明显的阅读障碍、书写障碍和数学障碍，如读书、拼写和识别字词时容易出现错误，完成书面作业缓慢，书写作业潦草，经常出现笔画错漏、错字，记不住数学基本公式，计数和计算总是出错，无法理解数学运算的原理。但小智并不是不想学习，他在学习方面有动力，自述是很想学好但总是出错，自己也觉得很挫败。他的性格积极乐观，也很坚强，为人随和，有幽默感，同学们都很喜欢他，人际关系好，他的自信心也比较强，对有把握的事情表现敢于参与。

对于小智的情况，根据《精神疾病诊断与统计手册 第5版》（DSM-5）标准进行临床诊断，可诊断为学习障碍。诊断标准包括：不准确、缓慢和/或努力的字读，难以理解书面材料的意义，拼写困难，写作困难（如多语法和标点错误，没有清晰表达的想法），难以掌握数字意义（如理解数字的相对大小和关系，在年龄较大的儿童中，难以进行简单的计算），难以数学推理（如使用数学概念来解决问题），尽管有目标干预上述症状至少一种已存在 =6个月，学习技能须远低于对儿童年龄的预期水平，且显著损害在学校或日常活动中的表现。上述问题需排除智能损害或其他神经发育障碍。

九、干预方法

目前尚无切实有效的干预方法与治疗措施,需要尽早干预,最主要的目的在于缓解症状,避免因病情恶化而造成神经精神方面的进一步损害。根据学习障碍的具体病因和不同维度的损害制定个性化干预方案和学习辅导、教学规划,医学、行为和心理治疗,提供适应性的学习环境和学习过程,这个过程需要个体、教育学专家、心理学专家、医生、家长的共同参与。如针对基础疾病进行对因或对症治疗。针对学习障碍不同维度损害的干预,包括教育管理或教育指导,语言学或非语言学干预,数学干预如个人管理干预、策略指令干预、一般认知能力干预以及游戏型干预。教育管理是重点,根据个体特点针对性制定最有效的教学计划,可采用矫正、补偿或策略性的方法,也可给予强化或优化的教育方案等特殊指导,且需给予与个体学习喜好相适应的指导方法。另外,还需要改善生活方式,如坚持适度锻炼,通过散步、慢跑等运动方式促进心肺功能,增强肢体协调性,控制学习节奏,避免过于劳累或精神压力过大,对于学习障碍患者需给予更多的关心、帮助和辅导,按照治疗计划定期复诊,评估治疗效果,调整治疗方案。

不推荐如下未经证实的治疗手段,如精神兴奋类药物如哌甲酯、苯丙胺类,虽然可以增强注意力和专注度、反应效率,但在提高学习成绩、全面学习能力方面作用非常有限。还有一些治疗方法的疗效未得到证实,如减少食物添加剂,使用抗氧化剂和大剂量服用维生素,感觉刺激和被动运动塑形法等。

(一)教育指导

教育指导,包括直接的或是间接的认词和组词技能的指导。直接指导包括与其他阅读指导分开的特定语音技能教学。间接指导包括将语音技能集成到阅读程序中。教学可以教授从整个单词或全语言方法或通过遵循从声音单元到单词到句子的技能层次结构的阅读。提倡多种感觉相结合的方法,包括整词的学习和视、听和触觉过程的整合,教发声、词和句。组合性技能指导包括教会将音组成词,将词分解成词的构成部分,辨认音在词中的位置,如阅读理解的组合性技能指导包括教授如何辨认主要意思、回答问题、区分事实和细节以及推理性的阅读。

（二）语言学干预

主要涉及阅读障碍患者的言语信息的表征和加工能力，主要包括对阅读障碍语音意识干预、阅读流畅性干预、语素意识干预、正字法意识干预。常用方法有北美的常规教育倡导（REI），强调早期训练语音意识和言语能力，指导学习语音解码的同时理解单词的意思，进而理解词组的意思，具体方法包括：练习操作音素（发单音）、词组、提高理解力以及流畅性，增强大脑联结符号与语音的能力，此外还有电脑辅助学习方法。借助电脑进行单个词正确识别和文字工作的处理。补偿策略如使用有声读物和使用数字录音机记笔记，可以帮助掌握内容，同时继续构建阅读技能。

（三）非语言学认知干预

注重改善阅读障碍患者的认知加工能力，包括工作记忆、视知觉加工、注意力、感觉统合等。

（四）数学障碍干预手段

基于数学障碍的病因和发生机制，理论联系实践相结合，提供实际的、可操作的、额外的和具体的数学方法和策略，帮助克服学习上的困难。干预手段的干预面几乎囊括了所有数学障碍儿童的问题来源。个人管理干预通过制定"特定的个性化训练"，针对个体的认知状况进行特定训练，例如，对基本计算技能如数学概念（数学知识）、自动检索、使用算术事实、心理计算和书面计算等进行评估、干预、教学等，解决不同程度数学困难。但整个干预过程，老师或心理专家对学生的关注、倾注的时间、专业的干预能力会影响干预效果。策略指令干预是根据认知能力进行问题解决的策略指导，如指导儿童言语策略的明确指令来帮助识别问题中的相关或关键命题，言语和视觉策略相结合的组合策略，配合适当的练习，可提高解决数学问题的准确性和流畅度。不过目前的研究结果尚不能确定有循证证据的最佳练习量，另外，策略指令干预过程中需专门教师的全程参与，可能存在现实层面的难以操作性，效果可能也并不理想。一般认知能力的干预是针对存在相关认知功能障碍如工作记忆和视觉空间技能等损害的干预,可采用计算机化的认知功能干预训练进行训练,但效果尚需进一步研究验证。虽然关于数学障碍的干预研究已经取得了一些成果,但是在已有的干预方式中,还存在着实施到实际学习生活中的普及性或有效性问题。为了更有效地应用到教育实践中,还需要对这些干预方式进行进一步的完善。

十、干预过程

小智所在的学校是普及九年义务制教育的普通公立小学,小智的病情对所在学校的授课老师来说是个很大挑战,他们对学习障碍这个疾病了解的并不多,更谈不上擅长有效应对学习障碍。学习需要依赖中枢神经系统的高级功能,而其实现又以注意力等心理过程为基础,故良好的注意能力是实现高效学习的前提。视觉和听觉注意力是儿童与知识联系的最为重要环节,未成年的人学习任务通常以视听觉刺激形式出现,故针对小智的学习问题,给予视觉、听觉注意力训练。从视觉的广、深度、知觉、记忆、追踪、眼手协调等方面对视觉注意的灵敏准确性、持续性和转移能力进行训练,从听觉的准确分辨、顺序性、听广度、听说结合等角度对听觉注意的灵敏准确性、持续性及转移能力进行训练。训练难度由低到高、循序渐进、级别化增加,每次 1 小时,每周 5 次,四周共 20次为一个疗程,一对一配对进行。使用注意力测试、学习技能量表、儿童心理社会功能筛查—儿科症状检查表等进行效果评定,经过训练小智的注意力集中程度和持续时间都较以往改善,听课和写作业时能够集中注意力,朗读和语言表达逐渐变得清晰流畅,漏题错字等出现频次减少,阅读速度有所提高,阅读量也逐渐增加了,书写和数学计算方面需要督促的时候变少了,计算时看错符号、计算进退位出错的次数也逐渐减少,作业变得整洁,主动学习意识也有改善,学习效果提高,自我监控能力提升,学习成功的体验增多,学习兴趣和自信心都有所增强。

针对小智的数学方面,使用了个人管理干预方法,先对小智在数学概念、书面计算等方面的现况进行评估,基于评估结果给予针对性干预和教学,可一定程度上缓解小智在学习数学方面的困难。这个过程也增加了学习动机、学习效能和教学效能,一定程度上促进了积极结果发生。

医疗团队在给小智制定治疗方案时,把小智班上的同学和学校的心理老师作为团队成员拉入进来，以支持小智在学习的进步。制定配对辅导方案，把班上学习成绩好又热情的同学作为辅导搭档，老师们作为指导师，共同辅导小智，纠正小智在学习过程中出现的错误，并给予正确反馈，对进步的方面予以强化。经过一段时间的配对辅导，小智和同学老师的关系变得更加紧密，学习方面也有明显进步，数学出错的情况也有减少。

对于小智的学习障碍改善，医疗团队也进行了家庭治疗，从小智父母和家庭治疗的角度，通过接触他的父母，了解到其父母的教育方式有些简单粗暴，了解到小智所处的家庭环境缺乏情感交流和互动，引导小智父母转变教育观念，尽量为小智营造一个有益于学习的家庭环境，以关注和鼓励为主，避免指责、催促等，以使小智摆脱学习障碍的困境。

十一、学习障碍预后

约半数以上的学习障碍患者的症状会随年龄增长而自行缓解或减轻，但有些特殊技能的缺陷可能持续至成年期以后。约 15%~30% 的患儿可能继发品行障碍和反社会行为，或导致长期社会适应不良，青春期后出现抑郁、自杀或精神疾病的风险高于一般人群。

十二、专家建议

学习障碍不是智力落后，并不等于笨或者懒。相反很多很聪明的人也可能有学习障碍，像丘吉尔、爱因斯坦、爱迪生、汤姆克鲁斯、乔布斯等。一些学习障碍者常常表现出如下优势：创造性思维、出色的艺术绘画、空间能力等。

尽管正式的诊断可能有助于一些儿童获得帮助，但将不同的能力描述为障碍有可能将他们医学化为某种病态。重要的是确定需要不同的或额外帮助学习的人，并提供他们所需的帮助。

设计融合了诊断评估的计算机或手机游戏，可实现根据数学障碍患儿的游戏表现调整游戏内容和难度，或完善计算机/手机化的诊断，在患儿开始接触相关游戏前进行诊断，根据相关缺陷针对性地提供游戏进行干预。利用计算机或手机进行干预辅导可能更加便捷，反馈更加及时,能够促进学习障碍患者即刻自我纠正,孩子可不受环境约束,不用担心被人评价或嘲笑,可降低学习过程中的焦虑感,提高成就感。

第十节　考场的"闪亮之星"

——考试焦虑儿童青少年心理健康服务

一、案例情况

小雪,15岁,初中三年级,是一个非常文静爱说爱笑的女孩。最近经常坐立不安,心里特别烦躁,常常感觉肠胃不适。上课的时候无法专注听课,每次看见其他同学都在学习,自己特别慌乱,心跳加速,没有办法再安心学习。这几周经常身体特别不舒服,总是请假。妈妈发现孩子学习困难的状况,特别着急,去医院检查,确诊重度焦虑。

小雪最近在家里复习功课,制定了一系列规划,从早上8点到晚上12点的学习计划,但是每天都不能按时完成,每次完不成内心就特别煎熬,觉得自己很差劲,什么都做不到。自己已经很用心在学习了,但是就是学不进去,成绩起不来,甚至还会想,同学们现在都在学校里学习,而自己没有办法安静学习,烦躁焦虑的情绪就会来,心跳加速、心慌,整个人都在冒汗,自己控制不好就发脾气。

在这样的情况下,妈妈带小雪来找咨询师,希望小雪得到咨询师的帮助,减轻小雪的焦虑情绪,回归正常生活,能够回到学校上课,迎接中考。

二、分析评估

(一)身体状况评估

在与小雪第一次面访中,了解到小雪每次感到焦虑的时候身体都会出现心跳加快、胸闷气短、呼吸困难、心慌、手脚发麻等症状,睡眠也受到了影响,整晚睡不好,失眠多梦。

（二）精神心理状态评估

小雪对于马上到来的中考非常焦虑,特别担心自己会考不好,无法专心读书,也不知道为什么看不进去书,对结果没有掌控感,也不能阻止考试不发生,非常担心、害怕、恐惧。表现出自己对未来的事情内心的不确定性和感到当下的自己是失控的,心理状态极其不稳定。

在焦虑出现时,经常表现出过度思虑、不能静坐、反复徘徊、无目的活动增多的情况,焦虑情绪让自己难以停下来,一直在学习,非常想让自己的焦虑情绪降低,但是效果非常差,常常是做很多无用功。

（三）家庭关系状况评估

小雪父母在其小学时就离婚了,小雪跟妈妈一起生活,爸爸每隔一段时间会来看小雪,带小雪出去玩。小雪面对父母离异的事情,不太敢主动表达自己的感受,也不敢问。自己有时候很想知道爸爸是怎么看待自己的,但是她不敢跟爸爸对话,感觉爸爸很陌生。父母的离异让其感觉自己是不重要的、是羞耻的、是不够好的。当同学们在一起说起家庭的时候,自己也不敢插话,生怕同学们知道父母离异,自己是一个不幸福的人。

（四）成长经历中的重要事件

6岁时,父母离异,父亲的离开一直让她有很多疑惑,他不知道父亲在哪里,在干什么,每次与父亲见面也都不是在父亲生活的地方,自己感觉一直被蒙在鼓里,内心无法平静。

上小学时,自己一直是佼佼者,听话、认真、爱学习,但是在人际交往中谨小慎微,很害怕别人不喜欢自己,担心自己不受欢迎,在人际交往中常常忍耐不敢表露心声。

上初中以后大家都忙于学习,自己觉得自己的成绩很差,肯定考不上高中,但是自己内心又很想考上理想中的高中,每天内心不断的纠结,让自己很痛苦,没有办法安心学习,马上中考,焦虑的感觉更加强烈,导致无法上学。

（五）诊断评估

小雪因学习压力较大,复习进度和复习效果不理想,对考试忧心忡忡,害怕没有办法考好,引发焦虑发作,无法专心学习,身体出现不适,出现严重的考试焦虑症状,同时伴有人际交往障碍问题。

焦虑状态严重影响了小雪的学习生活和人际交往,导致没有办法去学校上课。

三、工作目标及策略

（一）总目标

通过咨询服务介入,找到适当的方法帮助小雪减少焦虑情绪的产生,有效地开展学习,减少心理内耗,以积极的心态迎接中考;同时协助小雪探索人际交往的障碍,解决人际交往中的难题。

（二）具体目标

（1）与小美建立良好的咨访关系,开展放松训练,减缓考试焦虑情绪,减少对考试结果的消极预期。

（2）增加注意力集中的时间,引导小雪关注当下,关注自己的感受和体验,强化与自己联结,看见自己的需要。

（3）增强其自信心,练习与人交往的沟通方式,促进其敢于尝试与同学主动接触。

（4）邀请小雪的妈妈参加家长成长学习,学习如何了解孩子的内心状态,情绪反应,学习如何和孩子友好相处,进而帮助小雪能够在家庭中更放松地生活。

（三）服务策略

（1）通过冥想、体验感觉、放松训练等方式，帮助小雪觉察自己，与自己联结，把思绪拉回到当下。

（2）运用自我觉察技巧，帮助小雪发现自己当下的情绪反应、感受、想法、期待和内心的渴望，遇见真实的自己，转化我不好、我不行的内在信念，提升自我价值感，重塑信心，减少焦虑情绪。

（3）针对学习焦虑和考试焦虑进行讨论，帮助小雪预先了解学习时可能出现的状态，考试时可能出现的状态。

（4）提升小雪在人际交往中的主动性，放下非理性信念，真诚一致的表达，敢于突破自己，体验交友的乐趣。

（5）邀请小雪妈妈参加家长学习成长营，学习与小雪的沟通方式，能够有效的倾听和表达。

111

四、理论应用

接纳承诺疗法是一种语境行为的干预方法，运用接纳和正念过程，以及承诺和行为改变过程，产生心理灵活性。接纳承诺疗法的治疗目标不是改变或去除抑郁焦虑等症状，而是增加一些让生活充满活力的信念和行为，即使那些负面的想法与感受仍然存在。

接纳承诺疗法有三个核心过程，一是在心态开放层面可以开放自己去接纳当下的一切，同时开展认知的解离，将自己这个人与想法、记忆等拉开距离，像观察物品一样去观察自己的想法。二是以觉察的姿态运用正念接触当下，让自己常在此时此刻，就是去觉察，少做评判。同时开启自我观察的窗口，区分"我"和"我的"的关系，意识到我的想法和感受不是我，我对身体有觉知，但是身体不是我，我有多种不同的角色，但角色也不是我，我就是我自己，我可以自由的选择运用属于我的一切。三是在行动层面去看见超越分析的价值，去选择承诺的有意创造支持价值的行为模式。包括暴露、技能获得、行为塑造、行动设计等相关的行为做法。

本案例重点在接纳、认知解离、触碰当下、自我观察、价值和承诺行动方面带动小雪回到当下，面对当下的困难，解决心中的困扰，释放压力，舒缓身心。

五、工作过程

本案例运用接纳承诺疗法为小雪提供为期三个月咨询服务共12次,其中个人咨询8次,家庭成员咨询4次。

(一)个体内在系统介入

1.温柔以待:心与心的贴合,帮助来访者觉察自我

初次与小雪见面,便觉得这是一个温暖的、总是为别人着想的女孩,一上来就打开了话匣子,说着自己的苦恼、自己的状况,感觉自己特别不好,自己估计是没有办法考上高中了。咨询师发现小雪特别容易相信别人,感受到了她的热情和真诚,在倾听共情中建立了良好的咨访关系。

咨询师邀请小雪一起跟着做放松练习、深呼吸练习、身体扫描练习。小雪非常投入,整个身体躺在沙发里,随着音乐的响起,跟着咨询师带领的节奏,慢慢走进自己。做完练习后,咨询师询问:"现在是什么感受?"小雪说:"感觉自己从来没有过的放松,什么都不用想,就这样躺着,特别自在。"

慢慢地,咨询师引导小雪关注呼吸,关注当下,关注现在自己的感受,把小雪带入到与自己内心进行联结。体验"我就在这里"的感觉,当有感受出来时,就停下来,说出那个感受,然后停顿,去体验那个感受在说什么,你注意到了什么。

小雪在咨询师的带领下,慢慢发现自己一直以来都不能在当下,每天都在想还没有发生的事情,让自己惴惴不安,辗转反侧,难以入睡,或是焦躁不安,心神不宁,根本就做不好现在手上的事情。特别是学习上,自己每天像行尸走肉一样,做很多动作,每天不停地在做题、写作业,但是根本不知道自己写什么,成绩也没有提升,感觉自己是白费劳动力。当小雪发现自己一直不在当下时,就对自己有了深入觉察,然而咨询师不是让其检讨为什么不在当下,而是告诉小雪,曾经这样的你也是可以的,是被允许和接纳的。现在你只需要放下这个念头,放轻松,回到这里,体验此时此刻的感受。

一遍遍演练让小雪在当下找到自己,与自己建立联结,去感受自己,

这对后面的治疗起到了非常关键的作用。

2. 接纳自我：不指责不挑剔，遇见真实的自己

在谈到自己有挺长时间没去上学时，小雪流露出失落和自我责备的情绪，感觉自己做错了事情一样难过。同时也表达自己每次坐在教室时内心的焦虑不安、呼吸困难都让自己感到绝望，甚至会指责自己为什么会这样，怎么不能正常一些。

咨询师在与小雪沟通时，一直强调，"没去上学也是可以的，你好像找到照顾自己的方法，你看见了吗？""你愿意接纳照顾自己没有上学的小雪吗？她需要你的认可和欣赏。"当听到咨询师的表达时，小雪失声痛哭，随后说："我一直在指责我自己，我是个废物，什么都做不了，上学都成为了难题，我还能做什么？我自己指责自己的时候从来没有想过我不上学也是可以的。我觉得我不上学对不起爸爸妈妈，我感觉自己不能满足他们的期待，我让他们失望了。"

咨询师听了小雪的表达，感受到她一直在自责，一直在想要让自己做好却不能的纠缠痛苦中，无法自拔。引导小雪去坦然面对一个有点敏感、内心脆弱、遇事焦虑的自己，告诉自己我就是这样的，独一无二的自己。咨询师引导小雪说："我们可以放下挑剔和指责，去蹲下来看看这个脆弱的自己，去拥抱她，感谢曾经的她一直不离不弃，即使我都没有正眼看你，我都忽视你，我整天瞧不起你，但是你一直在支持我。今天我看见了你，我想拥抱你，我愿意和你一起走过这个坎坷，走出现在的困境。"

在咨询师的带领下，小雪在一步步开放自己，以更加包容、接纳允许的态度迎接真实的自己。

3. 认知解离：站在一旁看自己，让画面更清晰

在咨询过程中一个非常重要的目标就是缓解小雪的中考压力，让她能够顺利地进入考场，迎接考试。在咨询中，咨询师带领小雪模拟了考试前、考试中、考试后的情况及心理反应。运用认知解离的手法帮助小雪站在第三者的角度看见中考的全过程，演练应对方式。

咨询师："很快就要中考了，肯定有很多人给你送去祝福，今天我就在这里给你送去祝福，希望你取得好成绩。当你听我这样祝福你的时候你会有什么感觉？会觉得有压力吗？"

小雪："还好，我很高兴你能祝福我。"

咨询师："如果是老师、同学祝福你呢？你会有什么感觉？"

小雪："我感觉也很好，能得到大家的祝福我很开心。"

咨询师："那要是爸爸妈妈祝福你呢？"

小雪："如果是妈妈祝福我，我会感觉压力很大，我很怕考不过妈妈同事们的孩子，我怕给妈妈丢脸。如果是爸爸的祝福，我会感觉紧张，我怕考不好会被爸爸嫌弃，我想他能看见我很好，不是被嫌弃的人。"

咨询师："当你感受到这个压力的时候，你的焦虑情绪就会升起，你能描述一下你的焦虑情绪吗？它长什么样？"

咨询师让其将焦虑拿出来放到自己面前去看见他，小雪将她的焦虑描述成是巨大的，感觉能吞噬自己的，是红色的，在身体里乱窜的，有时候是带刺的，扎得很痛，有时候是黏稠的，感觉怎么甩都甩不掉，黏在身上特别难受。咨询师要求其把这个焦虑拿出来放在那里。

咨询师："我们把这个焦虑怪物先放在这里，你就当作是物资里的一个物品，就放在那里可以吗？"

小雪："可以，这样看起来好像轻松了一些，不再黏在我身上。"

咨询师："你现在再看一眼，看看有什么感觉？"

小雪："好像并没有刚才那么可怕，好像变化了，像一个娃娃。但是我好像总是去招惹它、嫌弃它，它就越长越大。"

咨询师引导小雪把注意力放在我和焦虑的关系上，而不是盯着焦虑本身不放手，只要你放下了，焦虑也就变弱了。

4. 明确价值：看见自己真正的需求，提升自我价值感

在经过多次咨询，咨询师和小雪慢慢变得更有默契，小雪来到咨询室会根据自己的意愿说当下要表达的事件、情绪状态、内心体验等。虽然小雪的焦虑状况有所好转，且在第五次咨询后顺利地参加了中考，但仍然存在内心焦虑不安的情绪。在一次咨访中小雪说："我其实有点怕去新的学校，我就一直担心，吃不好、睡不好，跟同学们相处好难，要住校可怎么办。"并跟咨询师表达有同班同学邀请自己一起逛街，自己虽然不想去，但是还是去了，可是去了就很难受，不能够很畅快地玩在一起，怕自己说错话、怕他们认为自己不够好、怕太亲近了以后又疏远了怎么办、怕她有其他朋友自己会被孤立。在还没有开始前就已经为自己设立了很多交往障碍，束缚着自己不能前行。

咨询师："你想拥有好朋友吗？"

小雪："我想有好朋友。"

咨询师："你为你想交个好朋友做了什么？"

小雪："我不敢交朋友，我退缩，我怕受伤害而不愿意与人交往，我好像走反了路。"

咨询师："你心中最想要的是什么呢？"

小雪："我想得到认可，我其实不差的，我是可以的，我的成绩也很好，我对人也很好。"

咨询师："很高兴你能发现自己的纠结与矛盾，也很高兴听你说到你认为自己很好，很不错。"

咨询师在咨访中通过提问的手法，帮助小雪能够客观地看待自己，看清自己，去发现一些行为背后真正的需要是什么，找到自我，提升自我价值感，我因我而存在，也因我自己而有价值。

（二）关系系统介入

观点采择：尝试新的认知建构

小雪一直认为爸爸的离开是对自己的嫌弃，觉得自己不讨人喜欢，所以每次跟爸爸在一起都表现得特别乖巧，希望爸爸能够多看看她，而不是嫌弃她。在带领小雪作自我觉察的时候，回溯过往的事件，感受爸爸是如何对待她的，她猛然发现，其实爸爸对自己很好，每次都会照顾她吃穿用度，都会满足她的要求，并不是嫌弃。在对过去事件的体验中，重新带回新的路径，进行观点采择，建立新的联结，对过去的事情有一个新的解读，积极的、正向的解读能帮助来访者重构内心信念。

在服务过程中咨询师非常注重来访者的关系系统状态和网络搭建，所以为其父母开展了4次咨询，其母亲参加了5次家长学习成长营学习，帮助父母重新认识小雪，学会了解孩子的内心，学会倾听孩子和开展有效的表达。为小雪回到家庭中提供了一个支持型环境，帮助小雪减轻焦虑障碍，以新的心态迎接新的生活。

（三）行动系统介入

承诺行动：对自己负责任的过程

在服务中不仅停留在咨访关系里开展工作，咨询师还特别强调在生活环境中的实践，当焦虑情绪升起的时候，开展放松训练，包括腹式呼吸法、音乐放松、冥想放松等，让自己可以快速地稳定内在情绪，每次练习 20 ～ 30 分钟，每天练习 2 次，帮助缓解焦虑。

鼓励小雪去上学去考试，可以在环境适应上去重复尝试，焦虑情绪就会降低，开展自我暗示，我已经平静下来了，现在的我状态很不错。

转变认识方式，关注可以获得的，而不是关注可能丢掉的。在考试中关注我能拿到的分数，争取把能拿到的去争取，拿不到的不需要纠缠，只有放下才有机会拿起。

在与朋友交往中鼓励付出行动，去迎接新朋友，使其了解到，人际关系中有人喜欢你，有人不喜欢你，但是做不到人人喜欢你。喜欢你的人有时候对你好，但也有时候会生气。人际关系中没有绝对唯一的状态，状态是一直变化的，就像我们现在拥有焦虑状态一样，也在慢慢发生变化。

六、工作成效

（一）来访者全然敞开自己迎接新的生命力量

小雪在咨访的整个过程中一直是积极主动参与，愿意敞开自己，且在咨询师的带领下慢慢地与自己的内心接触，去感受自己的感受、想法、自己的期待、自己身体的反应、自己内心的渴望需求。当全然地敞开自己的时候，小雪觉察到自己一直希望得到他人的认同，特别是父母的认同，但是自己却看不见自己，不认同自己，甚至产生恐惧的情绪，觉得自己什么都做不好，一直在非常用力地想要证明自己，却让自己非常的痛苦。现在小雪还不能完全放下想要从他人那里寻求认可，但是她可以去看见自己、接纳自己、认可自己、欣赏自己，让自己生命的能量也发展出来，迎接新的挑战。

（二）来访者顺利参加中考并考上了理想中的学校

小雪在咨询师的陪伴下，慢慢变得稳定，回归当下，较少产生强烈的焦虑反应。在演练了考前、考试中、考试后的一系列可能带来的焦虑反应的情景时，小雪可以在咨询室去经历这些可能产生的焦虑体验，帮助小雪能够在现实的生活中遇到相应的情景有意识地做出反应，减少焦虑发作。最终小雪顺利地参加中考，发挥稳定，考上了理想中的学校。

（三）学习与人交往的方式方法，建立新的关系联结

小雪在3个月的咨访服务中，逐渐稳定自己的状态，接触当下，不断地探索是什么让自己想要与人交往却不敢与人交往，慢慢地学习与人交往的技巧，鼓励小雪勇敢地去尝试跟朋友交往，小雪在新的学期开始时，尝试去跟同学交往，感觉别人并没有拒绝她，也没有嫌弃她，自己感觉也并没有那么可怕，与人交往也非常的简单。

（四）来访者更愿意接纳自己，自信心提高了

小雪因为一直对自己的不接纳，总觉得做不好，就一直很想努力做出成绩来，努力学习，当好女儿。但是自己没有办法安心地专注此刻，一直惴惴不安。咨询师协助小雪站在第三方的角度去看见自己的焦虑，去看见自己，去接纳自己就是有一些焦虑、自己不是完美的人，不再对自己挑剔指责，多一份稳定、理解和关爱。以自我的认可、接纳、包容提高自我价值感，让自己自信起来。

当接纳自己的时候，就减少了经验性回避，主动地选择开展生活中各种行动，是一个持续性的行动，能够感受到焦虑带来的痛苦，但是减少对焦虑的评价，就减少了附加的痛苦，去体验这个焦虑，而不是应对这个焦虑。

（五）建立与父母的联结，增加一致性的表达

小雪在与父母的接触中更能够放松下来，不那么紧张了，之前小雪见到父亲非常拘谨，不敢表达自己，心中有疑惑也不敢提问，现在她尝

试与父亲沟通,一致性付表达自己的感受,与父亲关系也更亲近了。同时妈妈参加了家长成长学习,减少了对小雪焦虑情绪导致的烦躁不安和担心,愿意接纳女儿有时候会有一些焦虑,也不会总是盯着焦虑不放,建立了良好的互动关系,为小雪的稳定提供了有力的支持。

七、专业反思

(一)在觉察处工作更容易走进内心激起来访者的内在反应

咨询师重点在小雪的感知力上工作,协助小雪觉察当下,放松身体,体验此刻的感受。当能够带着觉察去看见自己、看见自己的感受的时候,更容易带动来访者走进自己的内心进行内观。与自己的感受保持接触,接纳这些感受,倾听感受与身体信息,继而承认和拥有它们。对自己当下的发生是有知觉的,是接纳的,与自我内在的发生保持一致,再有觉知的进行选择是否要去呈现或表达出来。

建立与自己联结的通道,改变自我的知觉,重新巩固我们的自尊,使自我达到和谐融洽的状态。在关系中可以关注到自我,也可以关注到他人和情境,在关系中可以更多的一致性的体验,和谐相处。

(二)咨询师宣告自己的价值更能够给来访者力量

咨询师一致性地表达自己是在咨访中非常好的示范,也是咨询师运用自己的一部分,咨询师稳定的自我价值感,积极向上的能量,与来访者建立同盟关系,共同制定目标,都是带动来访者参与其中,带动积极的心态,进而能够有效建立咨访关系,为其进一步深入探索带来可能性。

在治疗中咨询师将工作的重点放在价值方向上,这样可以有效地引导走向目标的价值方向,而减少与目标融合,才能清晰地看见治疗的不是以追求目标实现为导向,而是能关注价值,确保对目标的追求是以价值为导向的,这样就会回到最初赋予的意义。

（三）认知解离能够快速帮助来访者看清事实真相

开展认知解离并不是要消除这个想法，而是能够站在一旁觉察在什么时候，什么样的状况下，这个想法在无意义地支配行为，并且这个行为反复重复出现。现在要做的就是把这个想法拿出来看看，把想法和自己进行脱钩，我是我，想法是想法，行动是行动，帮助来访者看见事实真相，这样才有机会采取有效的行动。认知解离无须去消除想法或者与之对抗，可以带着这个想法往前走，帮助来访者在我和想法之间创建一个心理空间，是来访者有意识地选择如何来使用自己，使用自己的想法。

第十一节　镇定心灵的"秘笈"

——学业压力心理健康服务实践

一、案例情况

赵某，15岁，男，是一个成绩优异的初中生。从小学一年级起，他就在各个科目中名列前茅，是老师和同学眼中的学霸。赵某的父母一直对他寄予厚望，希望他能够考取一所优秀的高中，为未来的发展打下坚实的基础。

然而，随着年龄的增长，赵某承受的学业压力也逐渐增加。从小学到初中，他一直在追求完美，希望能够保持在同学中的领先地位。每天的课后时间都被作业、辅导班和课外补习填满，他几乎没有多余的时间去玩耍或追求自己的兴趣爱好。

初三的到来，对于赵某来说是一个巨大的挑战。高中入学考试的压力、各科目的知识累积，以及家长和老师的期望，让他感到无法承受的沉重。尽管他努力保持着高分，但他的内心却越来越焦虑和不安。他开始失眠，晚上反复回想白天的课程和作业，担心自己会在考试中失利。

随着时间的推移，赵某的情绪逐渐波动不安。他开始出现情绪低落、焦虑和易怒的症状。他不再像从前那样积极参与课堂和社交活动，越来越沉默寡言。他的学习效率也下降了，无法集中注意力，成绩逐渐下滑。

他开始对自己的能力产生怀疑,觉得自己再也无法达到家人和老师的期望。

终于,在一次模拟考试的失败后,赵某的情绪崩溃了。他突然感到无法承受更多的压力,大声哭泣起来。父母在得知情况后非常着急,他们感到自己或许在过去的教养方式上出现了问题。他们立刻联系了心理咨询师,希望能够帮助赵某排解情绪,重新找回自信。

通过几次心理咨询,赵某逐渐表达了他内心的痛苦和压力。咨询师帮助他认识到,成绩虽然重要,但并不是衡量他全部价值的唯一标准。他们共同探讨了赵某的兴趣爱好,以及他对未来的期望。咨询师鼓励他更多地寻找平衡,培养自己的情感智力,以及积极应对压力的方法。

赵某逐渐开始接受自己,并不再过分追求完美。他开始放松,允许自己有时间休息和娱乐。他在咨询师的引导下,学会了情感管理和积极的情感应对方式。他逐渐找回了自己的自信,开始重新审视学习的意义,并为自己制定了更合理的学习计划。

学业压力对于青少年的心理健康可能会产生巨大的影响,家长和老师要更多地关注学生的情感状态,提供支持和理解。心理咨询在帮助青少年应对压力和情感困扰方面起到了重要作用,它可以帮助孩子们找回自信,更好地应对成长中的挑战。

二、分析评估

(一)身体状况评估

赵某长期处于高负荷学习状态,存在忽视饮食、睡眠不足、缺乏运动等现象。进而,导致免疫系统受到抑制,使赵某平日更容易感染疾病,如感冒、流感等,甚至具有慢性疲劳、频繁头痛、失眠等身体不适。

(二)精神心理状态评估

赵某的心理状态评估主要关注他的情绪、认知和行为方面的表现。从他对学业压力的描述中可以看出,他承受着较大的学习压力,表现出明显的焦虑和紧张情绪。他提到了自己的睡眠质量下降、食欲不振等身体反应。此外,赵某还表现出对未来的担忧和不安感,对自己成绩的标准过高,并存在自卑的情绪。这些情绪和行为特点都表明赵某可能处于一定的情绪压力和心理困扰当中。

（三）家庭关系状况评估

赵某在家庭关系状况评估中提到了他父母的期望,他表示父母对他的学习成绩要求很高,并经常对他施加压力。这种高期望和压力对赵某造成了一定的负面影响,使他感到焦虑和紧张。另外,赵某也提到了自己与父母之间的沟通不畅,很少与父母分享自己的情绪和困扰。这也可能影响了他解决学业压力的能力。

（四）成长经历中的重要事件

赵某没有提到明显的成长经历中的重要事件。不过,从他的描述中可以看出,他一直在追求优异的学习成绩,并且已经取得了一定的成绩。这种成就的追求也可能影响了他对于学习压力的感受和应对方式。

（五）诊断评估

赵某是一位成绩优异的初中生,承受着较大的学业压力。在精神心理状态评估中,他表现出明显的焦虑和紧张情绪,对自己的学习成绩要求过高,并存在自卑的情绪。家庭关系状况评估中,他所受到的高期望和压力可能影响了他的心理状态和应对能力。他的身体状况在正常范围内,但存在睡眠质量下降和食欲不振等反应。通过初步的诊断评估,我们可以确定他面临的主要问题是学习压力导致的情绪困扰和焦虑。

三、工作目标及策略

（一）总目标

通过心理治疗服务的介入,总目标是帮助赵某减少学业压力的焦虑情绪,提供有效的学习支持,减少心理内耗,以积极的心态面对学业挑战。同时,协助赵某探索并解决人际交往中的障碍和困难,提升其人际交往能力和解决问题的能力。通过这些目标的达成,赵某能够更好地适应学校生活和社交环境,提高自我价值感和心理弹性,以积极健康的方式成长和发展。

(二)具体目标

1. 情绪管理

帮助赵某认识和理解自己的情绪,并学会有效地管理和应对负面情绪,如焦虑、压力和抑郁等。

2. 应对学业压力

帮助赵某掌握应对学业压力的技巧和策略,如时间管理、目标设定、学习方法等,以减少压力对身体和心理的不良影响。

3. 自我价值与自尊提升

帮助赵某建立积极的自我认知和自尊,增强自我价值感,从而减少自卑情绪和抑郁感。

4. 心理弹性培养

帮助赵某提升心理弹性,即应对逆境和挫折的能力,以更好地适应学业压力和其他生活困境。

(三)服务策略

1. 认知行为疗法(CBT)

通过帮助赵某认识和改变不利于应对学业压力的消极思维和行为模式,建立积极、健康的思维方式和行为习惯。

2. 心理教育

提供相关的心理知识和技巧,帮助赵某理解学业压力对身心健康的影响,增强应对能力。

3. 支持性心理治疗

提供情感支持和倾听,让赵某有机会表达自己的困惑和压力,减轻情绪负担。

4. 心理放松训练

教授赵某一些放松技巧,如深呼吸、渐进性肌肉放松等,以缓解学业压力和焦虑情绪。

5. 心理咨询和辅导

定期会谈,让赵某可以倾诉自己的问题,获得专业意见和指导。

四、理论应用

在赵某的心理治疗方案中,我们运用认知行为疗法(CBT),这是一种广泛应用的心理治疗方法。CBT的核心理念是,人们的思维、情绪和行为互相影响,通过调整和改变这些方面,可以改善心理健康问题。

首先,帮助赵某认识到和理解自己的负性思维模式。这些模式可能会加剧赵某的学业压力和焦虑情绪,如过分担心和怀疑自己的能力。我们通过和赵某的对话和练习,帮助他意识到这些负性思维的存在,并提供替代思维方式,以促进积极的情绪体验。

其次,我们重点关注赵某如何应对学业压力。我们将与他探索和发展应对学业压力的有效方法,如制定合理的目标和计划、分解任务、学会时间管理和排除干扰等。通过这些方法,赵某可以更好地应对挑战和压力,提高学习效率,并减少情绪上的负担。

再次,帮助赵某提升自我价值感和自信心。通过认知行为疗法的技术,如自我肯定练习、重新评估自己的能力和价值,赵某将逐渐改变负面的自我评价,培养积极的自我形象和自尊。

最后,注重发展赵某的心理弹性。这意味着帮助他增强面对困难和挫折的适应能力,并从中学习和成长。通过 CBT 的技术,如问题解决技巧、灵活思考、情绪调节和应对策略,赵某将成为一个更加能适应变化的人,对生活中的挑战有更积极的应对方式。

在整个治疗过程中,赵某与心理治疗师建立起良好的合作关系,通过沟通和合作,共同制定和实施治疗目标,以便达到最理想的治疗效果。此外,赵某还将得到必要的支持和鼓励,以增强他的情绪和行为的积极变化。

总之,旨在通过认知行为疗法,帮助赵某认识和改变负面思维模式,学会应对压力,提升自我价值感和心理弹性,以促进其在学业和人际交往中的积极成长和发展。

五、工作过程

本案例运用认知行为疗法为赵某提供为期六个月的咨询服务共12 次。

(一)认识理解负性思维模式

首先,与赵某建立良好的关系和信任,营造一个安全和支持的环境,是探索赵某的负性思维模式并帮助他认识、理解和改变这些模式的良好开端。

在初次会面中,心理咨询师与赵某进行了一次详细的评估,鼓励他分享他的个人背景、历史经历以及目前的困扰和问题。通过这个评估过程,更好地了解赵某的心理状况和个人情况。

在初次评估后,心理咨询师与赵某一起分析他的思维模式,并帮助他意识到其中的负性思维模式。以通俗化的语言向赵某解释负性思维模式是如何影响他的情绪、行为和生活质量的。并且,持续性鼓励赵某注意并记录自己的负性思维模式。在他遇到负面情绪时,提醒他进行情绪监测并且帮助他意识到与之相关的负性思维。

一旦赵某对他的负性思维模式有了更深入的认识,心理咨询师会与赵某一起分析这些思维模式的合理性和准确性。由心理咨询师提出相关问题,例如他的证据是否支持负性思维,是否有其他解释,以及他的思维是否被情绪扭曲。进而,一起探讨并帮助他找到替代性的、积极的思维模式。通过合理、积极的反思和用更积极的角度看待事物,赵某将能够减少负性思维模式的出现,增强自己的情绪调节能力。

为了帮助赵某在具体情境中应用新的思维模式,心理咨询师与他一起进行一些行为实验。这些实验将提供机会,让赵某亲身体验新的思维模式带来的积极影响,并验证新的想法是否符合实际。

首先,心理咨询师建议赵某与现实情境进行直接对话。当赵某感受到学业压力加剧时,咨询师鼓励他主动与自己对话,意识到自己的负面情绪和压力来源。他可以问自己一些问题,例如,我目前的担忧和压力是合理的吗,我可以改变一些对学业的看法或行为吗,等等,这样可以帮助赵某从不同的角度审视问题,并更有能力应对学业压力。

其次,心理咨询师建议赵某进行情景模拟。通过模拟一些学业压力的情境,赵某可以更好地理解自己的情绪和思维反应。在模拟中,他可以尝试调整自己的思维方式,例如将回避和消极思维转化为积极思维。这样的练习可以帮助赵某更好地应对实际情境中的学业压力,提高自己的应对能力。

另外,咨询师建议赵某与他人进行互动。通过与他人交流和分享自己的学业压力,赵某可以获得情感支持和理解。与朋友、家人或同学聊天,倾诉自己的困扰,有助于减轻压力并获得新的思考角度。此外,赵某也可以寻找学习群体或学业辅导员来获取更多的帮助和支持。

最后,心理咨询师鼓励赵某注重调节自己的生活方式。合理安排作息时间,保持良好的睡眠质量,进行适度的身体锻炼,也有助于缓解学业压力。赵某可以尝试一些放松和减压的活动,例如冥想、瑜伽或阅读,以帮助自己放松心情,安抚情绪。

通过以上实验和策略,赵某将有机会改变对学业压力的认知和应对方式,培养积极的思维模式,并建立更有益的行为习惯,以更好地应对学业压力。

当赵某逐渐掌握了认知行为疗法的技巧和方法后,与其一起制定一个个人维持计划。这个计划将包括继续练习新的思维模式、处理负性情绪和应对挑战的策略,以巩固他的心理健康。

(二)如何应对学业压力

学业压力作为赵某目前个人生涯中的重大议题,心理咨询师在此方面进行了深入的心理服务工作。

通过初步的综合评估,心理咨询师已了解赵某当前的学业情况、个人经历和目前的心理状态。在此基础上,确定赵某的主要问题和学业压力的具体因素,心理咨询师与赵某一起识别他的负性思维模式,如自卑、不自信、害怕失败等。通过深入探讨和对话,理解这些思维模式是如何影响他的学业表现和情绪状态的。

基于赵某的负性思维模式,心理治疗师与他一起探索替代性思维方式。通过认知重构和思维改变的练习,帮助他认识到负性思维是如何产生的,并逐步培养更积极、合理的思维模式,协助赵某制定合理的学习计划,并培养良好的时间管理技巧,包括优化时间使用、设定优先级、分解任务、制定截止日期等方法,以帮助赵某更有效地安排学习时间。

同时,在面对学业压力时,赵某往往会感到焦虑和无力应对。心理治疗师引导他学习应对技巧,包含深呼吸、积极自我对话、放松技巧等,以增强他的应对能力和情绪调节能力。例如,当赵某面对学业困难或挫折时,他可以尝试以下积极自我对话的方法:

1. 识别负性思维

赵某先意识到自己产生了一些负性的自我评价或消极的思维模式,比如"我做不好这个任务"或"我总是失败"。

2. 挑战负性思维

赵某开始质疑这些负性思维的真实性和合理性。他思考类似这样的问题:"这个想法是基于事实还是情绪?"或"我是否有证据支持这个负面观点?"

3. 寻找证据支持

赵某尝试回顾过去的一些成功经历或困难克服的经验,思考和找到一些证据来证实他有能力面对现在的困难。例如,他可以思考过去成功完成的类似任务,以及收到的正面反馈和表扬。

4. 替代性思维培养

在了解负性思维的不准确性之后,赵某开始培养替代性积极的思维。他可以告诉自己:"我面对新任务会遇到挑战,但我有能力克服困难。"或者"每一次失败都是一次学习的机会,我会从中吸取教训并继续努力"。通过这种积极的自我对话,赵某可以改变他的思维模式并增强自信心。

5. 强化积极思维

赵某每天重复这些积极的自我对话,并寻找更多支持自己积极思维的证据。他可以将这些思维写下或记录在手机上,以便在需要时能够随时查看和提醒自己,同时,心理咨询师鼓励赵某将一天中积极的事件、感受和想法记录下来。这样做可以帮助我们更加关注积极的方面,增强积极思维,并帮助我们看到自己的成长和进步。

通过这种积极自我对话的方法,赵某可以减少负面思维的影响,并逐渐培养出更积极、合理和有助于成功的思维模式,从而更好地应对学业中的压力和困难。重要的是要给自己一些时间和耐心,这种思维模式的培养需要时间和实践来巩固。

（三）链接多方资源,提升自我价值感

在此阶段,心理咨询师使用积极心理学方法帮助赵某提升自我价值感,通过理解自我价值感、培养积极自我认知和情绪、培养自我接纳和关爱、培养积极社交支持以及目标制定和跟进,最终帮助赵某建立积极的自我价值感,提升自信心,并链接多方资源来支持其心理成长和学习发展。

首先,心理咨询师针对赵某的情绪管理问题,提出了一系列积极思考、感恩练习和生活日记等技巧。心理咨询师向赵某介绍了积极思考的重要性,并解释了其核心理念。心理咨询师帮助赵某意识到思维和信念对心理和情绪的影响,并鼓励他每天花一些时间审视自己的思维模式,努力找到积极的解释和观点。

其次,心理咨询师向赵某介绍了感恩练习,并解释了感恩的力量。首先,感恩练习可以帮助我们更加关注积极的事物。在日常生活中,我们常常被负面的情绪所困扰,忽视了许多积极的方面。通过感恩练习,我们开始有意识地寻找并专注于那些给我们带来快乐和满足感的事物。这样做不仅会增加我们的喜悦和幸福感,还能改善我们的心情。

心理咨询师建议赵某每天找到至少三个自己感激的事物,无论是小事还是大事,通过感激和珍惜所拥有的,从中获得更多幸福和满足感。这样的改变视角让我们更加乐观、积极地面对困境,减轻压力并增加自信。并且,感恩练习还可以提醒我们要珍惜身边的人和事。当我们意识到他们对我们的重要性时,我们会更加感激他们的存在和付出。这种感恩之心可以促进我们与他人的联系和互动,并增强我们的社交支持系统。

最后,心理咨询师向赵某介绍了生活日记的概念,并解释了其目的。生活日记是一种认知行为疗法中常用的工具,通过记录生活中的想法、情绪和行为,帮助我们观察自己的思维模式并发现其中的积极和消极因素。它可以帮助我们更好地了解自己、发现问题并积极应对。心理咨询师鼓励赵某每天晚上花一些时间回顾当天的经历,记录自己的感受和体验,并思考应对困难和挑战的办法。

在开始写生活日记之前,我们可以设定一个明确的目标。例如,如果我们想更积极地对待学业压力,可以设定一个目标,每天记录自己的积极面、感悟和成就,以此来培养积极思维。

每天晚上,找一个安静的时间,回顾一天中的事情,并将它们记录下来。我们可以选择写在纸上,或者使用手机上的日记应用,都是可以的。

写下当天发生的事情时,不仅仅描述事件的经过,还要特别注意自己的感受和思考。例如,当遇到学业上的困难时,我们可以记录下自己的情绪如何,思考如何。这些记录可以帮助我们发现自己的消极思维模式,并提醒我们改变这种思维方式。

在记录生活日记时,我们可以采用以下的格式进行:

日期:2022 年 11 月 1 日

事件:今天遇到了一项很困难的学业任务

感受:感到焦虑和压力,觉得自己或许无法完成

思考:我意识到我总是把自己负面的想法变成事实,我需要学会换一种思维方式

接下来,我们可以用积极的思维方式来重新看待这个问题,并将它记录在日记中,如下所示:

日期:2022 年 11 月 1 日

事件:今天遇到了一项很困难的学业任务

感受:感到焦虑和压力,但我意识到这是正常的反应,我可以应对它们

思考：我知道我可以寻求帮助，制定一个合理的工作计划，以及相信自己的能力

通过对比两种不同的记录，我们可以清楚地看到如何从负面思维转变为积极思维。这种记录的过程可以帮助我们培养积极思维的习惯。

另外，在记录生活日记时，也可以加入感恩练习。在每一天的记录结束时，思考一些当天让自己感恩的事物，并将它们写下来。这可以提醒我们关注身边的积极事物，并培养乐观和感恩的心态。

总而言之，生活日记可以帮助我们观察自己的思维模式，并逐渐转变为更积极和健康的思维方式。坚持写下生活日记，并应用其中的技巧，可以帮助我们更好地应对学业压力，提升自己的心理健康水平。

通过这些积极情绪管理技巧的学习和实践，赵某逐渐意识到自己的思维模式对情绪和心理状态的影响。他开始逐渐培养积极的思维方式，并通过感恩和生活日记来增强自身的心理弹性。随着时间的推移，赵某发现自己的情绪更加稳定和积极，对学习的态度也变得更加乐观和充满动力。

尽管赵某仍然面临压力和挑战，但他通过这些积极情绪管理技巧学会了更好地应对情绪波动，并逐渐成为一个更加健康和积极向上的学生。他开始更加享受学习和生活，同时也能更好地应对青春期的各种困难和挑战。

六、专业反思

面临学业压力的学生在青春期可能会面临各种挑战和困扰。作为心理服务工作者，我们需要理解并积极应对这些难点和难处，以提供有效的帮助和支持。

（一）复杂的情绪和心理状态

青春期是一个情绪波动和心理变化较为频繁的阶段。学业压力会加剧学生的焦虑、紧张和不安，甚至可能引发抑郁和自卑等负面情绪。心理服务工作者需要具备良好的倾听和洞察力，以帮助学生理解和应对他们的情绪，并教导他们积极的情绪调节技巧。

（二）缺乏有效的时间管理和学习策略

学业压力常常导致学生感到时间不够用，缺乏有效的学习和时间管理策略。心理服务工作者需要帮助学生学会制定合理的学习计划和目标，教导他们优化学习方法和技巧。同时，还需引导他们合理安排时间，平衡学习和休息的关系，避免过度劳累和产生学习疲劳。

（三）社交压力和人际关系问题

青春期学生在学业上不仅仅面临学习压力，同时还承受着社交压力和人际关系问题。朋友圈的影响、同伴间的竞争、亲密关系的波动等都会对学生的学业产生负面影响。心理服务工作者需要帮助学生建立积极健康的人际关系，提升他们的自尊心和社交技巧，同时提供有效的解决问题的策略。

（四）缺乏自信和自我肯定感

学业压力会使学生产生负面的自我评价和自我否定感。他们可能会怀疑自己的能力和价值，进而影响他们的学习表现和自信心。心理服务工作者需要通过积极的鼓励和支持，帮助学生发现他们的优点和潜力，提高他们的自信心和自我肯定感。同时，适当培养学生的心理适应性和心理弹性，心理服务工作者可以教导学生面对挑战时采用积极的应对策略，从而增强他们的适应性和应对压力的能力，进而帮助学生更好地应对学业压力，并从中获得成长和发展。

（五）家庭背景和家长期望的压力

家庭环境和家长的期望也是青春期学生面临的一个重要压力源。一些学生可能来自对成绩要求很高的家庭，他们的父母往往给予学生过高的期望，希望他们能在学业上取得优秀成绩。学生可能会感到无法满足父母期望，产生焦虑和自我怀疑情绪，孩子们承受着来自家庭的学业压力和期望。心理服务工作者需要与学生和家长建立长期有效的沟通渠道，他们可以与学生和家长一起探讨学习压力的来源，并提供疏导和支持。同时,教育家长在评价学生时注重全面发展而不仅仅是学术成绩,以促进学生的自我认同和自我价值感。平衡家庭教育和学校教育的关系,减轻学生的心理负担。

以上是面临学业压力的学生在心理服务工作中可能面临的难点和难处。作为心理服务工作者,我们需要综合运用各种心理学理论和技巧,进行个性化的辅导,帮助学生理解他们的困境,并教导他们积极应对和应对学业压力的方法。同时,我们也需要与学校、家长和其他教育相关方面合作,形成一个全方位的心理支持网络,为学生提供更全面的援助。

第十二节　重新认识自我的旅程

——容貌焦虑心理健康服务实践

一、案例情况

李某,一名16岁的女高中生,身材匀称,皮肤白皙,但她却陷入了严重的容貌焦虑之中。从两年前开始,李某逐渐对自己的容貌产生了不安和不满。她常常在镜子前审视自己的脸部和身体,发现自己的脸颊微微有些圆润,而腰部则显得不够纤细。她开始频繁比较自己与社交媒体上的名人和同学,产生了自卑感,觉得自己的外貌不够出众,不足以在同龄人中脱颖而出。

李某的容貌焦虑逐渐影响了她的社交和心理健康。曾经外向开朗的她,开始变得情绪低落,回避与人交往。她拒绝参加学校的社交活动,躲避镜头,甚至开始逐渐疏远了几个亲近的朋友,在学校里,每当她走过人群,她会不自觉地想象别人是否在注意她,是否在评论她的外貌。这些想法在她脑海中盘旋,不断放大,逐渐形成了一种强烈的社交焦虑,让她不敢轻易展示自己,不愿多与同学交往,生怕自己的外貌成为别人议论的对象。这些导致她变得越发自闭和内向,她的社交圈子越来越小,而内心的孤独感却越来越强烈。为了改变自己的容貌,李某尝试了各种方法。她开始严格控制饮食,拒绝高热量和高脂肪的食物,甚至出现了节食的迹象。她频繁地搜索关于减肥和改善外貌的方法,不断尝试各种健身计划和美容产品。然而,即使她在体重上取得了一些成就,她对自己的外貌仍然感到焦虑不满,总觉得自己还不够好。

这种焦虑也在学业上留下了深刻的烙印。她无法集中注意力,课堂上的知识似乎难以进入她的头脑。她常常在思考自己的外貌问题时分神,导致错过了老师的讲解。她曾经是班上的优等生,但随着成绩逐渐下滑,她变得越发自责,对自己的未来感到越发不安。

同时,李某的家人和朋友开始注意到她的变化,并对她的行为表示担忧。她的母亲多次试图与她沟通,但李某常常回避这些谈话,并且产生了家人不理解自己的错觉。她的朋友也试图支持她,但她往往回应得很冷淡,似乎越来越难以接近。整体而言,李某的容貌焦虑像一片阴云笼罩在她的生活中,渗透到了方方面面,她的情绪逐渐波动不安,经常出现情绪低落、焦虑和易怒的症状。

综上所述,该案例深刻地凸显出容貌焦虑在未成年人心理健康方面的广泛影响,她的情绪问题、社交障碍以及学业下滑等成长困境,无一不紧密关联着她对自身外貌的负面情绪。容貌焦虑不仅仅是表面的自我形象问题,更有可能在未成年人的心理健康中形成一种沉重的负担,可牵引出多层次的负面后果。

在今天的社会中,外貌已然成为社交互动和自我认同的一个重要组成部分。社交媒体的普及使得未成年人更容易接触到各种美丽的标准和范式,从而产生对自身外貌的不安与焦虑。而容貌焦虑的影响远不止于心理层面,它也可能侵蚀着未成年人个体的身心健康、社交状态,乃至扰乱了学业和未来发展。

因此,在心理服务实践的过程中,我们发现及早开展关于未成年时期容貌主题的心理健康教育至关重要。医疗、教育、家庭和社会等多方都应当共同努力,引导未成年人形成积极的自我形象观,传递多元的价值观,以免未成年人沦陷于单一的、片面的外貌标准之中。同时,在开展心理服务过程中,应当提供及时、个性化的支持,帮助未成年人了解自己的情感,培养积极的情绪应对方式,并在必要时引导他们接受专业治疗。

二、分析评估

(一)身体状况评估

李某的容貌焦虑导致她长期少食节食,从而造成营养摄入过少的问题。这种不正常的饮食行为给其带来一系列的身体健康问题,如营养不良、体重下降、免疫力下降等。长期的营养不良会影响到身体的正常运作,导致疲劳、头晕、免疫力下降、皮肤问题等。此外,饮食不足还会影响到身体发育和成长,同时给心理健康带来负面影响,如情绪波动、注意力不集中、抑郁等。因此,在帮助李某解决容貌焦虑的同时,也应重点关注和解决他的营养不良问题。

(二)精神心理状态评估

根据李某描述,她面临严重的容貌焦虑,对自己的外貌产生不安和不满。她频繁比较自己与他人,产生自卑感,情绪低落,回避社交,注意力分散,学业下滑,自责情绪增加,对未来不安。这些表现都表明她的精神心理状态受到了严重的影响。

(三)家庭关系状况评估

李某的家庭关系存在问题,主要表现在父母对其他孩子的偏爱和对李某的忽视。父母未能给予李某足够的情感支持和关注,他们可能更倾向于重视其他兄弟姐妹的成就和需求,而忽略了李某的存在和情感需求。这种偏爱和忽视导致了李某的自卑感和不被接受的感觉,她可能感到孤独、无助和不重要。这种家庭环境对于李某的心理健康造成了负面影响,使她对外貌问题有着过度的焦虑和自卑。她希望通过改变自己的容貌来获得家庭关注和认可,但却长期处于焦虑和不满足的状态。因此,在心理咨询过程中,需要关注这种不良的家庭关系,并通过建立情感的连接和培养父母的意识,帮助重建李某与父母的亲密关系,从而增加她的情感支持和安全感,缓解她的自卑感和焦虑情绪。

（四）成长经历中的重要事件

初步推测李某在成长过程中可能承受了某种压力或者对自身容貌的评价。可能的事件包括：社交媒体上的负面评价或比较、同伴间的外貌评论、家人或亲近人的评价等。深入了解这些事件及其影响，可以帮助我们更好地了解李某的心理困扰根源。

（五）诊断评估

根据李某的描述，她表现出了明显的容貌焦虑症状和社交障碍。她对自己的外貌产生了不安和不满，频繁比较自己与他人，产生同伴压力和自卑感。这种焦虑逐渐影响了她的社交能力和心理健康，从外向开朗变得情绪低落，并且学业成绩下滑，无法集中注意力。这些症状表明她可能患有容貌焦虑障碍和社交焦虑障碍。进一步的评估可以包括身体状况评估、精神心理状态评估，以了解她的身体健康和心理状态；家庭关系状况评估，以了解是否有其他外界因素影响到她的自尊心；成长经历中的重要事件评估，以了解是否有其他心理创伤或压力影响到她的心理健康。通过综合评估，我们可以制定出针对李某的个性化治疗计划，帮助她改善自卑感和焦虑症状，重建自信，提高她的心理健康和学业表现。

三、工作目标及策略

（一）总目标

通过心理治疗服务的介入，我们的总目标是帮助李某接受并改变对自己外貌的不满，减轻容貌焦虑带来的心理负担，以实现积极的身体形象认同和自尊。同时，协助李某处理和改善家庭关系问题，建立更健康和支持性的亲子关系，以促进她的整体心理健康。通过这些目标的达成，李某将能够享受到更积极、自信和满足的生活，并建立能够应对困难和挑战的应对机制和心理弹性。

（二）具体目标

（1）帮助李某接受自己的容貌焦虑和家庭关系问题,减少对自己和他人的过度评判和否定。

（2）帮助李某建立并提高自尊和自我爱护的意识,培养积极的自我形象和自我价值感。

（3）帮助李某明确自己的价值观和目标,并通过有意义的行为来实现这些价值观和目标。

（4）增强李某的心理应对能力,提高她面对挑战和困难时的灵活性和适应性。

（三）服务策略

心理咨询师在运用接受承诺疗法时,将运用一系列策略来帮助李某。首先,心理咨询师将帮助李某学会接受内心的痛苦和困扰。这意味着帮助她觉察自己的思维、情绪和身体感受,通过觉察技巧来观察和意识到这些内在体验。这样,李某可以通过正确认识和接受自己的内心状况来开始向前迈进。

其次,心理咨询师会指导李某开展更温柔和同情心的内部对话。这意味着心理咨询师会帮助她减少自我批评和否定,培养一种更加理解、支持和包容自己的态度。通过鼓励她关注自己的需求和感受,李某可以逐渐改变内部对话的方式,从而改善自我价值感和情绪状态。

此外,心理咨询师还会与李某一起制定个人价值导向的行为目标。通过定义和追求与自己内心价值观一致的选择和行动,李某可以增强内心的稳定感和满足感,并逐渐实现自我成长和心理健康。

同时,心理咨询师会结合认知技巧,帮助李某修正消极和自我评判的思维。这意味着心理咨询师会帮助她认识到消极思维模式,并引导她转变为更积极、合理的思考方式。这将有助于李某改善对自己和周围事物的看法,从而提高她的情绪状态和心理健康。

在整个治疗过程中,心理咨询师将与李某建立合作伙伴关系,倾听和理解她的需求,并提供支持和指导。心理咨询师还鼓励李某在日常生活中积极实践治疗中学到的技巧和策略,以促进她的个人成长和改善心理健康。

总之,心理咨询师将运用接受承诺疗法和认知技巧来帮助李某处理容貌焦虑和相关问题。通过建立正向关系、培养内部同情心和善待自己的对话,以及追求与个人价值导向一致的行为,李某有望在治疗过程中获得帮助并实现心理健康和成长。

四、理论应用

接受承诺疗法(Acceptance and Commitment Therapy, ACT)是一种心理治疗方法,旨在帮助个体接受内心困扰,并通过行动朝向自己的价值目标前进。ACT 强调观察内在经验、接受困扰、关注当下和采取有意义的行动。

在接受承诺疗法中,个体被教导观察和觉察内在的思维、情绪和身体感受,而非试图改变或避免它们。这种觉察能力可以帮助个体深入了解自己的内在体验,并意识到这些体验只是内心的一部分,而非代表自身价值。通过接受这些困扰,个体能够与这些内心状态和痛苦和谐相处。

同时,接受承诺疗法鼓励个体关注当下,即以非判断和友善的态度对待当前的经历。无论是积极的还是消极的情绪,个体都将学习放下判断和争论,并将注意力集中在当前的经历上。这样的自我关注能够帮助个体更好地应对困境并接纳自己。

接受承诺疗法还强调个体的价值导向行动。个体被鼓励明确自己的价值观,并致力于采取与之相符的行动。通过将普通日常活动与自身的价值目标相连接,个体能够增加满足感和愿意接纳困境的能力。这让个体能够更加重视当前的行动,而非被固守于过去或未来的焦虑中。

总而言之,接受承诺疗法是一种注重觉察、接纳、关注当下和价值导向的心理治疗方法。它帮助个体接纳内心困扰,放下判断和争论,并通过采取有意义的行动过好自己的生活。这种治疗方法适用于各种心理问题,并可以帮助个体建立心理灵活性和追求有意义的生活。

对于李某的容貌焦虑问题,接受承诺疗法可以应用以下的理论和技术:

觉察(Mindfulness):通过培养觉察力,李某可以观察自己内心的感受、想法和身体感觉,以非评判和接纳的态度面对这些经验。

接受(Acceptance):李某将学会接受自己对外貌的不满和焦虑情

绪,而不是试图消除或抵抗这些情绪,从而减少内心的战斗和痛苦。

自我关注(Self-as-Context):通过了解自我不仅仅局限于外貌的认知和评价,李某能够培养对自身多维度的观察和理解。

价值导向行为(Values-driven actions):李某将会明确自己真正重要和有价值的方向和目标,并通过实际行动来追寻和实现这些价值,从而减少对外貌的过度关注和评价。

认知训练(Cognitive defusion):通过技巧和方法,李某将学会观察和处理自己的负面自我评价和消极想法,从而减少这些想法对自己的影响。

接受承诺疗法的理论和技术是循序渐进的,并且将根据李某的个体情况和需求进行个性化的应用。它帮助李某增强心理灵活性,提高对内外在经验的觉察,并鼓励她在日常生活中采取与她的价值一致的行为,从而减轻容貌焦虑带来的困扰,并促进她的个人成长和心理健康。

五、工作过程

本案例运用接受承诺疗法为李某提供为期一年的心理咨询服务共16次。

(一)初诊与建立心理咨询关系联结

初诊与建立心理咨询关系是心理服务工作中至关重要的阶段,它奠定了咨询过程的基础,为后续的治疗和支持打下了坚实的基础。对于来访者李某这样一位面临容貌焦虑的16岁女生,我们需要根据其具体情况和需求,注意以下方面开展心理服务工作。

1. 接待与介绍

在接待咨询者时,提供友好和支持性的环境,让咨询者感到舒适和安全。简要介绍自己的背景和专业资质,以建立信任和可靠性。

2. 咨询目的和期望

询问咨询者来此的目的和期望,了解他们对于容貌焦虑的具体问题和需求。这有助于制定个性化的治疗计划和目标。

3. 个人背景和历史

了解咨询者的个人背景和历史,包括家庭环境、成长经历、社交关系等。这有助于了解容貌焦虑背后的根源和可能的触发因素。

4. 主要问题和症状

详细询问咨询者在容貌焦虑方面所经历的主要问题和症状,例如自我否定、社交回避、频繁检查镜子、对自身外貌缺陷的过度关注等。这有助于准确评估症状的严重程度和影响,并为后续治疗提供指导。

5. 建立咨询关系

通过倾听、理解和同理心,营造一个安全、支持和尊重的咨询关系。在与咨询者互动时,避免负面评价和歧视,以增强咨询者的信任感。

6. 初步评估和辅导

根据咨询者的个人背景、主要问题和症状,初步评估容貌焦虑的严重程度和可能的影响因素。根据评估结果,制定个性化的辅导计划,包括认知行为疗法、心理教育、放松练习等,以帮助咨询者应对容貌焦虑。

在李某的案例中,采用开放性的提问和主动倾听的技巧,帮助李某表达内心的困扰和需求。通过深入了解李某的家庭关系、外貌焦虑以及与这些问题相关的历史经验和情绪,建立起全面的问题理解。

在整个过程中,重要的是保持专业、尊重和保密。理解并关注咨询者的痛苦和困惑,并提供恰当的心理支持和建议,以促进咨询者的个人成长和心理健康。持续学习和跟进最新研究和治疗方法,以提供更好的专业服务。

（二）接纳和觉察的培养

在这个阶段,心理咨询师将引导李某学会觉察和接纳内心困扰,并以更有意义的方式面对问题。以下是这个阶段的心理服务工作:

首先,觉察内在体验。由咨询师引导李某学会观察自己内心的思想、情绪和身体感受。通过练习觉察,更好地理解与焦虑和家庭关系问题相关的不适感受和反应。帮助李某识别和挑战她不合理或消极的思维模式,教给她一些认知技巧,如转变观念、寻找证据和评估证据的合理性,以帮助她重新构建积极、合理的思维方式。

其次,接纳内在困扰。在这个阶段,咨询师和李某一起探讨外貌焦虑和家庭关系问题对她造成的困扰。通过倾听和理解,咨询师可以让李某感受到自己的困扰是被接纳和理解的,而不是被否定或忽视的。同时,咨询师会强调这些问题是正常的一部分,而不是她个人的错误或身体上的缺陷。这种接受的态度有助于李某从自我否定转向自我接纳,减轻她的内部冲突和焦虑。

在接纳承诺疗法中,咨询师还会引导李某进行自我关注的练习。自我关注是指意识到自己的内在体验,如思维、情绪和身体感受,并以非判断、友善的态度对待它们。咨询师会教给李某一些技巧,比如正念练习,通过观察和接纳自己的内在体验,让李某减少对外貌焦虑和家庭关系问题的评判和批评,而是以一种更为宽容和接纳的态度对待自己。通过这种自我关注的练习,李某将能够培养起更积极、有益的内部对话,从而减轻焦虑和恢复自信。

此外,咨询师还会鼓励李某培养一种善待和关怀自己的态度。在ACT中,这被称为"自我关爱"。帮助李某认识到她对自己的要求、期望和批评可能导致自我否定和低自尊。通过提醒李某关注自己的情感和需求,并采取积极的自我关怀行动,例如进行放松练习、进行身体活动或追求个人兴趣爱好,李某将逐渐培养起爱护自己的能力,增强她的心理健康和自信心。

最后,为了帮助李某更好地应对容貌焦虑,资询师将进行价值导向的影响。价值导向的理念认为,人们的价值观对其思想、情绪和行为具有重要影响。通过明确自己追求的有意义的人生目标,李某可以找到内在的动力和意义,从而更好地面对容貌焦虑。

在了解李某的价值观和对人生的期望的基础上,由心理咨询师提出一系列问题,如"你认为什么是重要的?""你对自己的期望是什么?""你希望在生活中实现什么?",等等。通过这样的讨论,咨询师将有机会了解她真正关心和珍视的东西。

接下来,心理咨询师与李某共同探索她的人生目标,并帮助她明确那些与容貌焦虑相关的问题所违背的价值观。例如,她可能认为自信、内在美、自我接纳等是重要的价值观。我们将关注这些价值观,并探索她如何采取行动来更好地实践这些价值。

在这个过程中,咨询师提供指导和支持,鼓励李某以她的价值观为指导来制定个人目标,并制定相应的行动计划。例如,如果她认为内在美是重要的,咨询师会和她一起探索她如何培养内在美的认知和自我接纳的态度,并指导她采取具体的行动,如参加自我成长课程、寻找自我鼓励的方式等等。同时,咨询师还会引导李某思考容貌对她个人价值观的真正重要性。一起探讨容貌在实现她的人生目标和价值观方面的实际影响,并寻找其他更加重要和有意义的方面。这样,她可以重新调整对容貌的看法,并将其置于更合适的位置。

通过将行动与价值导向联系起来,李某将能够更好地面对容貌焦虑并实现个人成长。咨询师与她共同努力,帮助她建立积极的心态和行动方案,以实现她追求的有意义的人生目标。

在为李某提供为期一年的心理咨询服务后,可以看到心理咨询师的工作产生了积极的效果。首先,通过与李某建立合作伙伴关系,心理咨询师成功地赢得了她的信任和尊重。这种信任基础为后续的治疗过程奠定了良好的基础。

心理咨询师主要运用了接受承诺疗法帮助李某面对和接受自己的容貌焦虑。在治疗过程中,李某逐渐学会接受内心的痛苦和矛盾,不再试图逃避或否认这些情绪。这种接受是一个重要的转折点,帮助李某开始探索更有效的应对方式。

心理咨询师还积极培养了李某的自我关注和同情心。李某由于过度关注自己的容貌问题而导致对他人的关心和支持变得困难。通过反思和内省的练习,她学会了放下自我,关注他人的需要和感受。这种转变扩大了她对世界的视野,促使她与周围人建立更健康和亲密的关系。

在制定个人价值导向的行动计划方面,心理咨询师帮助李某明确了她的核心价值观和目标,并鼓励她制定具体的行动计划以实现这些价值和目标。这促使李某积极参与到重要的生活领域中,比如工作、社交、娱乐等,逐渐摆脱了容貌焦虑对她日常生活的限制。

此外,心理咨询师还教授了李某一系列认知技巧,帮助她改变消极思维和负面自评价。通过识别和挑战不合理的思维模式,李某逐渐建立了更全面和积极的自我形象,并培养了更健康的自我态度。

总体来看,经过一年的心理咨询服务,李某的容貌焦虑有了显著的减轻。她学会了接受自己的痛苦和困扰,培养了自我关注和同情心,制定了个人价值导向的行动计划,并通过认知技巧改变了消极思维。此外,她也恢复了与家人和朋友的良好关系。这些变化不仅帮助她更好地应对容貌焦虑,也提高了她的生活质量和心理健康水平。

六、专业反思

面临容貌焦虑的青春期学生是心理咨询工作中一个相对较为复杂的群体,他们可能面临着来自自身、社会以及家庭的各种压力和困扰。作为心理咨询师,在面对这一群体时会遇到一些难点和困难。以下是其中几个主要的问题。

(一)多因素影响

容貌焦虑问题并非单一原因导致,它可能受到遗传、社会文化、教育环境、家庭关系等多个因素的影响。因此,心理咨询师需要综合考虑和分析各种因素,找到问题的根源,从而提供相应的帮助和解决方案。

(二)自我认知和身份认同

青春期是一个自我认知和身份认同形成的关键阶段,容貌焦虑可能会对学生的自我价值感和身份认同产生负面影响。心理咨询师需要帮助他们建立积极的自我认知,树立正确的自我价值观,从而培养积极的身份认同感。

(三)社交困难

容貌焦虑可能导致青春期学生与他人的社交交往和沟通出现问题。他们可能对自己的外貌产生消极的认知,避免社交场合,甚至遭受排斥和歧视。心理咨询师需要帮助他们提升社交技巧,增强自信心,改变对自身的评价和看法,建立健康的社交关系。

(四)家庭因素

家庭环境对青春期学生的发展和心理健康起着至关重要的作用。

家庭的情感支持、教育方式和家庭气氛等都会对学生的容貌焦虑问题产生影响。心理咨询师需要与家长进行有效的沟通与合作,帮助他们了解并支持孩子,营造积极的家庭氛围。

（五）治疗方法选择

对于容貌焦虑的治疗方法选择也是一个难点。心理咨询师需要了解并掌握多种心理治疗方法,如认知行为疗法、解决问题疗法、支持性心理治疗等,根据学生的具体情况制定个性化的治疗计划。

面对这些难点和困难,作为心理咨询师,需要具备一定的能力和技巧来应对,以下是可能有助于解决这些问题的策略。

首先是建立良好的咨询关系,与学生建立信任和亲近的关系是心理咨询的基础。通过有效的沟通、倾听和理解,让学生感受到被尊重和关注,从而愿意打开心扉,与咨询师分享他们的困惑和痛苦。

其次是综合多种治疗方法,针对容貌焦虑问题,心理咨询师可以采用认知行为疗法,帮助学生改变消极的思维模式;同时,也可以运用解决问题疗法,帮助学生解决具体的难题;另外,提供支持性心理治疗,给予学生情感支持和鼓励。

再次,开展"医—教—家"合作。心理咨询师需要与学生的家长和学校建立紧密的合作关系。通过与家长的沟通和教育,帮助他们理解和支持学生,提供积极的家庭环境。与学校合作,提供专业的心理学支持和指导,帮助学生在校园中适应和成长。

最后是建立支持群体,心理咨询师可以建立课程或团体活动,邀请容貌焦虑的青春期学生参加,通过分享和互相支持,帮助他们减轻焦虑,建立强大的支持体系。

总之,面对容貌焦虑的青春期学生,心理咨询师需要具备专业知识、临床经验、沟通技巧、同理心和不断学习的态度。通过综合运用多种方法,与学生、家长和学校紧密合作,可以帮助他们克服困难,实现心理健康的成长。

第十三节　发现自我，拥抱性健康

——儿童青少年性心理健康服务实践

一、案例情况

明明，一名13岁的中学生，面容圆润，但最近陷入了对自己性发育的担忧中。从一年前开始，明明逐渐意识到自己在身体变化方面相较同龄人较为缓慢。他开始比较自己与其他同学的体格，发现自己的身体变化相对较慢，特别是在身高和肌肉发育方面。这让他感到不安和担忧，担心自己的性发育进程是否正常。他开始在镜子前仔细观察自己的身体，怀疑自己的外貌是否符合他所期望的标准。

明明的性发育焦虑逐渐影响了他的自信心和心理健康。曾经开朗活泼的他，开始变得畏缩不前，回避与人交流。他不愿参加体育课或其他活动，担心自己的身体相对不够强壮或成熟。这种焦虑让他逐渐变得退缩并疏远了几个亲近的朋友。他常常担心别人会发现他的发育相对较慢，从而产生不满或嘲笑他的情况。这些想法在他脑海中盘旋，不断放大，导致他对自己的性发育问题过度担忧。

由于对性发育问题的焦虑，明明在学校里经常心不在焉，无法集中精力学习，这些性发育问题占据了他大部分的思绪，阻碍了他对学习的专注，他认为自己的性发育问题影响了自身健康，对此感到焦虑和不安。

明明感到非常孤立和压抑，他觉得自己的困境无人能够理解，因此开始疏离亲友之间的关系。他不再愿意参加社交活动，避免与他人互动，担心自己的性发育问题会被他人注意到并做出不友好的评价。这种孤独感和自我封闭的行为进一步加剧了他的焦虑和不安情绪，使他的自信心也逐渐受到影响。而家人和朋友们也因明明的退缩和冷漠而感到困惑和担忧，希望能够找到适当的方式与他交流和帮助他。为了解决这一问题，明明需要专业的支持和指导，帮助他处理发育焦虑，并逐渐恢复他的社交能力和自信心。

综上所述,这个案例展示了对性发育的焦虑对未成年人心理健康的影响。明明对自己的性发育进程感到不满和担忧,这直接影响了他的自信心和情绪状态。这种焦虑也扩展到他的学业和社交关系中,进一步加剧了他的困扰和不安感。在这种情况下,建议明明寻求专业咨询师或心理健康咨询师的支持,以帮助他应对性发育焦虑并提升自信心。

二、分析评估

(一)身体状况评估

明明在对话中表达了对自己的身体和外貌的不满意和焦虑。这种焦虑可能与他对自己的性别特征不满意有关。他可能对自己的发育过程感到担忧,觉得自己没有达到预期的标准或与同龄人相比有差距。这种焦虑可能导致他对自己的身体产生消极的自我评价,影响到他的自信心和自尊心。需要进一步探讨他对自己身体的期望和产生焦虑的原因,以了解他的身体状况评估。

(二)精神心理状态评估

明明在对话中描述了他的焦虑和心理压力。由于对性发育的焦虑,他可能经历睡眠问题、食欲改变、紧张和烦躁等身体和行为上的症状。另外,他提到了自信心的下降,这可能导致他对自己的能力和价值感到怀疑。这种焦虑和自信心下降可能影响到他的学习动力和注意力。在进一步的评估中,需要了解他的情绪状态、焦虑的程度、自尊心的状况和可能存在的其他精神健康问题。

(三)家庭关系状况评估

在对话中,明明提到了他与家人之间的关系疏远。这可能是由于他对自己的身体和外貌不满意,产生了自我隔离的倾向。此外,可能存在沟通不畅、亲密度下降以及情感支持不足的问题。家庭关系的状况对于明明的心理健康和发展起着重要的作用。进一步的评估需要了解他与家人之间的互动、沟通和支持的情况，以及家庭中的冲突和问题。

（四）成长经历中的重要事件

在对话中，明明没有提及具体的成长经历中的重要事件。然而，可以推测他可能经历了与性别发育相关的重大变化，比如在青春期时与同龄人的比较、社交压力和身体自卑等。这些事件对于他的性发育焦虑和心理状态产生了影响。在进一步的评估中，需要收集更多的关于他成长经历的资料，以帮助理解并应对可能存在的心理创伤或困扰。

（五）诊断评估

基于对明明的描述和对他身体、心理和家庭状况的评估，初步可以考虑以下诊断评估：

1. 性发育焦虑

明明表达了对自己的性发育进程感到不安和不满意的情绪。他担心自己的体型和外貌，与同龄人相比感到落后。这种焦虑导致他对自己的性别角色和自身价值产生负面影响。

2. 情绪调节问题

明明描述了焦虑和自信心下降的症状，他感到沮丧、焦虑和自卑，经常质疑自己的价值和能力。可能存在情绪调节困难的问题。

3. 社交问题

由于性发育焦虑和自信心下降，明明与家人和朋友之间的关系疏远，他感到不愿意与人交流，在社交场合中变得紧张和尴尬。这种社交退缩可能影响他的人际关系和情感支持系统的建立，可能存在社交问题。

4. 学习困扰

明明的发育焦虑也对他的学习动力产生了负面影响。他无法集中注意力,考试成绩下降,对未来的学业发展感到迷茫。这种困扰使他对自己的能力产生怀疑,缺乏学习动力和自学能力。

综上所述,明明面临着性发育焦虑带来的负面影响,包括对身体的不满意、焦虑情绪、自信心下降,以及与家人和朋友之间的关系疏远和学习困扰。进一步的评估将有助于确认诊断,并提供适当的支持和干预措施,以帮助明明处理发育焦虑问题,提升自信心,恢复学习动力,并促进他的心理健康和社交关系的发展。

三、工作目标及策略

(一)总目标

通过心理治疗服务的介入,我们的总目标是通过帮助明明处理与性发育焦虑相关的心理困扰,提升他的自信心和学习动力,以改善他的心理健康和社交关系。具体来说,我们将帮助明明接受并理解自身的性发育过程,减轻他对此的焦虑和疑虑,同时帮助他建立积极的自我形象和身体认同,增强他的自信心和自尊心。此外,我们还将支持明明发展健康的社交关系,提高他的社交技巧和与他人的沟通能力,以帮助他建立更健康、更具支持性的人际关系。通过实现这些目标,明明将能够减轻心理负担,培养积极的心态,提高自我满足感和幸福感,从而促进他的全面发展和心理健康。

(二)具体目标

1.减少焦虑

帮助明明减少性发育产生的焦虑情绪,学会应对焦虑的技巧和策略。

2.增强自信心

帮助明明建立积极的自我形象,建立健康的性身份认同,增强自信心和自尊感。

3. 处理负面自我评价

帮助明明识别和改变负面的自我评价,培养积极的自我对话。

4. 解决社交障碍

帮助明明克服社交焦虑和退缩,提高社交技能和建立健康的人际关系。

5. 恢复学习动力

帮助明明重新建立学习动力,提高注意力和集中力,制定可行的学习计划和目标。

(三)服务策略

1. 个体心理治疗

旨在帮助明明探索和理解自身焦虑的根源,并提供情绪支持和认知重建。在治疗过程中,明明将与心理咨询师一对一地进行定期的咨询和治疗。通过建立信任和安全的治疗环境,他将被鼓励分享自己的内心体验和困惑,他可以与心理咨询师讨论自己对于性发育的担忧和困惑,并通过专业的指导和支持来降低焦虑情绪。心理咨询师将提供情绪支持和指导,帮助他理解和处理焦虑情绪,并找到应对和应答的积极方法。通过个体心理治疗,有助于帮助明明改变对性发育的消极观念,树立积极的自我形象,并建立健康的性身份认同,帮助明明增强自信心、缓解焦虑情绪,并提升他的生活质量。

2. 认知行为疗法

认知行为疗法是一种常用的心理治疗方法,旨在帮助明明识别和改变负面的思维模式,并引导他采用积极的行为策略来面对焦虑情绪。通过认知重建,他将学会挑战和改变那些导致焦虑的不合理或消极的想法,并替换为更现实和积极的观点。此外,他还将学习应对焦虑的技巧和策略,如深呼吸、放松训练、问题解决和应对技巧等。通过认知行为疗法的指导,明明将逐渐掌握更健康、更积极的心理调整和应对方式,从而减轻焦虑情绪的负担。

3. 自我形象建设

自我形象建设是帮助明明发现自身优点和价值,培养积极自信形象的重要途径。通过一系列的活动和练习,他将被鼓励探索自己的兴趣和才能,提高对自身的认同感。心理咨询师将与他一起评估和重塑他对自己的看法,帮助他意识到自己的价值所在。此外,他还将学习如何对待自己的身体,建立健康的身体认同。逐渐培养积极的自我形象将帮助明明提升自信心和自尊心,减少容貌焦虑带来的心理压力。

4. 社交技能训练

社交技能训练旨在帮助明明克服社交问题,提高他与他人之间的有效沟通和互动能力。在训练过程中,他将学习如何建立和维持良好的人际关系,包括积极表达自己的想法和感受、有效解决冲突、倾听和理解他人的需求等。心理咨询师将使用角色扮演和反馈技术,让他在安全的环境中练习和改善社交技能。逐渐培养健康的社交技能将帮助明明建立更多的积极人际关系,增加社交支持,并减少社交焦虑的负担。

5. 学习支持

学习支持旨在提供学习技巧和提高学习动力的指导,帮助明明改善学习效果并重建对学习的兴趣。通过与心理咨询师的合作,他将学习如何制定学习计划、管理时间、提高注意力和记忆力,并克服学习中的困难。

四、理论应用

在个体心理治疗中,可以应用多种心理理论来帮助明明解决性发育焦虑和其他问题。以下是一些常用的心理理论应用。

1. 认知行为疗法(Cognitive Behavioral Therapy,CBT)

CBT强调认知和行为之间的相互作用。通过帮助明明识别和改变负面的思维模式和行为习惯,CBT可以帮助他对性发育焦虑产生的负面想法和行为进行重构。同时,CBT还可以提供应对策略,让明明在面对相关困扰时更好地应对和应答。

2. 解决方案导向短期治疗（Solution-Focused Brief Therapy，SFBT）

SFBT 侧重于寻找解决问题的方法和发掘个体内在的强项和资源。通过聚焦于明明想要的目标和他已经具备的力量和能力，SFBT 可以帮助他明确自己的期望，并制定实际可行的行动计划来应对性发育焦虑和其他挑战。

3. 自我决定理论（Self-determination Theory，SDT）

SDT 认为人类需要满足自主性、能力感和人际关系的三种基本心理需求。在治疗过程中，心理咨询师可以帮助明明培养自主性，让他在性发育和其他方面拥有更多的自主选择权，以增强自信心和自我效能感。此外，咨询师还可以帮助他建立积极支持的人际关系，以促进他的成长和发展。

以上只是一些常见的心理理论应用，实际治疗过程中，根据明明的具体情况和需求，心理咨询师可能结合多种理论和技术来提供更为个性化的治疗服务。

五、工作过程

（一）提供性教育与认知重建

心理咨询师可以为明明提供准确而全面的性教育知识，帮助他了解青春期和性发育的生理和心理变化。通过教育和认知重建，尽可能地消除明明对性的误解和不安，树立积极的自我形象和性态度。提供性教育和认知重建对于解决明明的性发育焦虑问题非常重要。

首先，为明明提供关于性发育、生理过程和性健康的准确信息。确保信息来源可靠，并使用易于理解和适合年龄的语言。强调性发育的多样性，向明明解释每个人的性发育过程都是不同的，每个人的身体都有其独特之处。强调性发育的多样性是正常的和自然的。消除性别刻板印象，帮助明明认识到性别不仅仅是生理特征，也包括性别认同和性取向。鼓励他认识到性别是一个多元和复杂的概念，并且每个人都有权利对自己的性别有自主的定义。

其次,培养健康的性观念。教导明明如何培养健康的性观念,包括性别平等、同意和尊重的重要性。教育他关于性器官、生理过程、性保健和避孕等方面的知识,帮助他理解自己的身体和性功能。强调性是私密的,并且需要建立在互相尊重和理解的基础上。

最后,倡导同伴支持,鼓励明明与支持他的朋友或同龄人交流,或者是鼓励明明与他信任的人(如父母、老师、社工、咨询师或辅导员)进行开放的交流。有些人可能也面临类似的问题,和他们交流可以提供互相支持和分享经验的机会。建立一个安全、支持和无判断的对话环境,以帮助他建立健康的性观念。

在这个过程中,密切关注明明对性的态度和观念。如果发现错误的性观念或刻板印象,及时进行纠正和教育。与他一起探讨性相关的问题,并帮助他理解正确的性观念。

另外,需要持续提供心理支持。明明可能需要额外的情感支持来处理性发育焦虑的问题。个体心理治疗可以为他提供一个安全的空间,让他可以探索和理解自己的感受和焦虑的根源。

记住,性教育和认知重建是一个渐进的过程,需要持续的关注和支持。建议与专业人士(如心理咨询师或医生)合作,以确保提供正确和适当的支持。

(二)探索与理解焦虑的根源

心理咨询师将与明明一起探索性发育焦虑的根源。可能的原因包括社会压力、媒体影响、家庭教育方式等。通过了解焦虑的来源,他可以更好地理解自己的焦虑情绪,并寻找应对策略。

帮助明明探索和理解焦虑的根源是一个复杂的过程,首先必要的倾听和支持。请明明感受到咨询师的支持和理解。通过倾听他的感受和经历,促进他的自我反思和认识。心理咨询师通过帮助明明回顾个人历史和经历,以了解可能对性发育焦虑产生影响的事件、关系或体验。这有助于确定根源并识别与焦虑有关的具体问题。

在此基础上,心理咨询师鼓励明明与自己进行深入的自我反省和思考。通过提问、写日记、绘画或冥想等方式,帮助他进一步认识自己的焦虑源,并思考可能的解决办法。

教导明明情感调节和自我接纳的技巧,以帮助他处理性发育焦虑所带来的负面情绪。这包括通过认识和表达情感、减轻压力和焦虑的方法,以及培养积极的自我形象和身体形象。

(三)情绪支持和情感管理

明明可以通过培养健康的生活习惯来稳定和管理他的焦虑情绪。这包括良好的睡眠习惯、均衡的饮食和避免过度依赖应激性物质,如咖啡因和酒精。

寻找情感支持也是缓解焦虑情绪的重要方式之一。明明可以与亲朋好友分享自己的感受和困惑,或者寻求心理健康专业人士的帮助。这些人可以提供支持和理解,并帮助明明审视和理解自己的情绪。

对于明明来说,接受自己和身体也是重要的一部分。他可以尝试批判性地思考他所担忧的身体形象问题,并尝试接受自己的不完美之处。了解自己的身体发育过程是一个长期的过程,而不是一蹴而就的事情,这需要耐心和理解。

最后,规划实用性目标也可以帮助明明在处理性发育焦虑方面取得进展。他可以设定一些小目标,如学习如何更好地自我关怀,提高自己的身体形象满意度等。这些目标应该是可行和具体的。到达这些目标的过程中,明明会体会到成就感,并增强他面对焦虑情绪的能力。

需要注意的是,每个人的情况是独特的,所以建议尽可能与心理健康专业人士合作,以获得更具体和个性化的支持和指导。他们将会制定针对明明具体情况的个性化计划,并提供适当的治疗方法和技巧,以帮助他处理性发育焦虑。

强化自信心和自尊心。心理咨询师将与明明一起探索他的自我认知和自尊心。通过认识到自身的优点和价值,他可以建立更健康的自我形象和自信心。咨询师可能会使用认知行为疗法等技术来帮助他改变消极的自我评价和思维模式。

(四)社交技巧和亲密关系建立

心理咨询师可以帮助明明建立积极的社交技巧和亲密关系。他们可能会提供角色扮演练习、沟通技巧培训等,以帮助他改善与他人的互动和建立有意义的人际关系。

通过个体心理治疗,明明可以获得专业的心理支持和指导,以促进他的性心理健康,并帮助他在青春期的心理发展过程中实现积极的变化。

六、专业反思

青少年性发育进程迟缓的心理服务工作是一个复杂而敏感的领域。了解并应对相关的心理问题,能够帮助青少年正确应对他们面临的挑战,促进他们的积极成长。在进行心理服务工作时,我们需要关注以下几个重点。

首先,性发育是一个多维度的进程,涉及生理、心理、社会和文化等多个方面。对于心理服务工作者来说,需要先全面了解青少年性发育的基本知识,包括性器官的发育过程、性激素的作用以及性心理的变化等。只有全面了解性发育,才能够更好地理解青少年所面临的问题。

其次,青少年在性发育过程中可能会面临各种各样的心理问题,其中性发育焦虑是一个常见的难题。青少年常常会对自己的发育速度感到焦虑和自卑,与同龄人相比,觉得自己发育得太慢或者不正常。这种焦虑可能会对他们的心理健康、自信心和社交关系产生负面影响。心理服务的重点之一就是帮助青少年正确应对性发育焦虑,培养积极的自我形象和健康的社交关系。

再次,针对性发育焦虑,个体心理治疗是一个重要的手段。通过个体心理治疗,心理服务工作者可以与青少年进行一对一的交流和探讨,帮助他们探索和理解焦虑的根源,并提供情绪支持和认知重建。个体心理治疗能够帮助青少年建立健康的自我形象和良好的心理适应能力。

最后,在进行心理服务工作时,心理服务工作者需要灵活运用各种心理理论和技术。例如,认知行为疗法可以帮助青少年调整消极的思维模式,培养积极的自我认知;解决方案导向短期治疗则可以通过设定目标和制定行动计划,帮助青少年积极应对性发育焦虑。

同时,在进行心理服务工作时,需要注意以下难点。

青少年在性发育问题上可能会感到尴尬和害羞,担心被他人知道自己的隐私。心理服务工作者需要尊重青少年的隐私,创造一个安全、亲密的环境,保证他们的隐私得到保护。

在提供心理服务的过程中,家长的参与是必要的。然而,家长的参与也可能带来一些困扰。有些家长对子女的性发育问题感到困惑和焦虑,可能会对心理服务产生过度参与。心理服务工作者需要与家长保持良好的沟通,并提供适当的指导,帮助他们正确理解子女的需求。

性发育问题不仅受到个体心理因素的影响,还受到文化和社会因素的制约。心理服务工作者需要对不同文化和社会背景下的青少年有足够的了解,以便能够根据实际情况提供恰当的支持和指导。

总结起来,心理服务工作者在进行青少年性发育进程迟缓的心理服务工作时,需要全面了解性发育,理解性发育焦虑,重视个体心理治疗的重要性,并灵活运用心理理论和技术。同时,需要注意尊重隐私和保密、处理家长的参与以及考虑文化和社会因素的难点。通过对这些重点和难点的应对,心理服务工作者能够更好地帮助青少年解决性发育焦虑问题,促进他们的心理健康和成长。

第十四节　敲开学习之门:重拾兴趣

——厌学儿童青少年心理健康服务

一、案例情况

小冬,14岁,初中二年级,从初一开始就断断续续请假,不去上学。这个学期一开学就更不想去了,整天在家里窝着玩手机,打游戏,有时候整晚整晚不肯睡觉,白天不起来,饿了才起来吃顿饭,也不愿意去上学。因为此事跟家里人产生了很大的冲突,父亲因此打了他,不仅不起作用,行为反应反而更加强烈,开始把自己关在房间里,不洗澡,也不让人进他的房间,冲突发生的时候还和父亲对打。面对这种情况父母非常无奈,这种情况的发生已经有4个月了,本来想着暑假调整一下就可能改变,没想到越来越严重,学校不去了,书本扔在一边,根本不做作业,整天抱着手机,甚至整晚玩游戏,什么时候累了就什么时候睡觉,黑白颠倒,白天根本起不来,饭也不好好吃,整个人都瘦了一大圈,看起来无精打采,生活也变得糟糕起来,房间也不收拾。与外面的世界隔离开来,这让父母非常担心,希望能够有人帮帮小冬。

与小冬沟通后,了解到自己从小父母管教很严格,自己怎么做都达不到父母的要求,特别是父亲,性格粗鲁,脾气暴躁,经常对小冬大吼大叫,打骂小冬,在言语上讥讽小冬。这给小冬带来了很大的心理阴影。而母亲面对父亲对小冬的行为视而不见,也觉得男孩子就是要多加管教的,从来都不帮小冬出头,这让小冬很难受。

二、分析评估

(一)身体状况评估

小冬的作息黑白颠倒,睡眠受到了很大的影响,晚上睡眠质量下降,白天无精打采。因白天疲惫不起来吃饭,每天吃饭的顿数从三顿变成一顿,身体的营养摄入不足也不均衡,让小冬体重骤降,整个人看起来非常颓废,没有精气神。身体上的不适也让小冬更加烦躁,不能专注于一件事情,听到父母的声音就烦躁。

(二)精神心理状态评估

小冬除睡眠出现问题之外,精神状况正常,会有一些焦虑情绪,但整体上是回避情绪的,与外界隔绝不愿意跟人接触,不想表达自己的情绪想法,封闭自己,对抗情绪严重,在家里时间久了,觉得自己怎么样也不能学好了,就产生了自暴自弃的想法,不打算去上学了。

(三)家庭关系状况评估

小冬与父母的关系从小学开始就变得很差,父母对于他的表现总是不满意,经常对小冬大喊大叫,小冬认为他们对他不好,他们看不上自己。小冬还有一个妹妹,听话乖巧,一家人都很喜欢妹妹,总是拿妹妹跟小冬比较,小冬也很喜欢妹妹,但是每次拿自己跟妹妹比较都让自己感觉不舒服,认为自己很差。

最开始小冬选择顺从，认为如果顺从父母就会喜欢自己，试图按照父母的意愿去做，但是仍然没有得到他想要的回应。小冬从想要父母亲对其关注，肯定自己，演变到对抗情绪严重，与父母陷入到权力争夺中，现在小冬不去上学，他知道父母最在意的就是他的学习，他以此来反抗，报复父母，让他们难受痛苦，就像体验自己的痛苦一样。现在小冬已经不怕父亲了，自己有了自己的主见，如果父亲发脾气，他可以不理，当作没事，还可以离开家去找朋友，在朋友那里得到帮助和温暖。

（四）成长经历中的重要事件

小冬从小被爸爸打骂，对爸爸记恨在心，认为爸爸是不爱自己的，自己不配被爱，自己是不重要的人，没有人在乎自己。

在小冬上小学 4 年级的时候，父母吵架，父亲也是用暴力的打妈妈方式处理问题的，小冬感受到特别无助，自己不能够帮助妈妈，与此同时他也讨厌妈妈的无能、总是什么都顺从，认为妈妈不能帮助他不说也不能保护自己。

初中刚入校，学业压力大，学习难度提高，自己的成绩一落千丈，这让小冬无法接受，随之迎来的不是父母的安慰，而是不停地唠叨和无尽的指责，让其彻底失望。

在初一快要考试时，自己心情特别烦躁，开始不去上学，厌恶学习，慢慢地就提不起劲来去学习。

（五）诊断评估

因家庭关系原因小冬持续 2 个月以上间断上学，以各种理由请假，近期又连续一周以上不去上学。在家里常与父亲发生冲突，产生巨大的情绪波动，他和家人都感受到痛苦。长期把自己封闭在家，沉迷游戏，脱离人际互动，严重影响社会交往和生活学习。

三、工作目标及策略

（一）总目标

通过咨询服务介入，帮助小冬创造能回学校继续上学的机会，关照小冬个人的情感体验，协同解决亲子矛盾和问题，调整亲子沟通互动模式，建立良好和谐的亲子关系，帮助小冬能够回到生活的正轨，面对生活的挑战。

（二）具体目标

（1）与小冬建立正向积极的关系，协助其面对上学这件事，解决停休学问题，使其回到学校坚持正常学习。

（2）在情感上面多关注小冬，引导其对自己的感受、想法、期待进行觉察，促进其强化内在自我认知，转化负向的核心信念朝向积极方向发展。

（3）促进亲子间正向积极的沟通互动，调整小冬与父母的相处方式，调整父母的教养方式，以正向合理的方式对小冬进行积极的关注。

（4）协助小冬在个人成长上工作，修正负性信念，有效面对学习压力问题和对学习的认知，挖掘小冬内驱力，为自己的学习负责。

（三）服务策略

（1）建立与小冬的正向关系，获得小冬的信任和认可，以帮助小冬建立积极的关系体验，促进其参与到家庭关系交往中。

（2）协助小冬与父母亲达成和解，解决不能上学的难题，促进其回学校上学。

（3）多角度介入小冬和父母亲关系，提高家长的倾听能力和共情能力，降低冲突对立行为，化解亲子矛盾，促进正向沟通和良好关系构建。

（4）以正念的方式协助小冬开展自我觉察，使其增加对自己的认识和了解，帮助小冬从非理性信念牢笼里走出，并协助其修正非理性信念，以转化内在的信念，提升自我价值感，以更开阔的思维和视角，更包容的心态迎接新的生活。

四、理论应用

认知行为疗法是由贝克在 20 世纪 60 年代发展出的一种结构化短程的认知取向的心理治疗方法。治疗的重点放在来访者不合理的认知上，通过改变来访者对自己、对他人以及事物的看法与态度来改变心理状况。

认知行为疗法认为人的情绪来自人对所遭遇的事情的信念、评价、解释，非理性信念会导致异常情感或行为，而非事情本身。认知行为治疗目标不仅只针对行为和情绪调整，更关注来访者的思维活动和信念系统。信念系统中的核心信念是支持每个自动思维的核心部分，指导和推动生活的动力。这些信念也是被人们认定的真理，认为事情就应该是这个样子。

认知行为疗法的重要议题有识别自动化思维、识别认知性错误、检验真实性、去自我中心化等。在本案例中，针对晓东存在的"我是不被爱的"的核心信念开展服务。

五、工作过程

(一)走进家庭,建立良好的咨访关系

咨询师第一次与小冬见面是在他的家里,在征得小冬的同意下,咨询师独自一人走进了他的房间,就好像走进了他的世界一样。小冬关着灯,拉着窗帘,床上还有一个蚊帐,整个房间堆满了衣物,生活用品和书本。征得同意后咨询师坐在了小冬床边的椅子上,跟小冬展开了对话。相互介绍了自己,聊了一下最近的状况,当问及多久没有出门时,小冬说已经有两个月没有下楼了。当问及上学的事情时,小冬满脸的失落和尴尬,跟咨询师说:"我不想上学了,反正都学不会,也没有人觉得我是学习的料。"当问及和父母的关系时,小冬很不屑地说:"反正他们也不喜欢我,我也不喜欢他们。"

就这样聊了一个小时,跟小冬聊了很多关于他喜欢的东西,不喜欢的东西和人,他的世界里是怎么理解自己,怎么理解关系,怎么看待现在的状况,以及未来的打算等等,初步与小冬建立了良好的咨访关系,在了解到小冬也不愿意这样待在家里的时候,咨询师邀请他可以来他的工作室帮忙整理书籍,小冬欣然地答应了。这次咨访虽然在家庭中开展,但还是一个好的开始,咨询师约小冬在下周同一天来咨询室与他会面。

（二）回到学校,勇于面对继续上学的挑战

在与小冬深入的面谈中,小冬表示这几个月没有上学,其实自己也很烦躁,在家里坐立不安,白天也不想面对父母的责问和说教,就用睡觉来逃避他们的追问和避免起冲突。其实自己也想去读书,但是感觉很没面子,好像自己去读书了自己在跟父母的对抗中就输了一样,自己不想认输,就一直扛着,但是其实自己也很不舒服,也想去上学,内心很挣扎、很痛苦。在了解到小冬存在"用牺牲自己不上学去对抗父母"的非理性信念后,针对这个话题深入地与小冬展开讨论,帮助小冬观察自己的想法。

咨询师:"你想去上学吗?"

小冬:"我不想去上学,我去上学我就输了。"

咨询师:"这是真的吗?"

小冬:"其实我有点想去上学,在家里也很无聊。"

咨询师:"每当你想到去上学就输了的时候,你有什么感受?"

小冬:"我感觉自己很慌乱,不知所措,有点悲伤和难过。我不知道还有什么方法,他们都说我不好,我就做给他们看。"

咨询师:"你是否能找到让你放下'去上学就输了'这个念头的理由呢?"

小冬:"我不去上学就是想让他们难受,我放不下这个念头。"

咨询师:"你不用放下这个念头,你只需要去找找放不下的理由。"

小冬:"如果我不把不上学当成我的武器,可能我就不会拿它来对抗,也许我就能够找到理由。"

咨询师:"每当你把不上学当成武器去对抗的时候,你是什么感受?"

小冬:"我感觉自己没有什么可以拿来对抗了,这是我最后的武器。"

咨询师："当你发现这是你最后的武器了，此时此刻，你跟我说这一番话的时候，你是什么感受？"

小冬："我感觉很悲伤、无助，我觉得自己很没用，我其实很想证明我自己是可以的，但是怎么样都做不到。"

咨询师："每当想到去上学就是自己认输都会让你感受痛苦，如果你不这样想你会是怎样的人呢？"

小冬："我会感受到很轻松，很自如。"

当任何负面念头进驻时，整个生命往往被思绪掌控，因而不知不觉深陷焦虑，痛苦之中，难以自拔。咨询师带领小冬看见自己的想法对自己造成的影响，有意识地区分看见自己的想法，让自己从束缚的想法中走出来。

在经过一番意识觉察后，咨询师再一次问小冬："你想上学吗？"

小冬说："其实我也很想上学，不想让别人觉得自己是另类。但是自己跟父母的关系一直很差，他们整天指责我，说我什么都做不好，我即使再努力也达不到他们的要求，我知道他们最在乎的是我的学习，我就故意让他们也尝尝我的痛苦。"

咨询师："听起来好像是'伤敌一千自损八百'，你并没有在对抗中感受到快乐。愿意谈谈去上学的事情吗？"

小冬："可以。"

咨询师："如果接下来要去上学了，你觉得会遇到什么困难？"

小冬："我可能学业跟不上，成绩会比之前差；同学们可能会问我为什么这么久不来上学，我会感受到尴尬，不知道如何回答。"

咨询师："你愿意想想办法吗？"

小冬："如果成绩跟不上，我想找老师给我补补落下的课业。"

咨询师："这也是很好的方法。"

小冬："同学问我为什么没来，我还是直接告诉他们我身体不舒服，跟爸爸妈妈怄气，所以没有来。"

咨询师："听你这么说我特别感动，我感受到了一个真实一致、不愿意撒谎、愿意想办法解决问题的阳光男孩，我相信你有能力去面对这个难题，让自己慢慢好起来，慢慢变得更自主，而不是受到他人的影响。"

很多时候我们一直往身外寻找支持和肯定，其实真正的安稳来自我的内生力量。在此次咨询中，咨询师成功带领小冬摆脱了"去上学就输了"的非理性信念。

（三）彼此靠近，与父母建立良好的沟通关系

在与小冬咨询了3次之后，咨询师与小冬的父母进行咨询，了解到爸爸一直都是情绪暴躁，以暴力的方式跟小冬相处，非打即骂，在小冬成长的童年造成了很大的心理阴影，这也是导致小冬反抗情绪的根源。与父母咨询共开展了三次，三次的咨询帮助父母认识自己教育方式存在问题，也了解到小冬的父母在生活中有很大的压力让自己焦虑，在无形中把焦虑和压力传递到孩子身上，没有办法站在小冬的角度对孩子共情同理。

在咨询过程中，咨询师邀请小冬的父母换位思考，如果自己是小冬，受到这样的对待，你会怎么样。带领小冬父母了解小冬内心的情绪状态、想法、小冬的感受和期待、去觉察看见小冬的体验，用爱去关照和支持小冬。

在日常的关系互动中亲子间形成了指责对指责，指责对逃避的互动方式，深深地影响了家庭关系，产生自动化的反应，一旦有压力，家庭的互动就进入到这样的模式，使其家庭成员都不能去关照彼此，而是互相指责埋怨。咨询师协助小冬父母转变自己的沟通模式，当遇到压力的时候先停下来观察自己的想法、自己的感受，一点一点转变，促进亲子良性互动。

同时咨询师针对小冬与父母的关系建立展开工作，小冬因长期在这样的相处模式下感受到经常被否定的、不被认可的、认为父母是不喜欢自己的，也在生活中一次次找证据证明自己是不被认可的。小冬一直想得到父母的认可，但是却一次次失落，在这里咨询师针对小冬的工作重点放在小冬在内在寻找自我价值和减少亲子冲突上。

（四）自我觉察，促使核心信念改变

小冬的核心信念是"我不被爱，没有人喜欢我"，在对小冬核心信念处理上，咨询师使用认知行为疗法中的信念转化方法，以解决核心信念。一是帮助小冬识别自己的哪些思维是自动化的、哪些是非自动化的；二是识别认知性错误，哪些是在概念上、抽象思维上犯的错误，比如情绪问题是由非理性思维引起的等；三是检验小冬原有想法中存在不符合现实的地方，甚至做法是背道而驰的，进行觉察和识别，并自觉改

正；四是去自我中心化，帮助小冬不再把自己当作是别人关注的中心，减少小冬不合理信念的产生，例如在回学校后同学们的关注和看法。

六、工作成效

（一）离开蜗居房间，顺利回归校园生活

在咨询师的介入下，小冬在一周后便离开了那个房间，在与小冬回顾改变的历程时，小冬也发现其实改变没那么难，当自己迈出那个房间时，感觉特别轻松，并没有想象中的那么可怕。小冬经过系统性的咨询，顺利地回归学校去上学，虽然还存在对学业的焦虑，但这已经让他感觉自己是有能力面对生活困境的，而不是封闭在家，状态越来越差。

（二）解决父子矛盾，缓和亲子关系

父亲在咨询中认识到自己教育方法的错误，也真诚地向小冬道歉，是自己没有做好一个父亲。同时也能从小冬的角度理解小冬内心的想法，在母亲的帮助下，缓和了父子之间的矛盾冲突，促进亲子间正向的交流互动。在咨询结束后，了解到父亲有空就陪小冬打羽毛球，一起运动，父子关系有所缓和。

推动小冬逐渐客观地认识和看待父母的不足和有限，父母也不是完美的人，也会有弊端和弱点。小冬对父亲的挑战并不是放肆，而是想要寻找自己的权利，咨询师协助其看见彼此，推动相互迁就，坦诚相对的力量在亲子关系中发挥作用。

（三）转变父母教育方式，推动亲子关系良性互动

小冬父母一直认为自己在教育孩子上管教严格是没有错的，一直抱着孩子就是要严管才能出好孩子，但是忽略了孩子的感受和想法。一直以要听大人的话为主，让孩子感受到自己是没有自主权的。在服务中着重推动父母转变教育观念，在关系中寻找方法，促进亲子关系良性互动，接纳小冬现在的状态，共同推动小冬情绪持续稳定，逐渐感受到自

己是有自主权利的。

（四）认知觉察，识别自动化思维，转化核心信念

小冬对于自己一边想上学，一边不上学对抗的行为没有觉察，只感受到烦躁、痛苦、纠结，咨询师在咨访过程中重点带领小冬对自我感受的觉察，识别自动化思维，让自己跳出想法看想法，区分非理性信念和非理性信念带来的影响，进而有效转化非理性信念。

七、专业反思

（一）孩子的厌学不仅来自个体的学习压力，更来自家庭的影响

在小冬的案例里看见的不止一个家庭，有很多家庭会出现这样的状况，大家常说是"鸡娃"，大多数时候家长看见的都是孩子不学习、厌学、玩手机、对抗、叛逆的行为，却不知道孩子为什么会这样做，孩子的厌学行为和情绪来自哪里。一部分孩子是因为学业压力大、在学校中的自我价值感低导致的，而还有一部分就是家庭对孩子的影响，在关系中造成的厌学行为。但是很多家长简单粗暴地把孩子厌学归结到孩子主观上不想好好学习，却不愿意看见为什么不好好学习。

在服务过程中，咨询师意识到，孩子出现停休学现象，除与孩子自身的非理性信念相关外，还与学校环境、家庭关系有很大的关系。父母给孩子优质全然的爱和认可非常重要，稳定自己的情绪，建设安全感，恢复家庭自信，减少对孩子的控制欲，让孩子拥有自主权。在服务中恢复自信是非常重要的，想让孩子能够重拾回归学校的自信，父母应当先重拾与孩子相处的自信。

（二）咨询师以耐心细致入微的服务带动厌学青少年前行

对于停休学的孩子在行为上就已经出现了退却、逃避，时间越长越不敢于面对现状，把自己藏起来。青少年在遇到这样议题时自己的内心是摇摆不定的，无法做出准确的判断，非常痛苦，想上学，却没有动力去

上学,甚至为了让自己好受一些,隔离自己的感受,麻痹自己难受的心情。咨询师在为这些青少年服务时,要保持尊重、开放、理解、接纳的态度,让青少年看见是有不一样的态度。咨询师细致入微的认可和鼓励,推动青少年找到自己可以走出去的自信,尝试迈出一小步。

(三)核心信念的转化成为来访者改变的主要决定者

解决停休学问题最重要的还是回归到对于青少年自身的价值观、认知、信念上,在这个板块去松动、调试,尝试着改变,转变核心信念,才有可能从问题中解放出来。而这样的前提是自己能对过去的事情有新的体验的建立,帮助青少年从过去的体验中拉出来,去体验新的可能性,才可能找到他心中对渴望的满足。

青少年核心信念的转变能够迅速帮助其在行为上的转变,也能够帮助其在感受体验上的释放。在其中要注意的是潜在信念对个体的影响,潜在信念一旦不能改变松动,就成为绑住我们的绳索,设定为封条,不可突破。甚至有时候变成了信念的漏斗,只要我想要的,装我想装的,其他的进不来。

(四)青春期之后孩子要用自己带力量去保护自己

孩子在成长的过程中,很多家长为孩子不断作着决定,替孩子承担各种责任,以为是保护孩子、关心孩子的一种方式,但是却影响了孩子的独立性。到了青春期保护自己的责任应该从父母身上转移到自己身上,父母一直以为在保护孩子,什么都替孩子负责、拿主意,孩子就失去了自我负责的机会。这样并不能获得孩子对父母的肯定和感激,反而会成为一边依赖父母,一边责怪父母管太多的状态。

最好的方法是在此之前多次尝试放手,让孩子有练习自己做主自己负责的机会,即使失败了也没关系,也没有多大的损失,以提高孩子的自我价值感,减少自我封闭。

第十五节　共同种下爱的种子

——出现自伤自杀行为的儿童青少年心理健康服务

一、案例情况

小 E 又划自己的手腕了,她在划割时才能感觉到一些平静,她的手臂上已经布满划痕,夏天时小 E 经常穿长袖衣服,她不愿意在外人面前露出手臂。上初中的她总是很苦闷,头脑总是很乱、理不出个头绪。半年前,记不清到底是什么原因,小 E 出现了持续的睡眠困难、心情低沉、言语活动减少、感觉疲惫、精力差等情况,几经周折才找到了精神科医生看诊。经过评估,她的表现符合抑郁症的诊断标准,医生问诊中了解到她有明显的无价值感,精神上很痛苦,她小时候与父母分离较久,未建立很好的亲子关系,父母可提供物质保障,但无法建立心理沟通和联系。

她和父母沟通很少,父母无法走进她的精神领域去提供心理支持、疏解她的苦痛。她的朋友很少,很难开口和同学或同伴讲她的心理痛楚,病后人际关系的处理更加困难。可能经历过心理创伤事件,她本身内向、话少,没有什么兴趣爱好,难受时不知道有什么释放的渠道。她几乎大部分时间都处于痛苦中,但她在坚持上学,和朋友在一起时会觉得些许轻松,自己从网上查找信息去了解自己到底是怎么回事,自己在网上找了家精神专科医院去看诊,她在用自己的力量去自救自助。

前段时间她的父母逼着她做一些她很难做到的事情,安静、温顺的她第一次对着妈妈大发雷霆,当着妈妈的面拿着刀子对着自己的手腕割下去,鲜血很快就流满了胳膊,小 E 的妈妈震惊到了。

二、案例解析

一提到未成年人的自我伤害行为,家长心痛,老师心痛、头痛,精神心理从业人员也会不禁紧张。大家都希望发力做些什么，以阻止未成年人继续自我伤害或者更严重的事件发生。我们都怕意外，也不愿意悲剧发生。但，我们对未成年人的自我伤害是否反应不当或反应过度，这个也值得思考。不可否认，未成年人自伤、自杀行为的背后，有内因也有外因，可能有复杂的生理、心理和社会等多重因素。发生自伤自杀行为，绝不仅仅是某一个事件或原因造成的，而是复杂多样的。

笔者回想小学期间好像有段时间，特别喜欢拿个削铅笔的小刀故意把手划伤，当时就觉得手上有个疤痕多好啊，别人有，我也要有。这种应该算是同伴模仿吧？当时也没有持续的心情不好、郁闷、开心不起来、没精力等抑郁体验，整个故意划伤自己的过程心情平静，且似乎还有点兴奋。当时疼吗？好像还好，因为自己划自己还是有所控制的，控制在了皮肤表层。这个例子反映的是我在未成年时有过自我伤害的行为，但这个行为与精神障碍并不相关，是模仿或者为了获取认同感的一个不恰当的行为。

未成年人之间就存在彼此模仿、学习、比较的情况，如果同学之间、好朋友之间有人自伤的话，周围的人可能会受影响跟着学。如果当时有人告诉我，同伴认同不一定要通过伤害自己的行为来获取，可以有更多的方式比如展示你的人格魅力或者其他优势，都是可以赢得同伴信任或者好感的，那么儿时的我可能就会寻找其他方式了。

案例中是未成年抑郁障碍伴发的自我伤害行为例子，这个孩子很难但很有心理弹性，她面临挺多不利因素，但她的心理弹性值得肯定。如有一个比较专业的人能听听她的讲述，跟她说因为生理、心理等多种因素和未知的原因，她只是病了，药物可以帮助到她，学习改善认知，学习一些释放压力的策略也可以帮助到她，让父母参与进来，逐步学习给她一些有效支持，学习一些人际交往技巧，同伴支持也能帮助到她，引导她发现自身优势和价值。坚定地告诉她，随着她在成长，大脑逐步发育成熟，慢慢地，会好起来的。风险无处不在，压力也不可避免，但优势/保护性因素也同时在。

三、儿童青少年的自杀与自伤

虽然人类学家、哲学家、社会学家等从未停止对自杀和自伤课题的探索与思考，但至今自伤自杀仍是一个谜。自杀自伤问题涉及众多学科,包括哲学、社会学、医学(精神医学、急诊学、法医学、行为医学)、心理学、伦理学等,是一个多学科共同关注的课题。自杀自伤不仅是一个社会现象和个人行为,更是一个严重的全球性公共卫生问题。

（一）自伤自杀行为的发生率

自伤行为可发生于各种人群中,在 12 岁前就可出现,12～14 岁是高峰期,98% 的自伤行为发生在 30 岁以前,其中发生高峰在 18～24 岁。2020 年在国内某地区青少年群体调查结果显示,51% 的中学生在过去的 1 年中至少发生过 1 次非自杀性自伤行为,偶发非自杀性自伤 行为占 21.4%,反复非自杀性自伤行为占 29.2%,青少年非自杀性自伤终生发生率为 17%～18%。值得关注的是,我国的非自杀性自伤发生率高于西方国家,且在中学生中更常见。自杀是 15 岁至 29 岁人群死亡的第二大主要原因。据 WHO 估计,每年全世界约有 100 多万人死于自杀,自杀未遂的人数是自杀死亡的 10～20 倍,自杀计划者的人数是自杀未遂者的 10 倍左右,而有自杀意念者又是自杀计划的 10 倍左右。世界上每 40 秒即有一人自杀死亡,每 3 秒即有一人自杀未遂。中国的自杀死亡发生率每年约为 7/10 万,中国每年约有 10 万青少年死于自杀。

（二）自伤自杀的定义

截至目前,关于自杀自伤并没有一个统一的为大家公认的定义。本书认为,自杀,是指在死亡意愿支配下,故意危害自己生命的行为。自伤可能更为广泛,指反复地、故意地、直接地对自己身体的伤害,但并无自杀观念,而且不会导致结束生命的结果,有时是自杀企图或自杀未遂的表现形式之一。包括以自杀为目的的自伤和不以自杀为目的的自伤。一般从自伤的动机和自伤的结果两方面来定义自伤:自伤的动机是故意的,自伤的结果一般认为都是非致死性的。在国外一般不分自杀与自伤,而国内有时区分。自伤自杀有各种各样的形式,以服毒导致的中毒伤和割腕导致的刀割伤为主要伤害种类,刺、割是自杀自伤的主要方式。

（三）自伤自杀的风险因素

自杀自伤是由生物、心理和社会因素变化导致的一种不良状态或行为，或者说是由多种因素（个体、家庭、学校、社会）综合作用的结果。专注于单一风险因素的自杀预防计划不太可能大幅降低自杀率。目前有自杀压力理论、扭力理论等探讨自伤自杀原因。其中扭力理论认为扭力是导致自杀的重要原因，也是自伤行为或精神疾病发生的原因之一。扭力的形成至少包含两种相对立方向的力，两个方向的力短时间内将生存空间快速深度挤压，就可能导致自伤或自杀。自杀尝试往往是多次自杀的重要征兆。

（四）个体因素

儿童青少年脑发育不平衡，大脑活动和功能不同于正常成人，如神经奖赏回路激活，边缘系统发育早于前额叶功能，内源性阿片类物质平衡失调，个体的疼痛知觉改变，疼痛阈值和耐受性升高等，可能演变成一种失控的成瘾行为。儿童青少年心理处于发展过程中，正处在人生的重要阶段，个体身体与心理发育不够成熟，对自身及外界认识不充分，在寻求人生意义过程中容易迷失方向，在思想上常常会出现一些问题，情绪波动较大，容易冲动和情绪化，管理压力和情绪的能力有限，自我消化和宣泄负面情绪的方式不适当。个性幼稚、具有表演性，具有攻击、冲动、自我苛求和社会化差的人格特征。

认知方式即思考问题时容易走极端，常使用非黑即白的二分法，不是把问题解决，就是逃避问题，而自杀就是最终极的逃避。挫败下的青春期孩子，很容易变得敏感、自我怀疑、自我否定、经常达不到标准而自责和内疚，怀疑自己的世界，对未来迷茫，自卑，情绪抑郁、情绪常过度敏感、缺乏调节、对烦恼不能耐受，往往将所遇到的问题认为是无法忍受的、不可避免的、无休止的，且常期望能短期快速解决，行为往往具有冲动性，在不能找到其他解决方法的时候，便认为死亡是解决一切问题、所有苦恼的最好办法，遂选择自杀作为解决方式。病前有较明显的心理、社会事件应激或长期的人际冲突和社会适应困难。只有极少数患者的自伤行为可能是因为精神分裂症或抑郁症、双相情感障碍等精神障碍所致，这类自伤大多数是一次，且致死性较高。躯体疾病、非自杀性自伤既往史,详尽的自杀计划,自杀家族史,急性诱发生活事件,物质滥用,不良的童年期经历如躯体、心理和情感虐待或忽视、周遭重要他人的过世对自己的影响,生活事件,慢性或急性应激压力,如学业压力大、成绩不理想,经济状况差等,都可能是个体发生自伤自杀的风险因素。

（五）家庭和社会因素

家庭矛盾是导致自杀自伤的最主要诱因。家长过度保护、过度控制孩子,过分严厉的教养方式,父母过高期望,或者孩子长期被忽视、遭受暴力 / 虐待等,家庭成员之间缺乏关心和凝聚力,缺少相互支持和帮助,家庭矛盾重重。同伴关系不好,暴露于同辈的非自杀性自伤,与非自杀性自伤的社交或媒体接触,被霸凌经历,老师责罚。社会环境快速变迁 / 社会变革,社会环境多变且复杂,经济文化影响,社会支持网络缺乏或不健全,个人必须面临许多的压力与挫折,外界的压力超过个人所能承受的能力范围。另外信息化时代未成年人通过网络、书籍等多种渠道获取和传播自伤行为更容易,如果错误引导,未成年人可能尚不能客观认知自伤行为的危害。

（六）儿童青少年自伤自杀的特点

自伤行为不是为了寻死,而是为了"求生",想要求助,为了缓解不良情绪或者从消极的感受或者认知状态中缓解出来,表达自我愤怒,应对情感麻木,表达自身情绪和需求,表明自我身份,为了满足某种诉求,获得对自己身体和思维的掌控感,寻求兴奋刺激,通过惩罚自己来惩罚他人,期望解决人际的困难,引起他人关注,减少或分散对负性想法或者感觉的注意力,抵抗自杀冲动,不良模仿,为了从不喜欢的社会环境中逃离,伴有潜在精神心理疾病。上述表现通常出现在自伤行为发生之前的一段时间,在出现自伤行为之前,会出现反复出现突如其来的、无法控制的伤害自己的冲动,有一种自身不能忍受的处境,又无能为力摆脱之感,逐渐加重的情绪波动如焦虑、激动和愤怒,由于认知过程的局限而使患者对行动的选择和处境的未来认识狭隘;自伤之后患者心理上有得到松弛与解脱之感,可伴有抑郁心境,但一般无自杀意念。自伤行为可能会被反复强化。自杀动机明显,自杀前多有不同原因造成的巨大心理压力或强烈的精神刺激,自杀过程短暂,突发性强,青少年自杀潜伏期最短者仅有数分钟,绝大多数在 16 小时左右,致死率高,危害性大,青少年自杀致死率高达 85% 以上。自杀者最危险的时刻之一正是在危机刚刚过去的那一瞬,或自杀未遂后住院治疗的这段时间。出院一周是人最脆弱的时期,仍处于继续自我伤害的危险中。

（七）自伤自杀的预警信号

自伤自杀可有直接语言征兆、间接语言征兆、行为征兆、处境征兆等。语言上常出现一些暗示生命无常、难以掌握,或没有继续生存价值,自我贬低,或陈述死亡过程等的语言,诉说头痛、疲惫、胃痛等身体不适,如"真不知道如何活下去""死掉算了""我的问题只有一种方式可以解决""我已经为时不久了""活着真累""这样对待我你会后悔的""我的问题很快会过去的""我过一段就不在了""你之后就不用担心我啦"等。行为征兆包括:睡眠与饮食习惯突然改变,如缺乏食欲或暴饮暴食、失眠或昏睡。情绪变得消沉、沮丧、绝望、抑郁、情绪化、无助、无理由愤怒,突然心情变好或者心情平静,情绪波动或不稳定。变得不注意修饰外表,做事很难集中注意力,自杀未遂(在自杀未遂的 30 到 60 天后是重复自杀行为的高发期),购买或获取采取自杀方式的工具,整理个人物品、整理家里、转移财务、立遗嘱,送出自己珍视的物品,突然对于宗教产生兴趣或者突然对宗教失去兴趣,酗酒或者药物滥用。处境征兆有:学习成绩一落千丈,不遵守课堂纪律规定的捣蛋行为增加,出现逃学情形,可能在学校或放学后酗酒或出现其他反社会行为等,如破坏物品、旷课、退学、犯法等行为,离家出走,性行为混乱等。失去了重要的人际关系,如分手、亲人朋友的死亡,周边人的自杀(请一定不要轻视这一项,自杀者周围的幸存者的自杀率相当高。),被迫离开熟悉的地方,被诊断了重病或者绝症,对于惩罚或者将来不好事情的恐惧,财务问题,咨询师、老师、重要的偶像的死亡,担心自己成为他人的负担。我们要认真对待任何年龄、任何肢体语言所表达的信息。

（八）自伤自杀的评估

自伤自杀评估的谈话原则是尊重和关爱生命,在谈话中传递着理解、支持、爱与希望,促进个体讲述其心理痛苦。保持真诚、开放的态度,直接询问有关自伤自杀的信息不会增加来访者的自杀意念,而是表明你的关心询问,且已经准备好倾听和提供帮助,避开不谈反而会有忽视、漏掉自伤自杀风险。谈话要非评判性,以了解来访者的真实情况。如何谈,可依据"五要五不要"原则,要传递关注、要积极倾听、要保持共情、要提供希望和要直接询问;不要与之争辩、不要表示惊讶、不要承诺保密、不要表示认同和不要对自己求全责备。目的是贴近个体内心去谈论他们的痛苦。评估访谈的内容包括:对个体内心体验、想法、信仰、态度等的评价,外部的人际关系和各种各样的应激因素(如遭遇重大的生活事件,强压对心理应对方式的击破),众多的增加自伤自杀可能性的危险因素,以及降低自伤自杀风险的保护性因素。

评估访谈主要依靠精神科医生的临床访谈等综合评估,也有一些评估工具可作为参考。如《自我伤害想法和行为访谈表》,这是一个可以综合评估个体的自杀意念和非自杀性自伤存在、频率和特征的工具,共包括169个项目,分为自杀意图、自杀企图、自杀计划、自杀姿态以及非自杀性自伤5个模块。该访谈表采用5级评分,从0级(低/很少)到4级(经常/严重)。《渥太华自我伤害问卷》问卷评估了非自杀性自伤行为功能和成瘾特征,共28个条目。采用2级(是/否)和5级(0~4)评定方式,内容包括非自杀性自伤的方式、部位、动机、频率以及情绪管理、自伤事件和潜在的成瘾特征等。《自伤问卷》问卷由22个条目组成,采用二分(是/否)评分方案来评估个体的自伤行为。不仅适用于临床人群,还可以对非临床人群进行评估,内容包括非自杀性自伤的频率、类型以及个体的不良经历。《非自杀性自伤功能评估工具》这是一个基于网络的非自杀性自伤测量工具,由12个单元组成,内容不仅基于非自杀性自伤形式、位置、频率等基本评估,同时也对非自杀性自伤的功能、动机、实施环境、生活干预、治疗和影响等方面评估。

(九)自伤自杀的应对策略

1. 个体层面

提高心理素质,学习客观认识自己身体和心理情况,学着尝试理解自己的认知、情绪和行为,掌握情绪和行为产生背后如认知层面的原因,学习调整不合理认知,强化正面情绪和积极的调节技巧,提升自我的心理调节能力。学习放松与自我抚慰,尝试接纳现状,觉察,不评价、不指责。寻找安全的替代行为来纾解情绪,如健康、无害的行为来替代自伤,学会转向快乐的活动,如音乐、电影、散步、运动等。学会转移注意力,如试着用学习、做家务等来转移注意力。保持一个有目标的行为以及专注的爱好,赋予生活意义感,保持有氧运动等,可缓解不良情绪,降低自伤频率,增加心理健康。

学习正确的自我表露,学会找人倾诉和沟通,勇敢说出自己的感受。如果已发生自伤行为,不拒绝向父母、老师求助,及时向父母、老师、朋友等求助。寻求专业人士如医护人员帮助,专业人士会给予诊疗等方面的综合评估,根据评估结果,会选取适宜的干预方式,如心理治疗,像支持性心理治疗、辨证行为治疗、认知行为治疗、家庭治疗、情绪调节团体治疗等,增强个体应对和调节情绪、感知和冲动的能力,提升社会适应和应对能力,更加自信和积极面对困难。

2. 家庭层面

父母学习了解心理健康知识,正确理解孩子发生自伤自杀的原因,并积极、科学回应。要学着及时察觉孩子的性格、情绪、行为等方面的可疑变化,学会识别并应对自伤自杀行为的迹象,学习专业的预防自伤自杀的教育和技能指导,学会判断非自杀性自伤发生的先兆,及时发现,并予以干预。学习接纳,提高养育技巧,学会正确的陪伴、支持和引导,帮助孩子养成正确的认知和良好的信心。改善家庭关系、亲子关系,建立家庭内部的成长环境,家庭成员共同成长、共同接受教育,父母小孩都有需要学习的意识,各负其责,各尽其职。家庭成员之间彼此能够自由表达,平等沟通,共同讨论关注的问题,尤其是青春期孩子非常关注的情感问题,他们渴望并期待得到父母在这一方面的帮助。给孩子创造安全、支持和可提供帮助的家庭环境,让孩子不会觉得会遭到嘲笑、谩骂、轻视等,让孩子感受到家里可提供温暖的港湾,感觉到被关注、善意和关爱。家长也要允许和接受孩子犯错是正常的,鼓励孩子在家里犯错,不因此责备打骂孩子,导致家庭亲子关系不和谐。

如果怀疑孩子有自杀倾向,请直接询问。当目睹儿童青少年自伤自杀时,我们应该怎么办呢?如果是紧急情况,请立刻拨打120、110,专业的事情找专业的人处理。如果是一般情况,未危及生命,家长首先要尽量保持理智,稳住自己的情绪,陪伴并时刻关注,确认孩子的感受,并承认这种情绪,深入了解行为背后的动机,耐心和积极地倾听、陪伴、共情,提供有效说服,并请孩子作决定,给予孩子对事情一定的控制。遇到孩子自伤自杀行为的发生,家长不必归责于自己,陷于内疚、自责,家长也要学会寻求帮助,寻求心理治疗师或者精神专科医生的帮助,必要时在专业人士的帮助下一起参与到各项治疗。唯有正视和理解自伤自杀行为,才能避免孩子困于自伤自杀。在发现和干预孩子自杀行为的过程里,最重要的是要始终给孩子传递这样的信息:所有困扰他的问题,总有办法解决,永远不只寻死这个选项。在这世上,还有人在乎他,希望他活下去,并一直支持他。在自杀危机解除后,要尽快带孩子求医,寻求专业的心理医生和心理咨询师的帮助。

3. 学校、社会层面

自杀是一种不必要的死亡,自杀,一个都太多。青少年自杀危机干预是每一个人的事,自杀预防是每一个人的事,需要全社会共同参与。依据动态性的多因素自杀干预与预防模型,建立中国国家性和地方性自杀干预与预防计划,这并非一个部门可以完成,需要协调各个政府部门的工作。自杀危机干预不仅是专业人员的工作,不仅依靠精神心理学家,也是每一个人应该且可以参与的事,还需要其他学者如社会科学家、政策专家、教育家、经济学家等共同参与这方面工作,以及全社会成员共同参与这个工作,否则无法落实。需普及自杀预防与干预知识,增强自杀预防应急能力。重视学生的心理健康教育,提高学生整体的心理健康水平。建立自伤自杀行为的预防与预警机制,及时发现高风险学生,及时处理学生的自伤自杀行为,防止自伤自杀行为蔓延。关心、接纳发生自伤自杀行为的学生,给予个体化帮助,积极与家长沟通,积极与医疗部门、妇儿部门、社会机构、政府等的联动,充分利用学校及政府相关的社会心理资源提供心理疏导和干预,给予个性化社会心理帮扶方案。纠正校园排斥、孤立及欺凌行为。以小组活动形式教授自杀预防技巧,并创造小组成员讨论和交流自身想法的机会。

当发现有人存在自杀风险时,请务必不要责怪任何有自杀念头者,当遇到某人谈论自杀的念头、企图或计划时,应当采取一切必要的防范措施,平静而有感情地倾听,同理对方并给予支持,提供感情支持通过理解恳谈力争调动对方的积极力量,分析除自杀之外还可能发生的事,为 TA 寻找其他可能的解决办法,必要时可联系精神健康专家、医生、120、110 等。所有可能构成自残的威胁均要认真对待,与仍处于自杀危机中的当事人全程保持联系和关注和陪伴,不要造成有被遗弃和被忽视的感觉。我们切勿先入为主地去评价他人的自伤自杀者行为,给他们扣帽子和妖魔化,尽量温和耐心地去逐步接近对方,了解其关于自杀的真实想法。

媒体、书籍等媒介发挥正面、积极作用,正确向公众传达儿童青少年自身的科学知识,纠正错误认知和不良态度,帮助青少年找到触发和维持自伤行为的因素,同时可以向他们传授代替性的行为技巧和冲突解决策略,提高他们对痛苦的耐受能力。提供正确的处理方式和求助途径,增加全社会的理解、重视和引导,避免歧视、污名化,一起努力创造和谐友善的家庭、学校、社会环境,全社会提高全民心理健康意识。

173

四、专家建议

中国的自杀率已经降低。2000 年以前中国的自杀率较高,10 万人中有超过 20 人自杀,由于国家持续重视,农药买卖监管控制严格,高楼窗户严格开关管理,对大众宣传、健康教育全面普及,以及自杀后的急救措施全面跟上,在 2000 年,10 万人中 6 个人自杀,在国际上处于中等水平。

自伤行为不等于自杀。自伤行为与自杀有一定关系,自伤行为不是真的想自杀,需要加以正确引导,避免造成意外死亡。反复自伤可能是某种精神心理疾病的外在表现,是心里痛苦的结果,可能是一个求助信号。个体的自伤行为具有"传染性",容易在青少年群体中引起模仿。

自杀从来不是单一因素或事件的结果,导致个人自杀的因素是复杂多样的,不应该简单地解读或定论。自杀行为会发生在任何人群、任何社会和任何家庭当中。重要的事实是:父母的不恰当行为只是其对待孩子众多积极或中性行为中很少很少的一部分。父母永远是爱孩子的,是孩子成长中最重要的陪伴,也是能够帮助孩子跳出"自杀魔咒"的最重要的人。

自伤自杀行为背后有很多社会心理学因素,除了盯着孩子的自伤自杀行为,别忘了去努力给儿童青少年创造一个更友好的成长环境 / 生态环境。

自杀有一定的遗传风险,如家族中有自杀史可能是诱发自杀行为很重要的一个风险因素,尤其是在普遍患有抑郁症的家庭里,但并非每起自杀事件都和遗传有关。

儿童青少年的躯体和大脑尚未发育完善,人格尚未成熟,所以他们对事物的认知、人际相处和环境适应、应对方式、应对能力等方面存在不足、偏差,容易走极端,创造保护性的环境非常重要。

不要随意把自伤自杀行为与抑郁症等精神疾病画等号,给儿童青少年贴上精神心理疾病标签,希望有诊疗资质的精神科医生以最严格的标准来考量疾病诊断,慎之又慎地给儿童青少年下精神疾病的诊断。对于有自伤自杀行为者,及时干预很重要。

自伤和自杀不能画等号,对自杀的误解之一是有自伤行为等于会自杀,大多数自伤行为没有自杀的意图。事实上,大多数自伤者是用自伤行为来缓解痛苦,而不是了结生命,甚至用自伤行为来阻止自杀冲动。

对儿童青少年的任何心理行为问题都要以发展的眼光看待,给儿童青少年成长的时间和机会,"此刻"未成年人的极端或异常心理行为问题,可能随着成长环境的改善、自我成长而消失,未必都走向心理疾病。对每一个儿童青少年抱有最美好的期待和无限可能的希望,每一个儿童青少年都值得拥有最美好的未来。

个体的自伤、自杀风险是动态变化的,基于个体的情绪情感状态、生活事件、风险和保护因素的复杂相互作用,自伤自杀风险随时间变化也处于变化之中。

风险无处不在,压力也不可避免,但优势/保护性因素也同时存在。自伤自杀的保护性因素包括:积极的个人品质,获得医疗服务的可及性,社会环境支持系统。

自伤自杀谈话的五要原则。(1)要传递关注:重要的是让他/她知道有你在陪伴和关注他/她,你所说的话正确与否一般不重要,只要你的声音和讲话方式能让他/她感受到你在关注他/她。(2)要积极倾听:帮他/她卸下绝望的包袱、敞开心扉谈论他/她愤怒或不快的心态,无论谈话效果如何,交谈本身就是好效果。(3)要保持共情:与他/她讨论内心感受时要有耐心、保持平静和接纳的心态,不施加任何价值或道德判断。(4)要提供希望:承诺他/她可以获得帮助,并且提醒他/她自杀的想法只是暂时的,让他/她知道自己对他人仍很重要。(5)要直接询问:如果他/她表现抑郁和绝望,要直接询问:"你是否有自杀的想法？"这并不表示你在暗示或强加给他／她自杀的想法，而是表示你在认真而严肃地关注他／她的问题，并且愿意分担其痛苦感受。

自伤自杀谈话的五不要原则。（1）不要与之争辩：避免使用："你有很多活下去的理由""自杀会伤害你的家人""你应该看到光明的一面"，诸如此类的语言。（2）不要表示惊讶：不要对他／她的自杀想法表现得很惊讶（不理解），不要说些诸如生命价值的话，也不要说自杀是不对的。（3）不要承诺保密：拒绝对其自杀想法承诺保密。对于危及生命的情况不能承诺保密，而要让能够提供即刻帮助的人员（如医生、家属、亲友等）知道这个信息。（4）不要表示认同：不要对他／她的自杀想法表达认同的态度。（5）不要对自己求全责备：你不可能解决所有的问题，他人的福祉或不幸并不能完全由你掌控。

自伤自杀不是解决问题的唯一方式，探索在自伤自杀之外的其他的解决痛苦的方式。恰当的时候，给予情感支持，促进解决痛苦问题的多种方式，提高心理韧性，重塑人格，达到心理建设的目的。锻炼并提升应对困难的能力，以更好地适应生活。

有青春期孩子的家庭，需增加家庭界限的灵活性，调整亲子关系，应容许孩子的独立，使青春期的孩子能够自由进出家庭系统。

和儿童青少年进行语言交流时刻采用非暴力沟通方式，比如可使用万能公式："我观察到……我感觉……是因为……我请求……"去明了自己的观察、感受和愿望，有意识地使用语言。

对于自伤自杀，不能忽视，也不能过度关注。自杀与所有其他躯体疾病所致死亡一样，不应该持续地产生负面影响。全社会需关注的重点是怎么解决问题，让生活更有希望，让生活更好。不要过度地关注死亡，社会大众更不要恐惧自杀，这样有可能对有自伤自杀行为的儿童青少年造成沉重负担，而更难以摆脱困境。

全国各地都有心理热线援助电话，难过、沮丧、无望、想要伤害自己时，都可以拨打心理援助热线。遇到困难寻求帮助并不是一件羞耻的事情。

生命不等于生活。肉体生命是物质的，一旦失去不可再来，而属于精神层面的生活，是可以反复变化的。生活不能承担之重，绝对不是生命不能承受之痛。用结束生命的方式并不能解决生活问题，也不是理智选择。生活是生老病死，是生命状态，酸甜苦辣，是生活本质。

虽然部分自伤自杀行为与精神疾病联系密切，但目前暂无精神药物用于非自杀性自伤行为上，必要时可以使用小剂量镇静催眠类药物来控制焦虑、恐惧等情绪。对严重的反复的自杀行为，可尝试使用物理治疗干预。积极治疗原发精神疾病同样很重要，如使用一些抗精神病药物、抗抑郁药物、情绪稳定剂等，如果心理治疗、药物治疗等均无效时，可以考虑物理治疗，可尝试改良电休克治疗、重复经颅磁刺激等，但需要在精神科医生的指导下进行。

第十六节　危机的"解锁钥匙"

——儿童青少年紧急状况危机干预服务

一、案例情况

来电者柯某某，女性，16岁，汉族，中专学生，住家。自己是被领养的，家里有个哥哥，哥哥不同意领养来电者，故一直不喜欢来电者。养父失业，养母一个人打两份工，维持生活，哥哥已经工作了，但不会补贴家用。家人身体健康，但和家人的关系不太和谐。来电者柯某某平时性格内向，为人孤僻，不善言辞，学习成绩一般。一直都住在学校，双休有时候会回家有时候不回家。和室友的关系一般，室友常让自己刷水卡和带吃的，无法拒绝。

二、个人陈述

来电者自述初中时期经历过校园暴力，总是被一群人欺负、辱骂、造谣、说一些阴阳怪气暗指来电者的话，针对来电者。一直以来，养父母对自己都比较严厉，总是批评自己，这也做不好，那也做不好，考试考不好就骂自己笨，说自己不如不上学得了，浪费钱，浪费时间，直接去打工就好了。从来没有夸奖，只有批评和打压。哥哥因为自己是领养的，也不喜欢自己，讨厌自己来到这个家里，总是欺负自己，针对自己，在家里没有人和自己说话，没有办法正常沟通。自己也不知道他们为什么要领养自己，感觉自己在家里就是个局外人，完全是多余的，没有人关心自己，没有人在意自己。现在因为养父丢了工作，脾气不好，家里生活压力大，母亲找了两份工作，维持生活，自己住校在家，还要花销一部分，父亲没有工作待在家里心情不好，哥哥已经工作了，不会补贴家用，感觉自己给家人太多压力，自己就是个拖累。父母经常吵架，每次妈妈与爸爸吵架就会来自己房间，爸爸就会在外面摔东西，自己觉得没有隐私。

去年和同学一起去密室逃脱认识了一个男生，会跟他说一些自己的事，他也会很用心地倾听，男生也会跟自己说一些他自己的秘密，而且他也很照顾自己，会带自己出去玩，一起去吃一些东西，自己就感觉喜欢上他了。刚开始他发现自己的想法，就说只把自己当妹妹，但是他后来还是成了来电者的男朋友。可是两个人总是会因为一些事情吵架。自己很黏男朋友，只要对方说想自己，就会想尽办法去他家，每次回自己家都会被妈妈骂一顿。有一次在他家住了两三天，两个人家里有点远，会需要男朋友送自己回去。妈妈很生气，会说来电者不自爱，以后晚上11点就会关门。五一本来只打算住两三天，因为男朋友想自己，就提前去待了五六天，把妈妈给自己的生活费给男朋友花了，还借了钱给对方。男朋友妈妈不太喜欢来电者，会经常将来电者和男朋友的前女友作比较。之前老家摆酒席，奶奶很想来电者，想来电者回老家看看，但是来电者说要陪男朋友，就拒绝了，妈妈很生气说她没有良心，吵了一架，妈妈说"你不是觉得他好，那你就不要回来了"。自己感觉可能怀孕了，可是男朋友一定要她打掉，自己如果再打掉就会对身体不好，医生是这么和她说的，她希望得到男朋友的家人理解，现在感觉男朋友不理解她，男朋友的家人也不理解她，自己的养父母也不理解她，自己就想着逃避，自己对比现在男朋友的前女友，自己花钱没那个前女友花得多，自己也是很勤快的，可是就不明白男方的家人为什么不能理解她，也是她太在乎了。她的朋友都告知她这个男朋友不靠谱，但自己就是容易心软，也分手过，对方一来求她，自己就同意了。尽管自己每次身体不舒服，但男朋友都还是硬要和她发生关系，自己都很坚持忍耐，可是自己明知道对方这样不好，但还是一直坚持留在这个关系里有一年的时间，最后还是分手了。

现在自己是在现男朋友家楼顶，在江西赣州，自述墙太高了爬不上去。来电者跟现在男朋友是在俱乐部认识的，自述两人在一起很快，两人异地，对方总是吵着让来电者去见对方。有一次去找了对方，觉得对方只是喜欢自己的身子，觉得发展太快了，觉得他一点都不在乎自己。

本来只是想要通过自残来获得男朋友的注意,但是这个男生身边的人都在自残,没办法让男朋友在乎自己。因为初中被校园暴力,所以现在没办法不去在意别人的眼光。只有一个初中的男同学和自己聊天比较多,会比较爱和对方分享自己的事情,但是现在对方上高中了,聊的话题不一样了,就没怎么联系了。妈妈总是把自己关起来,关在家里,压榨自己,让来电者不要和别人接触,觉得很窒息。谈过很多男朋友,只是想要有一个精神支柱,有个人能够来爱自己。每任男朋友都对自己的身体造成了伤害,今年还打过一次胎,前男朋友只会用好听的话来哄骗自己,自那之后就不太能够相信别人。今晚男朋友和自己分手了,觉得生活太无力,也无望了,感觉活着没什么意思,也没什么意义了,就想跳楼死了算了。自己死了就不会是家里的拖累了,也不用再被妈妈骂了,也不用再承受男朋友对自己的伤害了,感觉他并不爱自己,也没有人爱自己,这个世界上没有人喜欢自己,没有人需要自己,没有人在意自己,活着也没什么意思了。

三、既往史

2022 年 3 月诊断为重度抑郁症,之后没有复诊,有服药,一直控制得很好,本周开始病情反复,心烦,出现较强烈的自杀想法。既往体健,无躯体疾病史。

四、个人成长史

来电者在两个子女中排行老二,父母自小领养的来电者,对来电者要求严苛,家教比较严厉,哥哥是养父母亲生的,但哥哥不喜欢来电者,不愿意父母领养来电者,从小就和来电者不和,针对来电者。从小到大,养父母对来电者都比较严厉,总是批评她,这也做不好,那也做不好,考试考不好就骂她笨,说她不如不上学得了,浪费钱,浪费时间,直接去打工就好了。从来没有夸奖,只有批评和打压。哥哥因为自己是领养的,也不喜欢自己,讨厌自己来到这个家里,总是欺负自己,针对自己,在家里没有人和自己说话,没有办法正常沟通。

初中时期经历过校园暴力,总是被一群人欺负,辱骂、造谣、说一些阴阳怪气暗指来电者的话,针对来电者。

五、咨询师观察与了解

来电者全程都在哭泣,语音不清,说话抽泣,断断续续,音量低,语速慢,说话思路不清,想到什么说什么,谈到养父母的打压以及男朋友时会有明显的情绪波动,痛哭。没有求生欲望。

来电者的自责、自卑、无助感、无望感、被抛弃感很强烈。

六、原因分析

来电者柯某某诊断为重度抑郁症。综合以上基本资料,导致柯某某心理偏常的主要原因有以下几点。

(一)家庭缺少温暖,长期缺乏安全感

领养家庭,养父母对来电者都比较严厉,总是批评她,这也做不好,那也做不好,考试考不好就骂她笨,说她不如不上学得了,浪费钱,浪费时间,直接去打工就好了。从来没有夸奖,只有批评和打压。哥哥因为来电者是领养的,也不喜欢她,讨厌她来到这个家里,总是欺负她,针对她,在家里没有人和她说话,没有办法正常沟通。父母经常吵架,每次妈妈与爸爸吵架就会来她的房间,爸爸就会在外面摔东西,觉得没有隐私。妈妈总是把自己关起来,关在家里,压榨自己,让来电者不要和别人接触,觉得很窒息。

(二)父亲失业影响,家庭生活压力大

来电者内心自责无助,因为养父丢了工作,脾气不好,家里生活压力大,母亲找了两份工作,维持生活,来电者住校在家,还要花销一部分,父亲没有工作待在家里心情不好,哥哥已经工作了,不会补贴家用,感觉自己给家人太多压力,自己就是个拖累。

(三)初中经历校园暴力

内心敏感、脆弱,人际关系也比较差。初中时期经历过校园暴力,总

是被一群人欺负、辱骂、造谣、说一些阴阳怪气暗指来电者的话，针对来电者。因为初中被校园暴力，所以现在没办法不去在意别人的眼光。和室友的关系一般，室友常让自己刷水卡和带吃的，无法拒绝。只有一个初中的男同学和自己聊天比较多，会比较爱和对方分享自己的事情，但是现在对方上高中了，聊的话题不一样了，就没怎么联系了。

（四）男朋友的伤害，身心俱疲

谈过很多男朋友，只是想要有一个精神支柱，有个人能够来爱自己。每任男朋友都对自己的身体造成了伤害，今年还打过一次胎，前男朋友只会用好听的话来哄骗自己，自那之后就不太能够相信别人。

内心绝望，思维陷入死循环。小小年纪遭遇多重打击，她的内心有对家人的恐惧和自责，又夹杂着对爱的渴望，又由于在家人身上无法得到爱，所以才希望从男朋友身上汲取爱，但又没有遇到真的能带给他安全感的男朋友，内心又反复被伤害。在如此复杂的内心矛盾的交织下，她又找不到情绪的宣泄口，最后陷入了死循环，想通过自杀的方式来结束生命，以寻求解脱。

七、解决思路和实施办法

（一）确定问题，评估危险程度，建立联盟

在接线过程中，咨询师运用倾听、共情等技术，从来电者的角度澄清和理解来电者所遇到的问题。而这其中最重要的技术是倾听，透过真诚、理解、共情、接纳以及尊重，切实了解和体会来电者所遇到的危机状况，与来电者建立咨询关系，建立同盟。

对于表达有明确自杀企图的来电者，我们要立刻对其作危险评估，最简单、有效的方法是5W1H，即立即询问来电者是谁（WHO）、什么时间（WHEN）、什么地点（WHERE）、发生了什么（WHAT）、为什么（WHY）、打算怎么做（HOW）。这些问题如果都有明确的答案，也就是来电者有了非常明确的自杀计划，甚至是即刻自杀，那就说明现在是最危急的状态。而自杀计划越详细、具体，自杀风险也就越高。

一些来电者在求助过程中,可能表达自杀意图较模糊,比如会说"我都不想活了","还不如死了好"等等。咨询师应该对这些表达方式有很高的敏感度,应关切地询问这些话的确切意思是什么,是否真的有自杀的具体想法和计划。要切记关于自杀的谬误之一就是:和想自杀的人讨论自杀会诱导自杀。实际上来电者的那些表达是在提供一些自杀线索,是在寻求帮助,咨询师重要的是要表达出一种真正的关心,了解他的真实感受与想法,这样才能抓住机会帮助求助者。

(二)保证求助者的安全

危机干预的首要目标就是要保证求助者的安全,所以在整个危机干预过程中,安全问题是一直要给予最高的重视。

当来电者处于即刻自杀的状态时,首先,我们要评估目前来电者手边是否还有自杀危险工具,设法去除自杀工具或离开危险环境。

其次,运用倾听技术,让来电者宣泄情绪,了解自杀的原因、目的,反复地传递关注及愿意提供帮助的愿望。

然后,引导来电者寻找活下去的理由,比如对亲人的牵挂和责任,一些未完成的愿望等。一个人一旦觉得必须要为其他人承担一定的责任,有一些事情要去做,就等于给了自己一个活下去的理由,这对危机干预十分必要,重点是要在交谈中争取机会,试图打消来电者的自杀想法,保证其安全是第一重要目标。

(三)给予支持

在危机干预过程中,咨询师要真正耐心地倾听,以无条件积极关注的方式接纳来电者,表达出自己是能够给予其关心帮助的人。应该提供这样一个机会,即让来电者相信"这里有一个人确实很关心你"。

热线的自杀危机干预中,咨询师切记的九个不要:

(1)不要对求助者责备和说教。

(2)不要批评求助者或对他的选择、行为提出批评。

(3)不要与其讨论自杀的是非对错。

(4)不要被求助者所告诉你的危机已过去的话所误导。

(5)不要否定求助者的自杀意念。

（6）在急性危机状态，不要诊断、分析求助者的行为或对其行为进行解释。

（7）不要过急，要保持冷静。

（8）不要让求助者保持自杀危机的秘密。

（9）不要把过去或现在的自杀行为说成是光荣的、殉情的、荣誉的或将其神化。

（四）寻找资源，讨论解决问题的方法

在建立了良好的咨询关系，来电者愿意和我们开诚布公，愿意信任我们之后，我们可以和来电者一起寻找内外资源，讨论解决问题的其他方法。

首先，我们可以帮助来电者寻找外部环境的支持。比如，我们可以一起与来电者寻找在过去或者是现在有哪些人曾经关心过他，有哪些人依然能够帮助他。可以问来电者目前有没有朋友，可以和他吐槽的朋友，可以建议来电者把不同的苦恼跟不同的朋友或其他人谈。这样做的目的一方面是可以帮助来电者宣泄情绪，可以把苦恼分割一部分，另一方面是希望来电者了解到现实中他 / 她不是孤单的一个人，是有人在关心他 / 她的，有人是可以帮助他 / 她的。从而，一方面可以引发来电者对生活的留恋，另一方面让他知道他是有资源的，是有人关心他和他是可以获得帮助的。

其次，我们可以引导来电者拓展新的思考角度，改变对问题的看法，建立积极建设性的思维方式。危机事件给来电者造成的影响：

一个可能是事件来得太猛烈、太突然，来电者没有任何思想上的准备，所以会有措手不及或者是被抛弃之感。比如案例中的来电者，她突然被分手，一下子不能接受这样的现实，就可能会觉得没有理由再活下去了。对于这样的情况，咨询师在谈话时语气上要缓慢，尽量去体会对方的感受即失恋带来的巨大痛苦，使来电者的情绪逐渐平稳下来。然后，跟来电者聊一些问题，比如没有了恋人，她每天的生活是怎样度过的？她可以做哪些事情？有以前做过的，还有以前没有做过的。或者因为以前想做，但是因为有男朋友却没有时间或机会做的。这些询问是针对来电者在失去恋人以后表示没办法活了，在暂时情感缺失的情况下，找一些其他事情和情感去填补。

　　需要注意的是,提出这些问题一定要温和,是让对方从原来思考问题的思维模式中走出来,不能太快,要一点点引导。所以切记不要简单地说:其实你以后还有恋爱的机会,现在还是有许多事情可做,有许多生活意义。这种带有教育式的口吻和表达,会引起来电者的逆反心理,可能会事与愿违。

（五）寻找新的、有效的应对方式

　　遇到危机人们会自动采取一些应对方式。有的仅仅是心理层面,比如否认、压抑、接受、转化等；也有的是行为上的,比如运动、喝酒、找人聊天。来电者打热线咨询实际上就是一种积极的应对方式在寻求外界的帮助。

　　作为心理咨询师,我们在交谈过程中,首先要确立应对的问题目标。来电者常提及的危机是没有办法解决的,比如上面讲的失恋问题,他／她会说"我没有办法让对方回心转意了","男朋友走了,我太痛苦了没有办法接受这个现实。"应对的问题是男朋友回来可能不现实,而将怎么接受这个现实作为应对的目标。

　　其次要解决危机,从一点儿开始。比如失恋非常痛苦,如果让自己感觉不到痛苦就会做不到,会觉得没有办法。办法的寻找是使自己怎么能使痛苦有一些减轻,逐渐减轻到自己能承受的地步。

　　最后是不同方法的尝试。先问以前用了什么,还有哪些可以用,咨询师逐步提出自己的一些看法,比如,感到痛苦时做运动、找朋友聊天、听音乐等。

　　在讨论改变度过危机的过程中,咨询师要与来电者进一步商讨具体的计划,比如哪些是需要有其他的机构提供帮助的。比如家庭暴力,可以寻求妇联或警察、司法部门的帮助等。同时自己对可能采取的新的思维模式和新的应对方式进行尝试的具体步骤。

　　这些讨论一定要让来电者觉得是他自己的计划,而不是咨询师强加给他的。咨询师没有剥夺他们的独立性和自尊的权利,这也让他们看到他们自己是有力量的。

　　在结束前,咨询师应该从来电者那里得到诚实、直接和适当的承诺。承诺包括来电者愿意去实施计划,去付诸新的理念和行动,也包括对自身安全的承诺。这个意思是,咨询师告知来电者如果他／她感到情绪不能控制,出现了自杀的冲动,一定先给热线打电话。另外,他／她可以继续来电话解决他的危机。在寻求帮助的过程中,不做对自己有伤害的事情,包括自杀。

咨询师一定要在结束之前表明希望得到来电者的承诺。这意味着你对来电者的生命非常地看重,真正地关心他／她。如果来电者答应了这一承诺,他／她也会体会到咨询师对其的关心。

会体会到有一个人和他一起面对这一目前困难的状态,也会在危机状态的时候主动求助。

八、自杀危机干预中特别要注意的问题

（一）危机干预咨询师要主动

同其他问题咨询有些不同的是,做危机干预的咨询,咨询师应更主动。对听到有关自杀的信息线索的时候,一定要澄清询问。而且要清楚、明确地表达生命的重要,比如说"知道你一定遇到了让你觉得非常痛苦,觉得只能靠结束生命来解决问题的困扰,但是你应该活下去"。

（二）危机干预是一个系统的工作

热线只是系统的一部分,所以给来电者的帮助也是有限的。理想的危机干预工作,应该是当来电者表明想自杀的危急情况时,及时通知警察赶到现场,即来电者打电话的地方,确保来电者的安全。咨询师此时的主要工作就是能延长谈话的时间,以确保警察能够及时地赶到。

（三）进行资源链接

根据来电者谈及的引发危机的危机事件,介绍相关的服务机构,比如面对重大灾难后的危机,家庭暴力引发的危机等。对发现有一定抑郁倾向的来电者,一定要介绍其去相关的心理咨询和治疗机构接受系统的帮助。

九、自杀危机来电中咨询师自身的情感

自杀危机来电者有可能会激活咨询师自身对于死亡和自杀的情感，并诱发一系列防御反应。一是有可能发展出对于来电者的憎恨与愤怒的反移情，并见诸行动为拒绝行为；二是咨询师可能回避谈论令自己产生自杀焦虑的来电者；三是咨询师也可能被来电者的无望感乃至绝望感所包裹，并对干预进程和来电者的成长能力感到气馁。

咨询师应当避免陷入总是成为拯救者的角色。有自杀风险的来电者可能希望被无条件地照料，抑或者将让自己活下来的责任交由他人。被拉入拯救者角色的咨询师常常在意识或无意识层面假定自己可以提供他人未曾提供的爱与关切，并魔法般将来电者对死的期待转变为对生的渴求；又或者咨询师使用防御反应否认自己对于来电者的敌意，咨询师可能因此将谈话不断延长以向来电者保证他/她对来电者只抱有积极的情感，并会为了救下来电者的性命而无所不用其极；最糟糕的情况就是，这种向对方展现关怀的需要导致边界突破，因此必须要明确，为来电者的照护负责并不等同于为来电者的生命负责。

来电者的自杀身亡将会对咨询师产生重大影响，可能引起压力以及对自我专业胜任力的丧失。实际上，当我们评估后为高危来电者报警了，我们也可能会出现自我怀疑。对于有严重或反复自杀议题的来电者、或自伤行为的来电者，我们需要对自己的情绪或反应有充分的觉察，它们可能影响我们与来电者的工作状态。因此朋辈的支持、专业的督导有利于共同寻找合适的处理方案以及观察反移情。

十、反思

根据自杀学创始人 Shneidman 的观点，"目前，在西方国家，自杀是一种由自我引导的有意识的毁灭性行为，最好的理解是，在多重困境中，有需要的个体把自杀看作是解决问题的最好方法"（Shneidman，1999a，p.155），以及陷入了因为不能够满足心理需要而引起的紧张和不能够容忍的心理痛苦中（Shneidman，2001，p.203）。

从 1950 年到 1985 年，美国儿童和青少年的自杀率增长了 3 倍，自杀是儿童和青少年第二至三位的死亡原因（排在交通事故之后，和谋杀不相上下），并且倾向于继续保持这种状况（Malley，Kush，&Bogo，

1994；National Institute of Mental Health，2011；U.S.Department of Health and Human Services，2003）。也就是说，一个人自杀的可能性至少和被谋杀的可能性一样大。

此外，近几十年来，青春期的特点发生明显改变，出现生理特征性变化的年龄趋前，例如，在西方国家月经初潮过去在 16～18 岁之间，现在已接近 12～13 岁之间。生理变化如此提前，但相应缺乏足够的心理承受能力与认知能力，无法迎接这些挑战。

这种社会心理的延迟，正如艾里克森所言，意味着当今社会青春期的时间极大延长。在此期间，年轻人不得不逐渐面对婚姻和养育子女及事业的选择。但同时他们也可尝试各种认同方式来获得喘息和逃避。如同性恋、双性恋、青少年犯罪等。这种社会心理的延迟是社会工业化发展的必然结果，是以牺牲青少年持久、稳定的心理认同为代价的。

对于青少年自杀危机事件，预防非常重要。及早的干预可以帮助他们摆脱困境并寻求恢复和成长的机会。无论是家庭成员、教师、辅导员还是社区中的其他成年人，我们都可以发挥重要的作用。

（1）提供支持和理解：建立信任和良好关系，倾听他们的感受和困扰。确保他们知道有人在乎并愿意帮助他们。

（2）教育关于情绪管理和情感健康：提供关于情绪管理、应对压力和解决问题的教育，帮助他们学会识别和表达情绪，提供积极的应对策略。

（3）心理健康资源：提供心理健康资源，如心理咨询服务、热线电话和在线支持平台，确保青少年知道这些资源的存在，并鼓励他们寻求帮助。

（4）周密的社会支持系统：鼓励建立健康的社交关系和支持系统。青少年需要感到自己被接纳和支持，有人可以倾诉和分享他们的困境。

（5）提供安全环境：确保青少年处于安全的家庭和学校环境中，提倡和营造尊重、包容和友善的文化。

（6）关注虚拟世界：监控青少年的网络和社交媒体使用情况，警惕网络欺凌和负面影响，并提供指导和支持。

（7）培养适应能力：帮助他们发展适应性和解决问题的能力，鼓励积极的应对方式，如运动、艺术表达、放松技巧等。

（8）提供心理教育和宣传活动：组织心理健康教育讲座、宣传活动和工作坊，提高对心理健康问题的认识和理解。

在面对青少年心理危机时，我们不能低估我们的作用和责任。通过早期干预和积极的支持，我们可以帮助他们重建内心的坚韧和希望。每个青少年都应该被理解、被关心，并被赋予实现自己潜力的机会。让我们共同努力，创建一个关爱紧密、心理健康意识高涨的社会，为青少年创造一个稳定、安全和有益的环境。让我们团结起来，保护他们的心灵，引导他们走向光明的未来。

第十七节　重铸家与我的纽带

——家庭关系出现问题儿童青少年心理健康服务

一、案例情况

小美，16 岁，高中一年级。小美的妈妈在外省打来电话，希望能够帮助到小美，小美平时回到家中就把自己一个人关在房间里不肯出来，也不愿意与人交流，自己跟孩子电话沟通时了解到她很难受，有时候整晚睡不着觉，感觉自己很没有力气。刚刚开学上高中，自己感觉特别不适，自己提不起劲去上学，老师的要求也让她感觉很过分，与同学们也不接触，跟同学们没有办法很好相处，都是一个人独来独往，宿舍住宿非常不适应，同学们睡觉晚的、说梦话的、磨牙的、打呼噜的都让她痛苦不堪，所以申请走读回家住宿。小美时常感觉自己筋疲力尽，情绪很低落，肠胃也不好，吃不下东西，有时候就不吃了，睡眠存在困难，很晚入睡，但是每天早上起来就如临大敌，特别的痛苦。有时候好多事情都记不清楚了，她觉得我整个人都不好了，甚至有的时候觉得活着没有意义，不知道自己为什么活着，有时候感觉自己一个累赘，大家都不喜欢自己，自己也不讨喜，整天沉闷闷的，不会被人喜欢。小美去医院问诊，诊断为中度抑郁。

在与小美的沟通中了解到，小美 3 岁时父母离异，跟随爸爸一起生活，母亲离开他们居住的城市，到另外的城市生活，重新组建家庭，自己一年能见到母亲一次，多数是寒暑假。爸爸在自己 7 岁的时候也组建了新的家庭，现在跟爸爸、继母在一起生活，有时跟继母会起冲突，自己很讨厌跟爸爸相处,认为爸爸是一个人品非常差的人,不值得信任。

二、分析评估

(一)身体状况评估

小美的身体情况主要出现睡眠障碍,睡不好,起来体感痛苦。食欲不振,吃不下东西,有时候一天吃一顿饭。感觉身体乏力,没有精气神去面对一天的学习和生活。小美身体状况较差,不能为小美提供较好的体感体验。

(二)精神心理状态评估

(1)主观感受:每天早起感觉痛苦,不喜欢这样的自己,情绪低落、对什么都不感兴趣、认为自己不够好,不会有人喜欢自己,觉得不值得,活着没意义。

(2)认知思维:有时候感觉自己反应慢,思维迟缓,注意力不集中,学习专注度降低,效率降低,且很容易烦躁,行为懒散、少动,经常把自己一个人关在房间里,认为那里最舒服,自觉精力变差,记忆力下降,记不清一些事情。

(三)家庭关系状况评估

在幼年时期父母离异,家庭分离,小美跟着父亲一起生活,与父亲关系较差,沟通不畅,甚至拒绝沟通。很少与母亲见面,但经常跟母亲通话,跟母亲感情较好。与父亲家的亲戚包括爷爷奶奶往来较少,感情也淡薄,自己也会厌烦。

小美的家庭生态图:虚线表示关系弱,波浪线表示关系冲突。

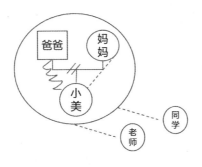

（四）成长经历中的重要事件

在小美 3 岁的时候父母离异，小美是保姆照顾养大，母亲离开在其他城市生活，小美常年跟着父亲一起生活。每次谈起家庭状况的时候，自己会觉得自己是多余的。

在小学到初中阶段，自己与父亲的关系较差，常常发生冲突，自己时常感觉被忽视、不重要，现在与父亲很少说话，不愿意看见他，也不愿意搭理他。

与同学关系相处不融洽，在初中阶段经常跟同学发生摩擦，慢慢地自己就一个人独来独往，少与他人接触，同学关系疏离。

在初中升高中期间，压力较大，自己整夜不能入睡，白天精神状态很差，自己感觉生活绝望，去医院检查，诊断中度抑郁。但是父亲不接受，认为自己是作，装病，不认为小美生病了。

（五）诊断评估

小美抑郁状况严重，身体反应强烈，因童年时期家庭破裂，缺少家人的及时关爱，内心积压许久的情感无法排泄，同时面对破裂的家庭和不在身边的妈妈，自己很多时候都是一个挺过来的，自己在自我的身份认同上遇到困难。

个人抑郁的状态严重影响了小美的生活、学习和社会交往。与家人关系破裂，难以集中注意力学习，与同学疏离，一个人独来独往，因身体原因经常请假，造成了严重的生活困扰。

在与小美咨访过程中，通过观察小美声音较小，语调低落，缺少力量，感受到生活中的柔弱状态。

三、工作目标及策略

（一）总目标

通过咨询服务介入，引导小美与自己连接，看见自己内心的真实需求，重新看见过往的经历以及过往经历对今天自己的影响。减少抑郁情绪，挖掘生命动力，更好地融入校园环境，建立良好的人际互动。

（二）具体目标

1. 个人层面

与小美建立积极的咨访关系，引导其对自己、对感受、对关系开展觉察，协助其重新建构内在自我认知，改变负向信念朝向积极方向发展。

2. 家庭层面

通过家庭系统治疗，与其父母开展沟通咨询，与其父母建立同盟，共同帮助小美。改变家庭互动状态，建立新的互动模式，促进正向积极的交流，使其能够更一致的表达。

3. 社交层面

邀请小美加入青少年团体辅导组，在小组中与更多的同龄人分享互动，开展各种协作，给予小美更多成功的人际关系体验，以及积极的关注和欣赏，帮助小美重塑人际交往的信心与希望。

4. 支持网络层面

与学校老师沟通，紧密配合，给予支持和鼓励，促进其主动与同学交往，尝试寻找新朋友，帮助其融入同辈群体，走出封闭房间。

（三）服务策略

（1）带动小美对自己的现状、内心的感受、过往的成长经历进行自我觉察,了解自己,与自己建立联结,减少与抑郁情绪对抗。

(2)开展内在冰山探索,使其充分对自己的感受、想法、期待和内心的渴望有所认识,以转化内在的信念,提升自我价值感,重塑信心,减少抑郁发作。

(3)开展家庭支持联动计划,让家庭中的重要成员加入其中,重构家庭互动模式,创造较好的互动机会,建立与父母之间的联结,帮助小美能在生活中系统性转化的实现,改善亲子关系,促进积极心态的转变。

(4)创建青少年人际团体服务,让小美参与其中,学习和体验人际互动,在团体中练习实践,找到适合自己的人际互动方式。

(5)与学校老师建立联结,获得老师的支持和帮助,使其可以放松下来,轻松的在校园里应对师生关系和同学关系,减少抑郁发作。

四、理论应用

萨提亚家庭治疗是以人本主义为治疗方向的治疗模式,该理论相信每个人都拥有他们成长所需要的资源,相信每个人都有成长的潜能,能够展示出积极的生命力量。萨提亚治疗模式更关注系统性的服务,通过关注内在和外在资源,开启自我觉察和自我接纳的阀门,以促进人能够达到"内外一致,关系和谐"的通达状态。

萨提亚家庭治疗模式的治疗取向是提升自我价值感,将不健康的功能转化成更健康的模式。帮助人能够重新看见自己,是人对自己的看待,而不是依赖他人对自己的评价或者看法而存在,无论周边所拥有的多少或是所遭受的苦难,都不能作为对自我价值的评判标准,而是真正地接纳自己、欣赏自己、感恩自己、肯定自己,无论外在如何变化,内在可以稳定、开放、丰盈、从容。正如萨提亚家庭治疗模式的信念所述:"问题本身并不是问题,如何应对问题才是真正的问题"。

在小美的案例中,运用萨提亚家庭治疗模式从个人系统、家庭系统、社会系统介入,在内外系统上工作,关注小美的成长历程,以转变抑郁情绪的正向导向为服务目标,重点聚焦在小美的改变上,运用自我环进行自我觉察,了解自己的资源,运用冰山进行内心探索,对过去事件的新的认识和看见,相信改变永远是有可能的,即使外在的改变是有限度的,或者没有改变,内在仍然能够带来改变。

五、工作过程

本案例服务持续三个月，共开展 20 次服务，其中个人咨询 6 次，家庭成员咨询 3 次，团体辅导 10 次，与老师沟通 1 次。

（一）建立专业关系，引导来访者对自己的觉察

咨询师在与小美会谈之前，与小美的妈妈通过话，了解了小美的整体情况，因刚开学到了新学校，情绪极其不稳定。曾经诊断有抑郁症情况，小美妈妈非常担心，希望咨询师能够与小美进行面访会谈。

第一次与小美见面，她很拘谨，声音非常微弱，要非常细心、认真才能听清楚她在说什么。咨询师通过专注的、尊重的态度进行聆听，尝试去理解这个小女孩的遭遇和内心的反应，慢慢地与其共情，建立初访的专业信任关系。在谈论到自身状况的时候，小美表现出对父亲的愤怒和对生活的无奈。

咨询师引导小美对自己的情绪感受进行觉察。

咨询师："你的愤怒在说什么？"

小美："我很生气他为什么这样对我，我觉得他就是人渣。"

咨询师："你觉得他是个人渣，在那个时候你做了什么？"

小美："我转身离开，我不想理他。"

咨询师："这样的愤怒情绪，之前有过吗？"

小美："每次看见他一本正经的跟我说教，我就愤怒，我觉得他自己都做不到的事情，为什么一定要让我做到，他有什么资格管我。"

咨询师："当你面对他这样的时候，你肯定是很愤怒，在那个时候你有什么期待？"

小美："我期待他闭嘴，不要总是和我说这些没用的，我听起来很烦。"

咨询师："听起来他这么做你很生气，你那么愤怒，你怎么看自己？"

小美："我现在就这样了，我没有办法学很好，我整天跑神，注意力难以集中，我自己就感觉很痛苦了，他还那样说我，他一点都不理解我，也不关心我，只关心我什么没做好。"

咨询师："小美，你能接受你有愤怒的这个感受吗？"

小美：（停顿，沉思）

咨询师:"慢慢来,深呼吸,我们一起体验一下这个愤怒的感受,和它在一起待一会儿,现在你有什么新的感受?"

小美:"我感觉我没有那么愤怒了。我感觉自己稳定了一些。"

在多次咨访中,咨询师一直带领小美在遇到感受的时候就停下来觉察自己的感受,尝试让小美与内在的自己连接,跟自己更靠近一些。同时也会带领小美对过去的经历进行觉察,了解自己当时的发生,在过去的体验,以及今天谈及这件事情时的体验。

(二)走入内在冰山,转化内在体验,提高自我价值感

在咨访中一个很重要的工作目标是处理小美的抑郁情绪问题,在这之前最重要的是找到导致小美抑郁情绪的根源,以及在此基础上的内在体验是什么。小美因为父母离异,长期与母亲分居,在成长的历程中总有感觉是被抛弃的孤独感,对自己的不认可和迷茫常常困扰着小美,这让她怎么也快乐不起来,总感觉这个世界上最不幸的人就是自己,自己不被重视,不被看见,也得不到及时的关爱。进入青春期以后小美就和父亲以及继母争执不断,父亲的打骂,对其失望的态度都深深地伤害了她,使其感觉自己就是一个让人厌烦、嫌弃的孩子,没有人关爱她。而继母在与其争吵的时候曾经在语言上赶她离开这个家,说这个家是父亲的,跟她无关,她不听话没有权利住这个家。这让她很受伤,感觉自己是一个不被接纳,不被认可的人,甚至有了认为自己不应该存在的体验。

这些都深深刺痛了小美,使其状态变得越来越差,提不起劲去上学,整天无精打采,把自己关在房间里不肯出来,小美表示,自己的房间是最安全的地方,所以整日用窗帘遮蔽得不透缝隙,把自己藏在这里。

咨询师在面访的过程中观察发现小美能够在回溯过往事件和成长历程中看见自己生命的顽强,并不像表面看见的那样孱弱无助,看见自己一直在抗争的力量,同时也没有放过自己,对自己过分的指责、不满,认为自己很差劲,自己不配拥有的心态。

咨询师针对其内心低落、自我认同度低、自我价值感低、自卑痛苦的内在心境开展冰山探索,协助小美一步步走进内心,了解自己,看见自己的内在发生和自己的真正需求和渴望。进而在此时此刻转化内心的体验感,重新看见过往的事件和经历,重新认识、理解、感受自己,提

高自我价值感,开启新的人生体验,转化过去裹挟前行的伤痛为生命的动力。

(三)走入家庭系统,协同建立新的家庭互动模式

在与小美的咨访中,能够感受到小美有较大的意愿想要改变自己当下的现状,但是也总感觉自己是问题的焦点,常常矛头就指向自己,感觉还是很不舒服,可是不知道如何才能够改变这种家庭状态。小美说我能接纳他们离婚了,但是我接纳不了他们每次都在我面前吐槽对方的不好,我听起来特别难受,感觉像是在说我不好一样,我特别不喜欢听。

基于小美所遇到的困扰已经不仅仅是抑郁情绪的困扰,还有来自家庭中源源不断的家庭关系、互动模式的影响,咨询师决定开展家庭其他成员的咨访活动,以建立家庭联盟,共同帮助小美渡过难关。咨询师先后与妈妈做了两次线上咨询,与爸爸做了一次线下咨询。

在与妈妈咨询中能感受到妈妈不在身边的无力感,同时自己对孩子的担心和焦虑也都如数传递给孩子,小美也会感受到担心、无助和焦虑。咨询师了解到后便转向对妈妈的焦虑进行干预,让妈妈放松,真正地、坦然地接纳孩子的现状,去跟孩子这个"人"接触,而不是关心"关于她的",带着爱去关照小美,而不是带着恐惧和焦虑。

在与爸爸面谈中,了解到爸爸是一个超理智姿态的人,经常喜欢说道理,但是他不清楚他的道理孩子是回避的、隔绝的。父女之间常常有误解在,例如,女儿说:"我得了抑郁症,而我爸爸说我是装的";爸爸说:"我不想让她给自己用一个抑郁症标签化,我认为他就是正常人,就是故意作我。"咨询师了解到这一点后就清楚他们父女之间的矛盾点在哪里较为突出。女儿想要的情感支持父亲给不了,父亲能给的是如何做才是对的,而女儿想要的是对我的理解和认可,对我这个人的内心感受的关爱。面对小美爸爸,咨询师感受到爸爸对女儿是有爱的付出的,但是付出的方式不是女儿想要的情感支持。建议小美爸爸在与小美一起生活中多表达自己的感受,多听听小美的感受和想法。

咨询师通过家庭成员和家庭互动系统的干预,希望能够得到家庭的支持和帮助,重新看待小美的现状,一起努力帮他走出内心受害者的牢笼。

（四）参与团体辅导，尝试练习，建构积极的人际关系

在咨访过程中，邀请小美参与到人际交往团体里，在团体里通过参与分享、连接互动敞开自己，走进内心。团体以了解自己、关系互动、情感表达、面对挫折、生命意义为主题方向开展服务。主要目标：一是稳定情绪状态，挖掘自我生命的资源，建立与自己连接的能力。二是学习与家人和同伴建立良好的人际关系，在关系中安然地做自己，提高个体在关系里的敏锐度。三是推动青少年对自己有客观的认识，在接纳和关爱中树立自己的清晰目标，增加自我的掌控感。四是成为愿意为自己负责任的人，养成自律自主良好行为习惯。

小美在参与过程中最开始表现出焦虑、紧张，非常拘谨，也不愿意分享表达，但是仍然努力让自己参与进来，每一个互动都很认真对待。在第二次活动中，咨询师让大家表达自己各自的情绪状态时，小美把积压内心多年的情感一股脑地宣泄出来。当表达完成时，咨询师询问："现在你的感受如何？"小美深呼一口气说："我感觉现在轻松多了，自己不再是那个闷着的葫芦。"

小美内心的自卑，认为自己不够好，自己是不会被喜欢的想法一度成为小美交友路上的拦路虎。10次的团辅参加完成时，小美与团队里的两个成员成为朋友。她自己说："我在团体里尝试多次与人相处，有的时候不太敢，怕拒绝，后来当我放松下来的时候，我发现一切都是可以的，有的人能成为好朋友，有的人能成为普通朋友，有的人不能成为朋友，我都可以接纳。其实只要我带着愿意突破自己去与人交往时我就能够交到朋友，我不再害怕别人不理我了。"

（五）建构支持网络，促进其适应新的校园生活

在对小美的心理调试服务中，咨询师也与其学校社工、班主任取得联系，希望通过学校层面，在班主任的支持下，帮助小美调试新学校不适应的情况，以更加理解包容的行为方式带动小美能够放松下来，迎接新的生活。

在老师和社工的关注下，小美主动走进画室，开始能够静下心来画画，并且能够顺利地参与课堂，没有再因各种原因请假休息，在课堂上敢于提问题，中午用餐时也主动去约同学一起去吃饭。减少了担心害怕

内心焦虑的情绪,增加了面对的勇气,去尝试新的行为,这对小美来说是在行为上迈出了巨大的一步。

咨询师通过对系统的干预,为小美建构了一个积极的、支持的社会网络,全方位地给予小美支持和滋养,帮助小美应对抑郁情绪,敢于敞开自己的内心,尝试着突破自己前行。在与小美的咨询过程中,咨询师问道:"当你试着去主动与身边的人接触的时候,你的感觉怎么样?"小美说:"我感觉自己并没有那么害怕,一切都很普通,好像别人也不会拒绝我。我感觉我整个人放松了很多。"

(六)离开扶持拐杖,独立迈向新生活

在与小美后面的服务中,咨询师能够看见小美的变化,说话的声音变大了,也敢用眼睛直视咨询师,说话的音调也从压抑的状态转向愉悦。

咨询师在后面的咨询中教小美很多稳定情绪的方式方法,包括适当运动,刺激多巴胺分泌,自己的身体会活跃起来;晒太阳,走进绿植,常在人少安静的地方活动,有效地帮助小美缓解生理上的抑郁焦虑情绪,提高自身的精神状态;开展持续性的冥想,每天早晚进行冥想,带动自己的情绪平稳,尝试在生活中常常与自己联结;与朋友交往,去表达自己的感受想法和期待,积极地面对困难,迎接当下的生活。

小美在这三个月中,积极主动地参与,充分体现了自己改变的决心,也走在改变的路上。在倒数第二次咨询时,咨询师询问如何看待咨询的结束。小美说:"有点不舍得,但是我知道就是要结束的,我要丢掉拐杖,自己走未来的人生路。可能走的也没有那么好,但是我愿意去尝试,只要往前走,就一定能够前进。"听了小美的表达,咨询师能够感受到小美身上的力量,感受到她愿意为自己负责任的生命状态,也相信她是有能力独立前行的。

六、工作成效

(一)走出抑郁困境,对自己有了新的认识

小美在咨询结束时能够展现出敢于积极面对自己的人生状态,不再

埋怨指责自己不够好,也减少了对父母的责怪,这让小美感觉放松了很多。正视自己的生命状态,减少了与抑郁情绪的对抗做法,愿意接纳自己会有抑郁的情绪出现,不排斥不对抗的时候这样的情绪状态就会减弱,小美觉得自己并没有那么差,自己也可以开心起来,这给了小美表达自己的正向通道。

(二)建立的有效的支持系统,促进小美正向改变

在服务的过程中咨询师不仅关注到小美个人的情绪调整,更关注到小美的问题来自家庭系统和社会支持系统的影响,特别是家庭成员之间的互动和家庭关系对小美长期的影响较大。通过对小美家庭系统的介入和社会支持网络系统的链接,在一定程度上为小美心态的转变、抑郁症的缓解和转化起到了非常关键的作用。小美能够跟父亲坐下来一起吃饭说话了,也不排斥父亲送其上学。父亲也能够更体谅小美的情绪反应和心理动态,更愿意去理解小美的想法,听听小美的意见。母亲也可以不那么焦虑,释然地与小美相处,在小美的需要上给予更多的支持。

(三)提高了交往能力,敢于尝试主动与人交往

小美在参与团体辅导中能够学习到与人交往的方式,敢于突破自己主动与同学交往,愿意主动邀请同学一起去吃午饭,在一定程度上得到了很大的提升。同时小美发现,与人交往并不是想象中的那么难,小美曾经有很多非理性信念认为自己是不被爱的,不被喜欢的,一边想要拥有好的关系,一边又逃离这个关系,内心挣扎、痛苦。

(四)以积极的状态迎接新的校园生活

在三个月的咨询过程中,小美一直保持上学的状态,没有请假,坚持去面对新的校园生活。小美不再那么排斥美术课程,认真地准备考试,跟同学的互动也增加了。老师和社工的关注,提高了小美的交往自信,使其更充分面对校园生活。

七、专业反思

（一）系统的介入对于受关系困扰的来访者在改变上效果显著

人是在情境中成长的，自我、他人和情境对于人有非常巨大的影响，能够协调处理好自我，与他人的关系，与情境的关系对于人的稳定性有非常大的促进作用，能够更加和谐稳定。本案例中通过给小美在自我稳定方面、在与他人互动上以及家庭及学校环境的改变和适应上做工作，小美的改变效果显著，是较好的工作模式。

（二）咨询师全然接纳能够有效助力来访者内观自己

咨询师自己内在的发生对于来访者影响较大，咨询师能够全然地接纳来访者，而不是批判、评价、挑剔来访者，对于来访者来说更能够感受到安全感、被允许、会更容易开放自己，进而有机会看见自己，觉察自己，帮助来访者稳定内在的心理状态，与自己建立新的联结。

（三）来访者有自己的成长进程，咨询师只需陪伴和引导

每位来访者都有自己成长的路径和进程，咨询师在遇见来访者时，要尊重来访者的当下状态，也愿意尊重他改变的历程，愿意走近来访者，与他一起，陪伴他一起走过去。无论这其中遇到什么，都是被允许，这样就能够让来访者感受到自己是可以的，是有机会可以改变的。

第三章

青少年心理健康
发展的重要议题

第一节　青少年自我同一性的建构

青少年时期,是我们成长的关键阶段,不仅身体在发生变化,内心世界也在掀起翻天覆地的波澜。我们开始思考自己是谁、想成为什么样的人的时候,正是青少年自我同一性建构的探索之旅。

青少年自我同一性的建构指的是在青春期阶段,个体逐渐形成、认识和定义自己的一种过程。这个过程涉及个体对于自己是谁、自己在社会中的位置以及自己的价值观和目标等方面的理解和认知。青少年自我同一性的建构通常涉及以下五个关键方面:角色扮演与试错、自我探索、身份认同、情感变化、外界影响。

想象一下,你穿越到一个神秘的森林,在这个森林中,你可以尝试不同的服装、担任不同的角色,这就好比青少年的自我探索,通过角色扮演和尝试不同行为,我们能更好地了解自己的兴趣、价值观和能力。在角色扮演与试错方面,青少年正在通过模仿、尝试不同角色和行为,逐渐了解自己,并锻炼其自我认知和社会适应能力。角色扮演是青少年为了更好地理解自己和他人,以及塑造自己的独特特质而采取的一种策略。他们可能会暂时地担任某个角色,仿佛将自己投射到另一个人的生活中。这种体验有助于他们审视生活中不同的可能性,从而在实际生活中更加明晰地选择适合自己的路径。比如,一个内向的青少年可能尝试着扮演外向的角色,以发展社交能力,了解自己是否愿意适应这种变化。

试错则是角色扮演的自然延伸,通过实验各种不同的行为和选择,青少年可以更好地理解自己的喜好、优点和挑战。在试错的过程中,他们可能会遇到失败和挫折,但这些经验有助于培养他们的适应性和解决问题的能力。比如,一个青少年可能会尝试加入不同的社交团体,从而了解哪个团体更符合自己的兴趣和价值观。

青少年时期的角色扮演与试错能够帮助未成年人建立自信。通过尝试不同的角色，青少年可以体验成功的时刻，提升自尊心，从而更好地认识到自己的能力，也会经历失败和挫折，从而培养自身积极应对的心态，并获得应对困难的个人独特资源，甚至是习得辨别健康的试错和不健康的冒险，以避免潜在的风险。

综合来看，角色扮演与试错在青少年的自我同一性建构中扮演着关键角色。这个阶段的经历帮助他们更好地认识自己，发展自信和适应能力，并为未来的成长和发展奠定坚实基础。

自我探索是青少年自我同一性建构过程中的重要环节，它涉及深入了解内在世界、发展价值观和认知自身兴趣爱好的过程。这个阶段，青少年积极地追问自己"我是谁"和"我想成为什么样的人"。

在自我探索的过程中，青少年开始思考自己的价值观和信仰。他们可能会质疑道德观念、人生目标和社会义务，从而建立起一套独特的价值体系。这些价值观不仅影响他们的行为和决策，还帮助他们更好地理解自己在这个世界上的位置。

青少年也会关注自己的兴趣和爱好。他们会投入时间和精力去尝试各种不同的活动，从体育、音乐到艺术和科学。这个过程有助于他们发现自己的天赋和潜力，从而确定未来的职业方向。比如，一个对绘画有浓厚兴趣的青少年可能会逐渐明确自己想成为一名艺术家的目标。

此外，自我探索还涉及理解自己的情感世界。青少年经历着情感上的波动和深刻的内心体验，他们开始认识到自己的情感需求和情感应对方式。这有助于他们更好地理解自己，也有助于建立积极的情感健康。

然而，自我探索并不是一帆风顺的过程。在探索的过程中，青少年可能会遇到挫折和困惑，他们可能会面临对未来的不确定感和压力。这就需要家庭、学校、医疗部门和社会多方提供支持，鼓励他们勇敢地探索自己，同时也要引导他们健康地应对挑战，以帮助青少年找到自己真正的声音和方向。

在此基础上，在青少年自我同一性的建构过程中，身份认同也是一个关键的方面。身份认同涉及个体对于自己所属的群体、社会角色以及文化背景的理解和认知。这个阶段，青少年开始思考自己在社会中的定位和角色，逐渐形成与自己相符合的身份认同。

青少年开始对自己的性别、文化、宗教、族群等方面产生浓厚兴趣。他们会反思这些身份特征对自己的影响，逐渐形成自己的身份认同。例如,一个青少年可能开始思考自己的文化背景,探索自己与文化传统的关系,从而形成对自己文化身份的认同感。

身份认同的形成还可能涉及与他人的比较。青少年会将自己与其他人进行对比,从中寻找共鸣和差异。青少年可能会遇到外界对于身份认同的期望和压力,他们也可能会犹豫不决,不确定自己到底属于哪个群体。某个角度而言,身份认同的比较有助于他们更好地理解自己所属的群体,并在群体中找到归属感。例如,青少年可能会比较自己与同龄人的兴趣和喜好,从而更好地了解自己的个性。

同时,身份认同的形成也不是一蹴而就的过程。身份认同的建构过程可能伴随着挑战和困惑,也可能在不同的时间段中发生变化,随着青少年的成长和经历而逐渐演变。

情感变化是青少年自我同一性建构过程中的一个显著方面,涉及个体情感的起伏、内心世界的深化和情感应对的培养。在这一阶段,青少年经历着情感上的波动,探索着自己的情感需求和方式。

青少年的情感变化在很大程度上受到生理发展和心理成熟的影响。荷尔蒙的变化、大脑发展的不平衡等因素,使得青少年常常情绪高涨或低落,时而兴奋,时而抑郁。这些情感变化可能会让他们感到混乱和不安,但同时也是在认识自己内心世界的机会。

这个阶段的情感变化还可能引发内省的需求。青少年开始思考自己的情感,深入体验内心的情感波动。他们可能会问自己为什么会感到某种情绪,如何应对情感,以及情感与他们的身份和目标之间的关系。这个过程有助于他们更好地理解自己,培养情感智力,从而更好地应对情感挑战。

然而,情感变化也可能导致情感应对上的困难。青少年可能会经历内心的焦虑、压力和困惑,他们需要学会如何应对这些情感。一些可能的应对策略包括情感表达、积极的应对方式、自我关怀等。这些应对策略不仅帮助他们处理当前的情感,还有助于培养积极的情感应对习惯,对未来的情感健康产生积极影响。

在情感变化的背后,还可能涉及到对自我需求的更深入了解。青少年的情感波动常常源于内心对关系、目标、自我价值的追问。他们可能开始思考自己想要什么,对自己和他人有哪些情感需求,从而更好地满足这些需求,塑造积极的情感状态。

青少年自我同一性建构的探索之旅,虽然有时会充满挑战,但它也是青少年成长的机会。通过一系列自我同一性的建构,青少年可以更好地了解自己的价值,培养自信和情感智力。在这个过程中,外界的支持和鼓励尤为重要,它们为青少年提供了安全的环境,家庭、社会、学校以及朋友等环境因素都会影响青少年如何认识自己、形成自己的独特身份,同时也能提供必要的支持,帮助他们应对成长中的挑战。

家庭是青少年形成自我认知和身份认同的重要基石。家庭成员的价值观、文化传统、行为方式等都会影响青少年的认知和行为。积极的家庭关系和支持可以帮助青少年建立自信,为他们提供一个稳定的成长环境。家庭中的开放性沟通、倾听和理解,能够让青少年更好地表达自己,减轻他们的心理压力。

社会的价值观、文化和期望也会对青少年产生影响。媒体、社交网络等社会因素塑造了青少年对于身体形象、成功标准等的看法。这些影响可能导致青少年产生自我认知上的不安全感。然而,积极的社会影响也可以鼓励青少年多元化地认识自己,不局限于单一标准。

学校是青少年日常生活中重要的一部分,它可以提供学习机会和社交环境。教育机构可以通过课程设置、支持性教育和心理健康服务,帮助青少年更好地了解自己。老师和辅导员的支持也能在青少年面临挑战时提供指导和支持,帮助他们处理身份认同的问题。

青少年的朋友圈对于他们的自我认知和身份建构具有重要影响。朋友之间的互动和支持可以让青少年感到被理解和接受。积极的友谊关系能够促进情感智力的发展,帮助他们更好地理解自己和他人。

青少年心理健康专业支持也是至关重要的。心理医生和心理治疗师可以为青少年提供专业的指导和支持,帮助他们应对自我认知和身份认同方面的问题。这些专业人士可以通过心理评估、辅导和治疗等手段,帮助青少年更好地处理情感变化和身份探索。

第二节　良好的家庭关系是一切的底色

家庭是一个人成长的起点,也是一个人一生中最重要的社会单位。

良好的家庭关系是一个人生活中最重要的基石之一,对个人的身心健康、情感满足和社会适应能力都起着至关重要的作用。一个温暖、和谐、亲密和支持性的家庭环境能够促进家庭成员之间的情感交流和互助,培养积极的家庭价值观,提供安全感和稳定性,为个人的成长和发展提供良好的基础。

一、家庭关系的重要性

良好的家庭关系是个人成长的基石。一个温暖、和谐、亲密和支持性的家庭环境能够提供个人所需的情感支持和稳定性。这有助于个人建立积极的自我形象、应对挑战和压力,并促进个人的心理健康和幸福。

良好的家庭关系对社会和谐起着重要作用。一个和谐的家庭环境能够培养个人的公民意识和社会责任感。这有助于个人积极参与社会活动,为社会的发展和进步做出贡献。

家庭是价值观的传承者和塑造者。良好的家庭关系能够传承和发展积极的家庭价值观。这些价值观对个人的行为和决策产生重要影响,帮助个人树立正确的人生观和价值观。

二、家庭关系对青少年的影响

青少年时期是一个关键的发展阶段,他们的心理健康问题可能对其整个人生产生深远的影响。家庭关系是青少年心理健康的重要因素之一。一个稳定、支持性和温暖的家庭环境可以促进青少年的心理健康,而不良的家庭关系可能导致各种心理问题的出现。

良好的家庭关系对青少年的影响是积极而深远的。一个健康、支持性和积极的家庭环境可以为青少年的身心健康和发展提供重要的支持和保护。

首先,良好的家庭关系可以提供青少年所需的情感支持。在一个温暖、关爱和支持的家庭环境中长大,青少年可以感受到家人的爱和关心。这种情感支持可以使青少年感到安全、被接受和重要,有助于他们建立积极的自我形象和自尊心。同时,家人的支持也可以帮助青少年应对生活中的挑战和压力,提高他们的情绪调节能力和适应能力。

其次,良好的家庭关系可以促进青少年的健康发展。在一个支持性和鼓励性的家庭环境中,青少年可以得到适当的指导和教育。家人可以帮助他们树立正确的价值观和道德观念,培养良好的行为习惯和责任感。良好的家庭关系还可以为青少年提供良好的学习和发展机会,鼓励他们参与各种兴趣爱好和社交活动,培养他们的才能和技能。

另外,良好的家庭关系可以促进青少年的社交能力和人际关系。在一个和睦、合作和尊重的家庭环境中,青少年可以学习与他人建立健康、亲密关系的技巧。他们可以观察和学习家人之间的沟通和解决冲突的方式,从而提高他们的人际交往能力。良好的家庭关系也可以为青少年提供一个安全的环境,使他们感到自由表达自己的想法和情感,培养他们的社交技巧和情商。

最后,良好的家庭关系可以对青少年的学业成就产生积极影响。在一个支持和鼓励的家庭环境中,青少年可以得到家人的学习和教育的支持。家人可以提供适当的学习资源和指导,帮助他们制定学习计划和目标,并鼓励他们努力学习。良好的家庭关系还可以提供一个积极的学习氛围,激发青少年的学习兴趣和动力,提高他们的学习成绩和学业发展。

一个不健康的家庭环境可能会给青少年的身心健康带来负面影响,包括情感问题、行为问题和学业问题。

在一个冷漠、暴力、冲突或不稳定的家庭环境中长大,青少年可能会感到孤独、无助和失望。他们可能缺乏情感支持和安全感,无法建立健康的情感基础。这可能导致他们出现焦虑、抑郁、自卑等情感问题。他们还可能表现出攻击性、反社会行为、逃避责任等问题,甚至可能导致青少年滥用药物或酗酒等不良行为。

一个不支持和鼓励的家庭环境可能会削弱青少年的学习动力和自信心。他们可能缺乏学习的积极性,无法集中注意力和解决问题。这可能导致他们的学业成绩下降,影响他们的未来发展。

不好的家庭关系还可能对青少年的社交能力和人际关系产生负面影响。在一个冲突和紧张的家庭环境中长大,青少年可能缺乏与他人建立健康、亲密关系的能力。他们可能无法有效地表达自己、理解他人,从而导致与同伴和其他人之间的关系问题。

不健康的家庭关系还可能会对青少年的自我形象和自尊心产生负面影响。在一个缺乏关爱和支持的家庭环境中,青少年可能会对自己产生负面的评价和观念。他们可能感到自卑、无能和不被接受。这可能导致他们的自尊心下降，影响他们的自信心和积极性。

三、改善家庭关系的方法

建设良好的家庭关系是一个长期而复杂的过程，需要家庭成员的共同努力和理解。以下方法可以帮助建设良好的家庭关系：

（1）保持良好的沟通是建设良好家庭关系的关键。家庭成员应该互相倾听和尊重对方的意见和感受，积极表达自己的需求和想法。定期举行家庭会议或谈话，让每个人有机会分享和解决问题。

（2）通过共同参与家庭活动和互相支持，建立亲密关系。共同度过时间，例如一起做饭、看电影、户外活动等，可以增强家庭成员之间的联系和亲密感。

（3）家庭成员应该相互尊重和理解。尊重每个人的个人空间和隐私，尊重彼此的意见和决策。理解和接纳每个人的差异和特点，避免批评和指责。

（4）家庭成员应该一起制定家庭规则和价值观，以建立共同的价值观和行为准则。这样可以促进家庭成员之间的一致性和团结。

（5）冲突是不可避免的，但家庭成员应该学会以积极的方式解决冲突。鼓励开放的讨论和妥协，避免争吵和攻击性的言辞。寻求第三方的帮助，如家庭咨询师，可以帮助解决复杂的冲突。

（6）家庭成员应该相互支持和鼓励。在困难和挑战面前，提供情感支持和实际帮助。鼓励每个人追求个人目标和兴趣，并为他们提供支持和鼓励。

（7）家庭传统和仪式可以增强家庭成员之间的联系和归属感。例如，每周一起吃饭、庆祝生日和节日、参加家庭活动等。

（8）父母应该做出榜样，以良好的行为和态度影响孩子。提供父母的指导和支持，帮助孩子建立正确的价值观和行为准则。

家庭是社会的基本细胞，是人生的第一所学校。不论时代发生多大变化，不论生活格局发生多大变化，我们都要重视家庭建设，注重家庭、注重家教、注重家风。

家庭是一个人一生中最重要的组成部分，良好的家庭关系是一个人成长和发展的基石。一个温暖和谐的家庭，不仅能给予人们无尽的关爱和支持,还能培养人们健康的心态和积极的人际关系。因此,良好的家庭关系是一切的底色。

在一个和谐的家庭中,亲人们相互理解和支持,彼此分享喜怒哀乐,共同度过人生的起伏和挑战。这种亲密关系能够培养人们的安全感,让人们知道自己永远有一个可以依靠的地方。在家庭中感受到的爱和温暖,能够滋养人们的心灵,使人们更加自信和乐观地面对生活中的困难。

在家庭中,人们学会了与亲人们相处的方式,学会了分享和合作,也学会了尊重和包容。这些在家庭中培养起来的人际关系能力,将伴随人们一生。无论是与同学、朋友、同事还是伴侣相处,良好的人际关系能力都是成功的关键。在一个和谐的家庭中,人们学会了倾听和表达,学会了关怀和理解,这些都是建立良好人际关系的重要基础。

在一个和谐的家庭中,人们得到了充分的支持和鼓励,能够更好地发展自己的潜力和实现自己的目标。家庭成员之间的互相鼓励和共同努力,能够激发人们的积极性和创造力。在这样的环境中,人们能够发现自己的兴趣和才能,并通过努力和实践不断提升自己。

良好的家庭关系能够为人们提供一个稳定的成长环境,让人们成为更好的自己。总之,良好的家庭关系是一切的底色。它能够给予人们安全感和归属感,培养人们积极的人际关系能力,促进人们的个人成长和发展。在一个温暖和谐的家庭中,人们能够感受到无尽的关爱和支持,这种爱和支持将伴随人们一生,成为人们成长和成功的动力。因此,我们应该珍惜和维护良好的家庭关系,让家庭成为我们心灵的港湾,给予我们力量和勇气,让我们在人生的道路上砥砺前行。

第三节　青少年的个体情绪发展与转化

一、青少年情绪的发展和转化过程

青少年情绪的发展和转化过程是一个复杂而多变的过程,涉及身体、心理和社会等多个方面的因素。在这个阶段,青少年经历着身体和心理上的巨大变化,同时也面临着与家庭、同伴和社会的互动。以下是青少年情绪发展和转化的一般过程。

（一）幼年期（6～12岁）

在这个阶段,青少年开始意识到自己的情绪,并学会了表达自己的情感。他们可能会经历愤怒、悲伤、快乐等不同的情绪,但还不太懂得如何处理和控制这些情绪。此时,家庭和学校的支持和教育对他们情绪发展的重要性不可忽视。

（二）青春期（12～18岁）

这个阶段是青少年情绪发展的关键时期。青少年的身体和性格都经历着巨大的变化,他们开始独立思考和建立自己的身份。情绪波动也变得更加剧烈和不可预测,他们可能会经历焦虑、抑郁、愤怒等情绪。同时,他们也更容易受到同伴和社会的影响,对自己的情绪感到困惑和不安。

（三）青年期（18～25岁）

在这个阶段,青少年逐渐成为独立的成年人,他们开始面对更多的责任和挑战。情绪发展也逐渐趋于稳定,他们更加成熟和理性。然而,这个阶段也可能面临职业选择、人际关系等方面的压力,情绪波动仍然存在。

二、青少年情绪发展与转化的原因

青少年情绪发展与转化的原因可以分为内在因素和外在因素两个方面。内在因素包括生理发展、心理发展和认知发展,而外在因素则包括家庭环境、社交环境和学校环境等。

首先,生理发展是青少年情绪发展与转化的重要原因之一。在青春期,青少年的身体发生了许多变化,如性征的出现、荷尔蒙水平的增加等。这些生理变化会对青少年的情绪产生影响,使他们更加敏感、易怒或情绪波动较大。

其次,心理发展也是青少年情绪发展与转化的重要原因。青少年正处于身份探索和自我认同的阶段,他们开始思考自己的价值观、信仰和目标。这种心理发展过程可能导致他们产生焦虑、困惑和挫折感,从而影响他们的情绪。

此外,认知发展也会对青少年情绪产生影响。青少年的思维方式和能力在这个阶段发生了重大变化,他们开始具备抽象思维和逻辑推理的能力。然而,他们的思维还不够成熟,容易陷入黑白思维、自我中心和过度一致的思维方式,这些认知偏差可能导致他们产生消极情绪。

除了内在因素,外在环境也对青少年情绪发展与转化起着重要作用。家庭环境是青少年情绪发展的重要影响因素之一。家庭的情感氛围、父母的教养方式以及家庭成员之间的关系都会对青少年的情绪产生影响。如果家庭环境不稳定、冲突频发或缺乏支持和关爱,青少年可能会感到沮丧、焦虑或愤怒。

社交环境也会对青少年的情绪产生影响。青少年开始与同龄人建立更多的社交关系,他们可能面临着来自同伴的压力、排斥或欺凌。这些负面的社交经历可能会导致青少年的情绪问题。

最后,学校环境也是青少年情绪发展与转化的重要因素之一。学业压力、同学关系、老师的教育方式等都会对青少年的情绪产生影响。如果学校环境过于竞争激烈、学业负担过重或教育方式不当,青少年可能会感到压力和挫折,从而影响他们的情绪健康。

了解这些原因有助于我们更好地理解青少年的情绪问题,并采取相应的措施来帮助他们促进情绪的健康发展。

三、青少年的情绪特点

青少年是人生发展的重要阶段,他们正处于身体和心理变化的关键时期。在这个阶段,青少年的情绪特点呈现出一些独特的特点。以下是对青少年情绪特点的一些描述。

第一,青少年情绪的波动性较大。由于身体和生理上的变化,青少年经常会出现情绪上的起伏。他们可能在某一刻感到兴奋和快乐,而在下一刻又变得沮丧和烦躁。这种情绪波动性是青少年时期的一种正常现象,通常与荷尔蒙水平的变化以及对自我身份和社会角色的探索有关。

第二，青少年情绪的强烈性增加。青少年常常会经历情绪的强烈表达，无论是积极的还是消极的情绪。他们可能会感到极度的兴奋、激动或愤怒，也可能会陷入深深的悲伤或焦虑之中。这种情绪的强烈性可能是由于大脑和神经系统的发展不平衡所导致的。

第三，青少年情绪的易受影响性增强。青少年往往对外界刺激和社交环境更加敏感。他们容易受到他人的情绪和行为的影响，可能会随着他人的情绪而波动。这种易受影响性可能是由于青少年在社会化过程中正在寻找自我身份和归属感，因此对他人的看法和反应更加敏感。

第四，青少年情绪的自我意识增强。随着认知能力的发展，青少年开始更加关注自己的情绪和情感体验。他们开始思考自己的情绪来源和如何应对情绪困扰。青少年可能会更加关注自己的内心世界，对自己的情绪和情感有更深入的认识。

第五，青少年情绪的稳定性逐渐增强。随着青少年的发展，他们逐渐学会了更好地管理和调节自己的情绪。他们开始发展出应对压力和情绪困扰的策略，并逐渐学会了控制情绪的表达。青少年情绪的稳定性的增强可能是由于大脑发展和经验的积累所致。

了解和理解这些特点对于青少年的心理健康和发展至关重要。家长、教育者和社会大众应该给予青少年情绪的理解和支持，帮助他们建立健康的情绪管理和应对策略，促进他们的全面发展。

四、青少年常见的情绪问题

青少年是一个处于身心发育和社会适应阶段的群体，他们在面对各种挑战时，往往会出现各种情绪问题。以下是青少年常见的情绪问题。

（一）焦虑情绪

青少年在面临考试、升学、人际关系等方面的压力时，往往会出现焦虑情绪。他们可能会表现出情绪紧张、不安、害怕、烦躁等症状，甚至会影响到他们的学习和生活。

（二）抑郁情绪

青少年在面对挫折、失落、孤独等情况时，容易出现抑郁情绪。他们可能会表现出情绪低落、消极、失去兴趣等症状，甚至会出现自杀的念头。

（三）愤怒情绪

青少年在面对挑战、受到委屈或者受到不公正待遇时，容易出现愤怒情绪。他们可能会表现出情绪激动、暴躁、易怒等症状，甚至会出现打架、伤人等行为。

（四）自卑情绪

青少年在面对自我认知、身体形象、社交能力等方面的不足时，容易出现自卑情绪。他们可能会表现出自卑、自责、退缩等症状，甚至会出现自闭、厌食等问题。

（五）依赖情绪

青少年在面对独立生活、自我决策等方面的挑战时，容易出现依赖情绪。他们可能会表现出依赖、依靠、不自主等症状，甚至会出现沉迷于游戏、网络等问题。

以上是青少年常见的情绪问题，这些问题可能会对他们的身心健康和成长产生负面影响。因此，家长和教育者应该关注青少年的情绪变化，及时发现和解决问题，帮助他们健康成长。

青少年时期是一个情绪波动较为剧烈的阶段，他们面临着学业压力、人际关系、身体变化等多种因素的影响，因此，学会有效地管理情绪对于他们的成长和发展至关重要。下面是一些青少年可以采用的有效管理情绪的方法。

（1）认识自己的情绪：了解自己的情绪是管理情绪的第一步。青少年可以通过记录自己的情绪变化，思考触发这些情绪的原因，以及情绪对自己的影响。这样可以帮助他们更好地认识自己的情绪，并找到应对的方法。

（2）寻找适合自己的情绪释放方式：青少年可以通过参加体育运动、听音乐、阅读、写作、绘画等方式来释放情绪。这些活动可以帮助他们转移注意力,舒缓压力,减轻负面情绪。

（3）建立积极的生活习惯：良好的生活习惯对于情绪管理至关重要。青少年可以保持规律的作息时间,充足的睡眠,健康的饮食,适度的运动等。这些习惯有助于维持身心健康,提高情绪稳定性。

（4）培养社交技巧：人际关系是青少年情绪管理的重要方面。青少年可以主动与他人交流,分享自己的感受和困惑,寻求他人的支持和理解。同时,他们也需要学会倾听和尊重他人的情绪,与他人建立良好的互动关系。

（5）学会应对压力：青少年面临的学业压力常常成为他们情绪波动的主要原因之一。他们可以通过制定合理的学习计划,分解任务,合理安排时间,提高学习效率。此外,他们也可以学习一些放松和冥想的技巧,以缓解压力。

（6）寻求专业帮助：如果青少年发现自己无法有效地管理情绪,情绪问题严重影响了他们的生活和学习,那么他们应该及时寻求专业帮助。心理咨询师或心理医生可以帮助他们识别和处理情绪问题,并提供合适的支持和指导。

（7）青少年在管理情绪的过程中需要耐心和坚持。他们需要明白,情绪管理是一个长期的过程,需要不断地学习和实践。

通过采用上述方法,青少年可以更好地掌控自己的情绪,提高情绪稳定性,促进身心健康的发展。

第四节　正确面对青少年出现成长性障碍

青少年期是指儿童期过渡到成年期的阶段,大约是 10～19 岁。从世界范围来看,这一阶段的基本任务还是很相似的。他们不仅要接受生理发育的成熟还伴随着很多重大的认知变化。总体来说,青少年阶段心理发育的主要特点包括以下几个方面：（1）身份探索：青少年会开始思考自己的身份、价值观和目标，并试图找到自己在这个社会中的角色。（2）自我意识增强：青少年开始更加关注自己的外貌、形象和社交地位，开始形成自我概念和自尊心。（3）独立性增强：青少年渴望独立和自主，希望能够独立决策和掌控自己的生活。（4）情感波动：青少年情绪起伏较大，可能经历情绪的高峰和低谷，对情感的表达和处理能力也在不断发展。（5）社交关系重要性：青少年更加重视与同龄人的交往，朋友关系对他们的情感支持和社会支持至关重要。（6）思维能力提升：青少年的思维能力逐渐发展，开始具备抽象思维、推理能力和批判性思维的能力。这些心理特点在青少年心理发展阶段中是常见的，但每个人的发展进程和经历可能有所不同，所以，每个孩子的发展还是各有区别的。

埃里克·埃里克森（Erik H Erikson，1902.06.15~1994.05.12）美国精神病学家，著名的发展心理学家和精神分析学家。他提出人格的社会心理发展理论，把人类心理的发展划分为八个阶段，并指出每个阶段都存在两种对立的心理倾向，解决了这一矛盾，人格中就会出现一种积极品质，并且可持续发展。

同一性的发展是埃里克·埃里克森自我发展理论中的核心。它包含了许多的成分，例如，身体、性别、社会、职业、道德、信仰和心理特征，这些成分构成了完整的自我。自我同一性，可以理解为个体的自我与本我的统一，个体过往经验的认识与其主观意愿的统一，个体与社会的统一；也可以理解为对自己的过去、现在和将来的认知，即在任何情况下都能够全面认识到意识与行动的主体是自己。

埃里克森认为，青少年的核心问题是自我意识的确定和自我角色的形成。这种同一感可以帮助青少年了解自己以及了解自己与各种人、事、物的关系，以便能顺利地进入成年期。否则就会产生同一性的混乱。如果他们能够解决这一矛盾，就会获得个体感，获得个体在社会中的角色、经验的跨时间的一致感并投入到自我理想中。反之，如果他们解决不了这一矛盾，或由于社会的限制，青少年做出与自己能力和愿望不匹配的选择，他们会浅尝辄止，漫无目标，就会出现相应的成长性障碍。例如，如果青少年缺乏信任感则很难找到可以坚持的信念；如果他们没有形成稳定的自我感，那么他们将很难与别人分享亲密感。

回想一下你在小学和中学的时期，当你进入青春期的时候，你的感受如何？你与父母的关系发生了怎样的变化？你与同伴的关系又是怎么变化的呢？众所周知，青少年喜怒无常的情绪就像是个不定时炸弹，随时随地都有可能爆炸。他们会关上门，不愿意和家人相处，而且更容易发生争吵。

为什么看上去是大人样子的青少年这么爱争吵呢？当青少年在生理上成熟后，他们希望别人以成人的方式来对待他们。而大部分的父母没有明确的一个意识转变，仍然会延续着既往的行为习惯对孩子加以指责和指导，但这恰恰就是青少年情绪的导火索。

现今社会绝大部分孩子都是衣食无忧长大的，他们没有物质层面的忧虑，所以他们更加注重追求精神层面的营养。他们会反复地思考：人为什么活着？人活着的意义是什么？为什么要上学？读书的意义是什么？……在十几岁的年纪，他们能想到这些问题，这无疑是社会的进步，人类文明的进步，但是，很可惜，身为父母的我们却没能给他们一个满意的答案。

现代社会，生活节奏快，生活压力大，浮躁的父母们还在想方设法地让孩子们按照自己认为的最优路线去前进，去奋斗，去追求那些所谓的"成功"，一旦出现任何理想以外的状况，他们就会变得焦虑、抓狂和崩溃。他们无法接受孩子们脱离他们的掌控，无法接受孩子们的"失败"。所以，他们只能把所有的情绪和不满发泄到孩子们的身上，而孩子们也就成了承接成人情绪的容器，直到有一天，他们再也接不住了。于是，他们只能选择逃避：厌学，逃课，整天玩手机，打游戏，昼夜颠倒，拒绝沟通，孤僻，懒散，跟家长、老师激烈的对抗……

久而久之很多青少年就会慢慢地出现一些心理问题。青少年常见的认知情绪行为障碍包括以下几种类型：（1）注意力缺陷多动障碍（ADHD）：青少年可能表现出注意力不集中、过度活动、冲动和容易分散注意力的特点。（2）抑郁症：青少年可能出现长时间的消沉、情绪低落、对日常活动失去兴趣、自责和自卑、消极、自残、厌世等症状。（3）焦虑症：青少年可能出现过度担心、紧张、害怕、恐惧和对未来的担忧，可能伴随睡眠问题和身体不适。（4）心理创伤后应激障碍（PTSD）：青少年可能在遭遇创伤性事件后出现持续的恐怖回忆、噩梦、避免提醒和情绪波动等症状。（5）强迫症（OCD）：青少年可能出现反复出现的强迫思维和行为，如反复洗手、检查或重复某些动作。（6）自闭症谱系障碍（ASD）：青少年可能表现出社交交往障碍、沟通困难、刻板和重复性行为、狭隘的兴趣和活动。

而很可悲的是，哪怕是到了这个时候，很多家长还是会把这一切推到"青春叛逆期"的头上，并不承认自己的孩子已经出现了心理问题。又或者是开始埋怨，埋怨孩子的不听话，埋怨孩子的不学习，埋怨孩子的不懂事，埋怨孩子的找麻烦，埋怨孩子的一切。甚至有的家长开始跟孩子们诉苦，倾诉自己挣钱多么的不容易，生活多么的困苦，把你养这么大多么的艰难等，什么样的情况都有。但是，家长们从来没有从自身找找原因，我们自己做的又真的有那么好吗？我们所谓的那些关心孩子，真的是他们需要的吗？我们真的了解他们吗？我们所认为的那些好，就真的是他们想要的吗？我们真的是在帮助他们吗？

青少年开始了对自主性的追求，他们迫切地渴望自己的长大，希望别人能看到自己的成长，承认自己的成熟和思想，这是一种把自己看作独立的、自我管理的个体意识。他们更多地希望依靠自己的能力来解决问题，但家庭关系对于把孩子培养成自主、负责任的人方面，仍然有着至关重要的作用。

青春期会引起青少年和父母的心理疏远，随着他们看起来越来越成熟，他们渴望获得更多的独立和自由。认知的发展也使得他们可以越来越有效的解决问题和做出决定。随着对自我认知的更清晰，青少年开始对父母去理想化，把他们看作"普通人"。因此，他们不再像小时候那样，盲从于父母的权威。

在家庭中，每个人都是平等的关系，是互帮互助、互相关爱的关系，所以，作为父母，我们需要学会尊重自己的孩子。尊重他们的隐私，尊重他们的成长，尊重他们的人格独立。我们不应该把自身的压力和情绪释放到孩子的身上，不应让孩子成为我们的垃圾桶，承接了我们的负面情绪和暴力行为。但同时，孩子的世界观的建立又需要父母的引导，危险的时候还需要父母的保护。温暖、支持性的父母——子女关系可以更好地帮助孩子们平稳地度过青春期，有助于他们的自主性的培养。

作为家长，在孩子出现心理问题时，可以考虑以下几个步骤：（1）观察和倾听：注意观察孩子的行为和情绪变化，留意是否出现异常或持续的问题。倾听孩子的思维和情感，给予他们表达的空间。（2）与孩子沟通：与孩子进行积极、开放和支持性的对话。鼓励他们表达自己的感受、担忧和困惑，让他们知道你是倾听和支持他们的。（3）寻求专业帮助：如果孩子的问题较为严重或持续时间较长，建议寻求专业心理健康支持，例如咨询心理医生、心理咨询师或学校的心理辅导员。（4）提供安全和支持的环境：家庭是孩子的重要支持系统，创造积极、温暖和开放的家庭氛围，提供孩子需要的支持和安全感。（5）增强自我关注和护理：帮助孩子建立积极的自我关注和自我护理的习惯，鼓励他们参与运动、休闲活动、培养兴趣爱好，有助于心理健康和情绪调节。（6）教育自己：学习关于常见的心理问题和心理健康的知识，了解如何支持孩子的心理发展，可以参考专业书籍、在线资源或参加相关教育课程。

重要的是，作为家长要保持关注、理解和支持孩子，尽量去了解他们的感受和需求，并致力于提供适当的支持和帮助。如果您的孩子面临严重的心理困扰或危机，请不要犹豫，及时寻求专业的心理健康支持。

第五节　青少年做自己的掌控者

青少年时期是人生中最关键的阶段之一，这个时期的经历和决策将对他们的未来产生深远的影响。然而，很多青少年在面对各种挑战和压力时，往往缺乏自我掌控的能力。因此，让青少年成为自己的掌控者，追求自己的梦想和目标，实现个人的自主和成长，成为一个重要的议题。

一、青少年做自己的掌控者的重要性

青少年做自己的掌控者具有以下作用：

第一，有助于提高学业表现和个人成就。自我掌控能力使青少年更加专注、有条理和自律。青少年可以通过制定学习计划、管理时间和优先级，提高学习效率和成绩。此外，自我掌控还可以帮助青少年养成良好的学习习惯和解决问题的能力，从而在学业和个人成就方面取得更大的成功。

第二，可以帮助他们实现个人目标和梦想。青少年时期是一个充满梦想和希望的阶段，他们对未来充满了各种期待。通过做自己的掌控者，青少年可以制定并追求自己的目标，不受外界干扰和压力的影响。自我掌控能力让他们能够坚定地朝着自己的梦想前进，不断努力和进步。他们可以通过自我掌控来制定计划和管理时间,从而更好地实现自己的目标和梦想。

第三,有助于培养他们的自信心和独立性。青少年时期常常伴随着自我怀疑和焦虑,对自己的能力和价值产生怀疑。通过做自己的掌控者,青少年可以建立自信心,相信自己的能力和价值。自我掌控还能帮助他们培养独立性,学会独立思考和做出决策。他们可以通过自我掌控来克服困难和挑战,从而更好地发展自己的能力和潜力。

第四,有助于培养他们的人际交往能力。青少年时期是社交能力发展的关键时期,他们需要学会与人相处和建立良好的人际关系。通过做自己的掌控者,青少年可以更好地管理情绪和应对压力,从而在人际关系中更加成熟和自信。自我掌控能力让他们能够控制自己的情绪反应,避免冲动和冲突。他们可以通过自我掌控来培养良好的沟通和解决问题的能力,提高人际交往的质量和效果。

第五,有助于他们的成长和发展。在这个阶段,青少年开始逐渐摆脱对他人的依赖,开始独立思考和决策。通过做自己的掌控者,青少年可以更好地了解自己的需求和价值,从而做出符合自己利益的决策。自我掌控能力让他们成为自己的主人,有能力自主地选择自己的道路,实现个人的成长和发展。

青少年做自己的掌控者的重要性不可忽视。家庭和社会应该重视青少年自我掌控能力的培养,为他们提供支持和机会,帮助他们成为自己的主人,追求自己的梦想和价值。只有做自己的掌控者,青少年才能真正活出自己的精彩人生。

二、青少年做自己的掌控者的关键要素

培养青少年做自己的掌控者是一个综合性的过程,需要从多个方面进行培养和引导。

(1)自我认知:培养青少年对自己的认知和了解是培养他们做自己的掌控者的第一步。青少年需要了解自己的兴趣、价值观、优势和弱点,从而更好地制定自己的目标和规划。

(2)目标设定:设定明确的目标是青少年成为自己的掌控者的关键。青少年需要学会制定短期和长期的目标,并制定相应的计划和行动步骤。

（3）时间管理：青少年需要学会合理安排和管理时间，从而更好地掌控自己的生活和学习。他们可以学习制定日程表和优先级，学会分配时间和处理各种任务。

（4）决策能力：青少年需要学会独立思考和做出决策，从而更好地掌控自己的生活和未来。他们可以学习分析问题、权衡利弊、寻找解决方案，并做出明智的决策。

（5）情绪管理：青少年需要学会管理自己的情绪，从而更好地应对挑战和压力。他们可以学习情绪识别和情绪调节的技巧，学会控制自己的情绪反应和处理负面情绪。

（6）自我动机：培养青少年内在的自我动机是培养他们做自己的掌控者的关键。青少年需要有内在的动力和意愿去追求自己的目标和梦想，而不是被外界的奖励和压力所驱动。

（7）坚持与适应：青少年需要学会坚持和适应，从而更好地实现自己的目标和梦想。他们需要学会面对困难和挑战，克服阻碍和失败，并从中学习和成长。

培养青少年做自己的掌控者需要从多个方面进行培养和引导。学校和家庭可以提供相应的培训、指导和支持，帮助青少年成为自己的主人，实现个人的成长和发展。

三、青少年做自己的掌控者的阻碍因素

（1）缺乏自信和自尊：青少年可能因为自卑、自我怀疑或对自己不自信而难以掌控自己。

（2）社交压力和同伴影响：同伴对青少年的影响力很大，他们可能会受到同伴的影响而无法坚持自己的意见和决定。

（3）家庭环境：家庭的教育方式和家庭氛围对青少年的自我掌控能力有很大影响。如果家庭环境不支持或鼓励青少年的自主性和自主决策，他们可能会缺乏自我掌控的能力。

（4）学校压力和学业负担：学校的高压环境和繁重的学业负担可能会使青少年无法自主安排时间和处理各种任务，从而影响他们的自我掌控能力。

（5）技术依赖和社交媒体：青少年对技术和社交媒体的过度依赖可能会分散他们的注意力和精力，导致他们无法集中精力和掌控自己。

（6）心理健康问题：青少年可能面临各种心理健康问题，如焦虑、抑郁等，这些问题可能会影响他们的自我掌控能力。

（7）缺乏目标和动力：青少年可能缺乏明确的目标和动力，对未来感到迷茫和无助，从而无法有效地掌控自己。

四、青少年如何做自己的掌控者

青少年需要学会成为自己的掌控者，即能够自主地思考、决策和行动，掌握自己的生活和未来。下面将从几个方面探讨青少年如何做自己的掌控者。

（1）青少年需要建立自信和自尊。自信和自尊是成为自己的掌控者的基础。青少年应该相信自己的能力和价值，相信自己可以面对挑战和困难，并取得成功。家庭和学校可以通过鼓励和赞扬来提高青少年的自信心，帮助他们发现自己的优点和潜力，培养积极的自我形象。此外，青少年还可以通过参加各种活动和项目，锻炼自己的技能和才能，增强自信心。

（2）青少年需要培养独立思考和决策能力。成为自己的掌控者意味着能够独立地思考问题，权衡利弊，做出自己的决策。青少年可以通过多角度思考问题，收集信息和意见，并加以分析和评估，最终做出自己的决策。家庭和学校可以提供培训和指导，教授青少年思考和决策的技巧，鼓励他们表达自己的观点和想法，提供支持和反馈。

（3）青少年需要设定明确的目标和激励自己。目标和动力是成为自己的掌控者的重要因素。青少年应该知道自己想要什么，为什么要努力，有一个明确的目标和方向。他们可以通过自我反思和探索，发现自己的兴趣和激情，并设定相应的目标。同时，青少年还需要激励自己，找到内在的动力和意义，坚持追求目标。家庭和学校可以提供目标设定的培训和指导，帮助青少年制定计划和行动步骤，鼓励他们发现自己的激情和动力。

（4）青少年需要学会时间管理和组织能力。时间管理和组织能力是成为自己的掌控者的重要技能。青少年应该学会合理安排和管理时间，分配时间和处理各种任务。他们可以制定日程表和优先级，设定时间限制和目标，提高效率和效果。家庭和学校可以提供时间管理的培训和工具，帮助青少年学会规划和安排时间，养成良好的时间管理习惯。

（5）青少年需要学会情绪管理和应对压力。情绪管理和应对压力是成为自己的掌控者的关键技能。青少年往往面临着情绪波动和压力，需要学会识别和调节自己的情绪。他们可以通过情绪识别和情绪调节的技巧，控制情绪反应，处理负面情绪，保持积极的心态。家庭和学校可以提供情绪管理的培训和支持，帮助青少年学会应对压力和情绪，培养情绪智力和情绪健康。

（6）青少年需要培养坚持和适应能力。坚持和适应能力是成为自己的掌控者的重要品质。青少年应该学会坚持追求目标，克服困难和失败，适应变化和挑战。他们可以通过设定小目标和制定计划，一步一步地实现自己的目标。同时，他们还需要学会适应变化和调整策略，灵活应对不同的情况。家庭和学校可以提供支持和鼓励，帮助青少年克服困难，克服失败，培养毅力和适应性。

第六节　青少年青春期性教育

青春期是一个人一生中重要的发展阶段，也是性教育的关键时期之一。在这个阶段，青少年经历身体、情感和心理上的巨大变化，性教育可以帮助他们理解这些变化、建立健康的性观念，以及培养自尊和自信。

青春期的性发展伴随着青少年身体的快速成长和性成熟。性发展包括生理性发展、性激素的变化、性兴趣的觉醒、身体意识的提高、性身份的探索、情感关系的发展、性观念和道德等方面。

生理性发展指生殖器官的成熟和性特征的显著变化。在男性中，睾丸开始产生更多的睾酮激素，引发了声音变低、面部和体毛的增长，以及阴茎和睾丸的增大。在女性中，卵巢开始释放卵子，伴随着乳房的发育、盆腔变化以及月经的开始。性激素的变化指在青春期，性激素的水平急剧上升，尤其是睾酮（男性）和雌激素（女性）。这些激素的变化引发了身体形态的改变，同时也会对情感和性行为产生影响。

性兴趣的觉醒指青少年开始对性产生兴趣，可能开始探索性方面的信息和经验。这种兴趣和好奇心对于性教育的重要性变得尤为明显。

性身份的探索指青少年开始思考和探讨自己的性取向和性别认同。这个过程可能对心理健康和社交关系产生深远影响。

身体意识的提高指青春期的青少年开始更加关注自己的身体,对外貌和自身形象产生更多关注。这也包括对自身性别特征的认知和身体自信的建立。情感关系的发展指青少年开始建立更加复杂的情感关系,包括亲密友谊和浪漫关系。性方面的好奇和兴趣通常与情感关系的发展紧密相连。性观念和道德指青少年需要理解性的责任和伦理,学会尊重他人的同意,以及避免不健康或危险的性行为。

总的来说,青春期的性发展是一个复杂而关键的阶段,涵盖了身体、情感、认知和道德层面的变化。性教育在这个时期起到了重要作用,帮助青少年理解这些变化,建立积极的性观念,促进心理健康和健康的性行为。

性教育应该从青春期的性发展出发,帮助青少年理解他们身体的变化,提供关于性健康和性行为的基本知识,以及鼓励他们建立积极的性观念。这有助于减少性误解和不安,促进青少年的性健康。性教育不仅仅是传授性知识的过程,它还对青少年的心理健康产生许多积极的影响。

首先,它增强了青少年的自尊和自信。性教育帮助青少年建立积极的自我身份,让他们了解自己的身体是正常和健康的,减少了身体形象焦虑,从而提高了自尊心和自信,降低了自卑感。

其次,性教育有助于减少性焦虑和不安。通过提供有关性健康和性行为的信息,性教育使青少年明白如何避免性风险,了解同意和尊重的重要性,从而降低了与性有关的焦虑和不安感。

第三,性教育强调建立健康关系的重要性。它教导青少年如何在性关系中沟通、获得同意和尊重对方,从而有助于减少性侵犯和虐待的风险,同时促进亲密关系的发展。

最后,性教育有助于促进性健康。通过提供关于性传播疾病和避孕方法的信息,性教育有助于维护性健康,减少青少年感染性疾病的风险,降低不准备怀孕的可能性。

在对青少年进行性教育时,可以采用综合性、开放和包容的教育方法。

综合性性教育是一种综合多方面主题的教育方法,它不仅仅关注生殖生理和性行为,还包括情感关系、性别角色、性健康、性别平等等多个方面的内容。这种方法强调了性不仅仅是生理现象,还包括情感和社会层面。通过提供广泛的知识,综合性性教育有助于青少年建立更全面、多元化的性观念,减少性刻板印象和性别歧视。它教导青少年如何尊重不同性别和性取向的人,鼓励性别平等,使他们能够更好地理解和尊重多样性。

开放和包容的教育方法是指创造一个环境,让青少年感到安心提出问题、分享感受,而不会受到谴责或歧视。这意味着教育者和家长应该对青少年的性问题持开放态度,回答他们的问题,并提供支持和指导。这种方法建立了信任关系,使青少年更愿意寻求性教育信息,而不会感到羞耻或害怕。开放和包容的环境也有助于减少青少年的性别身份焦虑,让他们能够自由地探索自己的性别认同。

综合性、开放和包容的教育方法共同强调同一和尊重的重要性。它们教导青少年如何辨别合法性和非法性行为,鼓励他们在性关系中建立健康的沟通和尊重,确保所有参与者都愿意参与性行为,并且没有人受到伤害。这种方法有助于预防性侵犯和虐待,培养青少年建立健康、互相尊重的性关系的能力。

综合性、开放和包容的教育方法共同致力于为青少年提供全面的性教育,帮助他们理解性的各个方面,促进心理健康,以及在性方面做出健康的决策。这些方法为青少年提供了必要的工具,使他们能够在性方面更加自信和负责任,为未来的幸福和健康打下坚实的基础。

除了这两种主要方法外,还有一些教育方法可供参考:

(1)问题导向教育:这种方法鼓励青少年提出他们关心的问题,并根据他们的兴趣和需求提供信息和支持。问题导向教育使教育者能够个性化教育,确保回应青少年的具体关切。

(2)小组讨论和角色扮演:小组讨论和角色扮演活动可以促进青少年之间的互动和交流。这种方法帮助他们分享经验、解决问题,并学会有效沟通和协作。

(3)使用多媒体资源:利用多媒体资源,如视频、互动应用程序和在线课程,可以使性教育更具吸引力和互动性。多媒体可以以视觉和听觉方式呈现信息,更容易引起青少年的兴趣。

(4)家庭参与:家庭在青少年性教育中扮演着重要角色。父母和家长可以与学校或机构合作,提供家庭性教育课程,以确保家庭也参与了性教育过程。

（5）跨学科教育：青少年性教育可以与其他学科（如心理健康、人际关系、心理学等）整合，以便更全面地探讨性健康和性行为的各个方面。这种跨学科方法有助于将性教育融入更广泛的教育体系中。

（6）社区资源和支持：利用社区资源，如卫生机构、青年组织和社会工作者，可以提供额外的支持和信息，以帮助青少年应对性健康问题。

（7）定期评估和更新：教育课程应定期评估和更新，以确保它们反映了最新的科学研究和社会变化。这有助于保持性教育内容的准确性和适应性。

总之，青少年青春期性教育可以采用多种方法，以满足不同学生的需求和学习风格。选择合适的教育方法需要考虑到特定的目标、受众和文化背景，以确保性教育的有效性和可接受性。另外，对青少年的性教育也需要注意一些关键要点。

第一，不同年龄段的青少年对性和性健康的认知水平不同，因此教育内容需要适应他们的认知水平和情感需求。教育内容必须准确、科学和可信，避免传播不准确或过时的信息，确保反映最新的科学研究和医学知识。性教育也应该是全面的，不仅局限于生殖器官和生殖生理，还应涵盖情感关系、性别认同、性取向、同意和尊重等多个方面的主题。

第二，性教育必须尊重青少年的隐私和个人空间。教育者不应迫使他们分享个人的性经验或问题；而应提供一个安全和开放的环境，让他们自愿提问和分享。青少年应该感到自己的问题和疑虑不会被批评或嘲笑，而是受到尊重和认真对待。

第三，考虑到文化差异和性别角色，性教育内容必须不歧视或偏见。教育者应该尊重不同文化背景和性别认同的青少年，避免强加任何特定的性观念或价值观。这包括考虑到青少年的文化、宗教信仰和性别身份，以确保教育内容包容多元性别和文化差异。

第四，性教育的成功也依赖于家庭的参与。家长和家庭成员应被鼓励参与性教育，提供家庭友好型的资源和指导。同时，性教育必须遵守当地和国家法律，确保内容和教育者的行为符合法律规定，尤其是关于同意、隐私和教育者的资质方面的法律。

通过综合考虑这些关键要点，性教育可以更好地满足青少年的需求，为他们提供安全、准确和全面的信息，帮助他们做出健康、负责任和尊重他人的性决策。同时，这也有助于减少不安全的性行为、性健康问题和性别不平等现象的发生，为青少年的未来和社会的整体健康做出贡献。

第七节 青少年心理健康的社会性

青少年是社会的未来,他们的心理健康对整个社会的发展和稳定起着重要的作用。然而,青少年心理健康问题日益突出,成为社会关注的焦点。在这个时期,青少年面临着许多身份探索、社交关系建立和学业挑战等问题。一个健康的心理状态有助于青少年更好地应对这些挑战,并为未来的成功和幸福奠定基础。相反,心理健康问题可能导致长期的负面影响,包括情感障碍、学业问题、自卑感、药物滥用等。

青少年心理健康不仅仅是个体内部因素的结果,还受到社会因素的深远影响。青少年心理健康的社会性是指社会环境、家庭教育、学校教育和社会支持等因素对青少年心理健康的影响和作用。

一、社会性因素与青少年心理健康之间的紧密联系

（一）家庭环境

家庭环境对青少年的心理健康起着至关重要的作用。一个稳定、支持和温馨的家庭环境有助于青少年建立安全感和自尊心。相反,不稳定的家庭关系、家庭冲突、家庭暴力等问题可能会对青少年的心理健康造成负面影响。

（二）学校环境

学校是青少年生活中的另一个重要社会因素。学业压力、学业成绩、同辈关系等因素都可以影响青少年的心理健康。学校环境中的欺凌行为、竞争压力以及教育体系的不足也可能导致青少年的焦虑和抑郁等问题。

（三）同辈关系

青少年时期,同辈关系变得越来越重要。友谊、社交互动和群体认同感对青少年的心理健康至关重要。青少年可能面临友谊问题、孤立感和社交排斥等挑战,这些都可能对他们的心理健康产生负面影响。

（四）社会媒体和互联网

社交媒体和互联网的普及对青少年产生了深远的影响。虚拟社交网络可能导致青少年产生焦虑、自尊心问题和社交隔离感。此外,过度使用社交媒体也可能导致睡眠不足和沉迷问题,进一步危害心理健康。

（五）经济状况

家庭的经济状况可以影响青少年的心理健康。贫困和不平等可能导致青少年感到无力改善自己的生活状况,增加焦虑和抑郁的风险。

（六）社会文化因素

社会文化因素如性别、性取向、宗教信仰和文化背景也可能对青少年的心理健康产生影响。社会文化压力和偏见可能导致青少年内心冲突和自我认同问题。

二、社会性因素如何促进青少年心理健康

（一）家庭环境

（1）家庭支持和亲密关系：家庭是青少年最亲近的社会环境,青少年在温暖、支持和亲密的家庭环境中更有可能培养健康的心理状态。父母或监护人的支持和关爱可以增强他们的自尊心和自信心,有助于建立积极的自我形象。

（2）家庭沟通：开放、诚实和有效的家庭沟通有助于青少年表达他们的感受和需求，减轻情感压力，并增进亲子关系。

（3）家庭规则和界限：清晰的规则和界限可以为青少年提供安全感，帮助他们建立自律和责任感，减少不良行为的风险。

（4）家庭心理健康：家庭成员的心理健康状况对青少年产生重要影响。一个稳定和平衡的家庭环境有助于减轻青少年的焦虑和抑郁情绪。

（二）同伴关系

（1）情感支持：积极的同伴关系可以提供情感上的安慰和支持，帮助青少年应对压力和困难，缓解焦虑、抑郁等负面情绪，增强心理健康。有亲密朋友的青少年通常更具心理韧性。而且同伴关系培养了友谊和归属感。青少年往往需要归属感，希望被接纳和理解。这种归属感有助于青少年建立自信心，增强自尊和自我认同，从而促进心理健康。

（2）同伴影响：同伴群体对青少年的行为和价值观有重要影响。与健康行为模式相符的同伴可以促进积极的心理健康。而且同伴关系有助于解决心理问题。青少年在成长过程中面临各种心理问题与同伴建立良好的关系，可以提供互相倾诉和分享的机会，使青少年能够得到他人的理解和建议，从而更好地解决心理问题，提升心理健康。

（3）社交技能：与同伴互动可以帮助青少年培养社交技能，提高情感智商，有助于建立健康的人际关系。青少年会通过观察和模仿其他同伴的行为学习到适应社交环境的技巧和策略，提高自己的社交能力。同时，同伴关系也提供了一个评估和反馈的机制，青少年可以通过与同伴的互动来了解自己的社交表现，并不断改进和提升。

（三）学校环境

（1）学业支持：良好的学业支持和教育资源可以提高青少年的自尊心和自信心，减轻学业压力，促进积极的学习经验。

（2）师生关系：与教师之间的积极关系有助于青少年感到受尊重和鼓励，提高学业成就和心理健康。

（3）校园安全：鼓励友善、尊重和包容的价值观，提供安全和支持性的学习环境，可以帮助学生建立积极的自我形象和社会认同感。安全的学校环境可以减少青少年的暴力和欺凌经历,有助于维护他们的心理健康。

（4）课外活动：参与课外活动和俱乐部可以提供社交机会,培养兴趣爱好,有助于青少年全面发展。

（四）社会支持

（1）社会服务和资源：社会支持体系和心理健康服务可以提供专业帮助,帮助青少年处理情感和心理问题。

（2）社区参与：参与社区活动和志愿工作可以增强青少年的社会责任感和归属感,减轻孤独感。

（3）媒体教育：有针对性的媒体教育可以提高青少年对心理健康问题的认识,鼓励积极的心理健康实践。

（五）心理健康教育

（1）学校课程：教育机构可以引入心理健康教育课程,帮助青少年了解和管理自己的情感和压力。

（2）家庭教育：父母和监护人可以通过家庭教育培养青少年的情感智力和解决问题的能力。

（3）心理健康宣传：社会和媒体可以传播心理健康信息,减少心理健康问题的社会污名。

（六）预防措施

（1）药物滥用和犯罪预防：预防青少年的药物滥用和犯罪行为有助于维护他们的心理健康。

（2）性健康教育：提供性健康教育可以帮助青少年建立健康的性观念,减少不安全行为的风险。

三、措施和建议

（一）政府支持

政府应制定并实施相关政策，鼓励和支持家庭、学校和社会提供心理健康服务和资源，宣传倡导友善、尊重和包容的价值观，反对欺凌和歧视行为。政府、学校、医院和社区应该共同努力，营造安全、支持性和包容性的社会环境。同时，发展心理健康教育课程并将其纳入学校课程体系。

（二）家庭教育

家长和监护人应该了解和关注青少年的心理健康问题，提供支持和指导。他们可以通过培养良好的家庭沟通、设定适当的家庭规则和界限以及与孩子共同参与活动等方式来促进青少年的心理健康。

（三）学校支持

学校可以提供心理健康教育课程，教授青少年如何处理压力、解决冲突和建立积极的人际关系等必要技能。同时，学校应提供良好的学业支持和社交支持，为学生创造积极健康的环境。

（四）社会支持

社会应该建立心理健康服务和支持体系，为青少年提供专业的心理健康咨询和帮助。鼓励青少年参与志愿活动、社区服务和团队运动等，可以帮助他们建立良好的社交关系、培养领导能力，并从中获得成就感和满足感。社会组织和非营利机构可以开展心理健康宣传活动，提高公众对心理健康问题的认识和理解。

随着科技的发展，互联网和社交媒体已经成为青少年生活中不可或缺的一部分。因此，社会应鼓励青少年正确使用互联网和社交媒体，防

228

止沉迷于虚拟世界和网络暴力对心理健康的负面影响。

总而言之,青少年心理健康的社会性是一个复杂的议题。社会因素如家庭、学校、同辈关系、媒体和社会文化都可能对青少年的心理健康产生深远的影响。然而,社会性因素也可以被用作促进青少年心理健康的工具。通过提供支持、培养积极关系、教育和创建包容性社会环境,我们能够帮助青少年建立坚强的心理健康基础,促进他们的成长和发展。

在处理青少年心理健康问题时,我们应该以综合性的、跨学科的方法来理解和解决问题。家庭、学校和社会都应该承担起责任,提供支持和资源,确保青少年能够健康成长。同时,也需要加强研究和宣传,以提高对青少年心理健康的关注度,推动政策制定和社会变革,为青少年提供更好的心理健康支持与保障。

参考文献

[1] 张清洁,刘五星,姚佳志,等.联合疗法治疗 60 例新兵适应障碍的效果观察 [J]. 华北国防医 2003,15（4）: 267-268.

[2] 陈超,马宁.抑郁症的运动疗法 [J]. 中华全科医师杂志,2022,21（8）: 797-800.

[3] 林炜鹏,黄翔.体育锻炼对大学新生适应障碍的治疗作用 [J]. 内蒙古师范大学学报(教育科学版),2007,20（9）: 70-72.

[4] 徐慊,王建平,余萌,等.1 例适应障碍认知行为治疗的个案概念化报告 [J]. 中国心理卫生杂志,2017,31（1）: 64-71.

[5] 张婕,陈向一,邓云龙,等.大学生适应障碍的系统家庭治疗个案报告 [J]. 中国心理卫生杂志,2011,25（12）: 927-929.

[6] 陈盈,胡茂荣,何厚建,等.接纳承诺疗法在青少年心理健康促进中的应用与展望 [J]. 医学与哲学,2017,38（20）: 70-73.

[7]Mark L, Wolraich, Joseph F, et al. Clinical Practice Guideline for the Diagnosis, Evaluation, and Treatment of Attention-Deficit/ Hyperactivity Disorder in Children and Adolescents[J]. American Academy of Pediatrics, 2019, 144（4）.

[8] 陆林.沈渔邨精神病学(第 6 版)[M]. 北京: 人民卫生出版社, 2017.

[9] 中华医学会儿科学分会发育行为学组.注意缺陷多动障碍早期识别、规范诊断和治疗的儿科专家共识 [J]. 中华儿科杂志,2020,58（03）: 188-193.

[10]Leichsenring, F. and F. Leweke, Social Anxiety Disorder. New England Journal of Medicine, 2017,376（23）: 2255-2264.

[11]Stein, D.J., et al., The cross-national epidemiology of social

anxiety disorder：Data from the World Mental Health Survey Initiative. BMC medicine, 2017,15（1）: 143–143.

[12]Alan S.Bellack, Kim T.Mueser, Susan Gingerich, Julie Agresta. Social Skills Training For Schizophrenia：A Step-By-Step Guide（第二版）[M]. 北京：科学出版社,2021: 3–43.

[13]Hambly JL, Khan S, McDermott B, et al. Pharmacotherapy of conduct disorder：challenges, options and future directions[J]. J Psychopharmacol, 2016 ,30（10）: 967–975.

[14]Antisocial behaviour and conduct disorders in children and young people：recognition and management. London：National Institute for Health and Care Excellence（NICE）; 2017.

[15]Blair RJ, Leibenluft E, Pine DS. Conduct disorder and callous-unemotional traits in youth[J]. N Engl J Med, 2014, 371（23）: 2207–2216.

[16]Pisano S, Muratori P, Gorga C, et al. Conduct disorders and psychopathy in children and adolescents：aetiology, clinical presentation and treatment strategies of callous-unemotional traits[J]. Ital J Pediatr, 2017, 43（1）: 84.

[17]Lillig M. Conduct Disorder：recognition and management[J]. Am Fam Physician, 2018, 98（10）: 584–592.

[18] 周圆月,竺智伟. 儿童品行障碍的认识、应对及预防 [J]. 中国实用儿科杂志,2022,37（11）: 828–832.

[19]Moskowitz L, Weiselberg E. Anorexia Nervosa/Atypical Anorexia Nervosa[J]. Curr Probl Pediatr Adolesc Health Care, 2017, 47（4）: 70–84.

[20]Mairs R, Nicholls D. Assessment and treatment of eating disorders in children and adolescents[J]. Arch Dis Child, 2016, 101（12）: 1168–1175.

[21] 黄楚贤,施忠英,罗晨,等. 神经性厌食患者饮食行为管理的最佳证据总结 [J]. 中华护理杂志,2023,58（8）: 993–100.

[22] 侯予甲,郑瑞茂. 中脑多巴胺及五羟色胺与神经性厌食症 [J]. 生理科学进展,2022,53（5）: 401.

[23]Kalindjian N, Hirot F, Stona AC, et al. Early detection of eating

disorders：a scoping review[J]. Eat Weight Disord,2022,27（1）：21-68.

[24]DerMarderosian D，Chapman HA，Tortolani C，et al. Medical considerations in children and adolescents with eating disorders[J]. Child Adolesc Psychiatr Clin N Am， 2018，27（1）：1-14.

[25] 滕超,周文林,宋海东.家庭因素与青少年非自杀性自伤关系的研究进展[J].中国儿童保健杂志,2022,30（5）：535-539.

[26] 许燕,翁穗芸,刘松康,等.广东地区青少年自伤自杀行为的现状调查及影响因素分析[J].上海预防医学,2021,33（7）：566-569.

[27]（法）迪尔凯姆.自杀论[M].冯韵文译.北京：商务印书馆,2011.

[28] 李建军.自杀研究[M].北京：社会科学文献出版社,2013.

[29] 张晨昀,卢大力,周建松,等.知悉朋友非自杀性自伤对青少年自伤和自杀行为的影响[J].中华行为医学与脑科学杂志,2023,32（6）：535-539.

[30] 赵天新,钟意娟,魏莹娟,等.非自杀性自伤青少年的情绪调节策略和家庭功能研究[J].中国儿童保健杂志,2021,29（9）：946-950.

[31] 秦瑗,刘娇,吴冬梅.青少年非自杀性自伤行为网络表露的研究进展[J].中国学校卫生,2022,43（10）：1596-1600.

[32]https：//ldaamerica.org/（Learning Disabilities Association of America（LDA）美国学习障碍协会（LDA））

[33] 贾茜茜.小学学习障碍儿童的心理发展特征分析及大数据下的预警评估模型[D].华中师范大学,2019.

[34] 代益.数学学习障碍学生学习策略干预的个案研究[D].华中师范大学,2019.

[35] 杨红絮.美国针对小学数学学习障碍儿童"具体－映像－抽象"（CRA）教学策略研究[D].东北师范大学,2020.

[36] 曹爱华.儿童学习障碍的早期筛查、诊断与干预[J].中国儿童保健杂志,2023,31（6）：590-594.

[37] 梁斯仪.数学学习障碍干预方式评述[J].心理学进展,2021,11（7）,1817-1823.

[38] 黄娟.国外学习障碍发展历程及其治疗策略研究[J].吉林省教育学院学报(学科版),2010,26（6）：144-145.

[39] 曾桂香,张扬,姬红梅,等.视觉听觉注意力改善对学习障碍儿

童学习能力的影响 [J]. 中国学校卫生,2015,36（4）: 615-617.

[40] 朱红敏,袁纯辉 . 儿童神经发育障碍疾病研究进展 [J]. 中国当代儿科杂志,2023,25（1）: 91-97.

[41] 理查德·贝内特,约瑟夫·E. 奥利弗,祝卓宏著,王玉清译 . 接纳承诺疗法（ACT）100 个关键点与技巧 [M]. 北京: 化学工业出版社, 2021.

[42] 拜伦·凯蒂,史蒂芬·米切尔著,周玲莹译 . 一念之转 [M]. 北京: 文化发展出版社,2018.

[43] 郭召良 . 认知行为疗法咨询方案 [M]. 北京: 人民邮电出版社社, 2021.

[44] 田村毅,孙美玲译 . 抢救茧居族 [M]. 北京: 人民邮电出版社, 2021.

[45] 丛扬洋 . 找到意想不到的自己萨提亚模式与自我成长 [M]. 武汉: 武汉大学出版社,2015.

[46] [美] 维吉尼亚·萨提亚 . 萨提亚家庭治疗模式 [M]. 北京: 世界图书出版公司,2007.

[47] 约翰·贝曼著,盈和贝曼项目组译 . 萨提亚冥想: 大师带你聆听自己 [M]. 北京: 世界图书出版有限公司,2019.

[48] [美] 维吉尼亚·萨提亚 . 新家庭如何塑造人 [M]. 北京: 世界图书出版公司,2006.

[49] 玛莉亚·葛莫利 . 心灵的淬炼: 萨提尔家庭重塑的艺术 [M]. 深圳: 海天出版社,2009.

[50]Sweetman A, Zwar NA, Grivell N, et al. A step-by-step model for a brief behavioural treatment for insomnia in Australian general practice[J]. Aust J Gen Pract. 2021, 50（5）: 287-293.

[51]Tarokh L, Saletin JM, Carskadon MA. Sleep in adolescence: physiology, cognition and mental health[J]. Neurosci Biobehav Rev, 2016, 70: 182-188.

[52]Owens JA, Weiss MR. Insufficient sleep in adolescents: causes and consequences[J]. Minerva Pediatr, 2017, 69（4）: 326-336.

[53]Lunsford-Avery JR, Bidopia T, Jackson L, et al. Behavioral treatment of insomnia and sleep disturbances in school-aged children and adolescents[J]. Child Adolesc Psychiatr Clin N Am, 2021, 30（1）:

101–116.

[54]Owens J, Adolescent Sleep Working Group. Committee on Adolescence. Insufficient sleep in adolescents and young adults：an update on causes and consequences[J]. Pediatrics，2014，134（3）：e921–32.

[55] 李晓静,刘畅.手机如何妨害青少年的睡眠？——基于全国数据的实证研究 [J]. 中国青年研究,2023（7）：26–33.

[56] 任海涛.校园欺凌法治研究 [M].北京：中国政法大学出版社，2019.

[57] 联合国报告：全球每年有 2 .46 亿儿童遭受校园霸凌 [EB/OL]. https：//news.un.org/zh/story/2017/01/269362

[58] 蒙沿源.中学生欺凌行为流行特征及相关因素研究 [D]. 东南大学,2022.

[59] 联合国纪事：网络欺凌及其对人权的影响 [EB/OL].https：// www.un.org/zh/chronicle/article/20711

[60]Pernille Due，Bjørn E. Holstein，John Lynch，Finn Diderichsen，Saoirse Nic Gabhain，Peter Scheidt，Candace Currie，and The Health Behaviour in School–Aged Children Bullying Working Group*，Bullying and symptoms among school–aged children：international comparative cross sectional study in 28 countries，*European Journal of Public Health*，Volume 15，Issue 2，April 2005，Pages 128–132.

[61]Fleming LC，Jacobsen KH. Bullying among middle–school students in low and middle income countries. Health Promot Int. 2010 Mar；25（1）：73–84.

[62] 李佳萌.初中生校园欺凌和网络欺凌的现状及影响因素研究 [D]. 浙江大学,2021.

[63]Kristin Kendrick，Göran Jutengren，Håkan Stattin，The protective role of supportive friends against bullying perpetration and victimization，Journal of Adolescence，Volume 35，Issue 4,2012，Pages 1069–1080，ISSN 0140–1971.

[64]Qian Y，Yang Y，Lin P，Xiao Y，Sun Y，Sun Q，Li X，Fei G，Stallones L，Xiang H，Zhang X. Risk Factors Associated With School Bullying Behaviors：A Chinese Adolescents Case–Control Study，2019.

J Interpers Violence. 2022 Jun；37（11-12）：NP9903-NP9925.

[65]Frank J. Elgar, Wendy Craig, William Boyce, Antony Morgan, Rachel Vella-Zarb, Income Inequality and School Bullying：Multilevel Study of Adolescents in 37 Countries, Journal of Adolescent Health, Volume 45, Issue 4, 2009, Pages 351-359, ISSN 1054-139X.

[66]Kendrick K, Jutengren G, Stattin H. The protective role of supportive friends against bullying perpetration and victimization. J Adolesc. 2012 Aug；35（4）：1069-80.

[67] 曹晓萍,杨军.PISA2018 中国四省市校园欺凌现象分析及其在学校评价中的启示 [J]. 浙江考试,2023（08）：52-56.

[68]Han Z, Zhang G, Zhang H. School Bullying in Urban China：Prevalence and Correlation with School Climate. Int J Environ Res Public Health. 2017 Sep 25；14（10）：1116.

[69]Xiaoqun Liu, Zhengmin Yang, Mengsi Yang, Isabella Gloria Ighaede-Edwards, Fang Wu, Qianwen Liu, Xin Lai, Dali Lu, The relationship between school bullying victimization and mental health among high school sexual minority students in China：A cross-sectional study, Journal of Affective Disorders, Volume 334, 2023, Pages 69-76, ISSN 0165-0327.

[70]Han Z, Zhang G, Zhang H. School Bullying in Urban China：Prevalence and Correlation with School Climate. Int J Environ Res Public Health. 2017 Sep 25；14（10）：1116.

[71]Due P, Holstein BE, Lynch J, Diderichsen F, Gabhain SN, Scheidt P, Currie C；Health Behaviour in School-Aged Children Bullying Working Group. Bullying and symptoms among school-aged children：international comparative cross sectional study in 28 countries. Eur J Public Health. 2005 Apr；15（2）：128-32.

[72]Tippett N, Wolke D. Socioeconomic status and bullying：a meta-analysis. Am J Public Health. 2014 Jun；104（6）：e48-59.

[73]Espelage DL, Holt MK. Suicidal ideation and school bullying experiences after controlling for depression and delinquency. J Adolesc Health. 2013 Jul；53（1 Suppl）：S27-31.

[74]Chen H, Guo H, Chen H, Cao X, Liu J, Chen X, Tian Y, Tang

H, Wang X, Zhou J. Influence of academic stress and school bullying on self-harm behaviors among Chinese middle school students: The mediation effect of depression and anxiety. Front Public Health. 2023 Jan 6; 10: 1049051.

[75]Su PY, Wang GF, He H, Han AZ, Zhang GB, Xu N. Is involvement in school bullying associated with increased risk of murderous ideation and behaviours among adolescent students in China? BMC Psychiatry. 2019 Apr 24; 19 (1): 121.

后　记

给咨询师：是成长而不是朝向问题

咨询师在与来访者面谈的时候，来访者往往带着问题寻找答案，带着对咨询师的期待，这时咨询师的稳定性非常重要，它影响着来访者的稳定性。咨询师要做的不是着急去想办法，用技巧帮助来访者解决问题，而是稳定地体验来访者的情绪体验，共情来访者，带着来访者觉察自己，包括自己的情绪体验、想法、期待等。紧接着是看见来访者没有看清楚的，像麻绳一样乱成一团的现实状况和问题症结点。再陪同来访者一起去看看这个事实真相，一点一点整理这一团乱麻。目标永远都不是解决问题，而是陪同来访者在现实中成长，在发展变化中与自己相遇。

想要促进自己更稳定地面对来访者，主要从以下几个方面进行自我觉察和训练，让自己放松下来，慢一点就可以做到。一是时常进行自我的觉察与检视。对自我身体、感受和意识的觉察，日常可以做冥想练习，可以对身边事物和身边的人进行觉察，也可以对自己的情绪体验在日常生活中进行觉察，帮助咨询师提高觉察力以及与自身情绪情感的联结。二是聚焦当下。把注意力放在此时此刻此地此景，能更多地关注当下的时候，就更容易遇见平静，减少焦虑，也能提高生命的状态，很多不顺畅、不舒服出现常常是因为不能聚焦当下，不在此时此刻而产生的，例如焦虑、抑郁等情绪障碍的产生。咨询师自身多数是在当下，就更容易集中注意力与来访者在一起，咨询师运用自己更有效带动来访者来到当下，体验当下。三是带着好奇遇见来访者。好奇是不批判、不解释、不下定义、不说道理、不给建议，好奇是带着接纳去探索，无论来访者的发生是什么，都能全然接纳。对一个生命开启好奇，带着真诚和欣赏，就更容易以更开阔的视角看见一个真实的来访者，进而帮助来访者以更开阔的视角看自己、看他人、看世界。

正如前文所说咨询的方向是走向成长而非问题,那么成长中最重要的是提升自我价值感,以珍视自我、提升自我能力、促进关系和谐来提高自尊,接纳一个真实的自我,既不妄自菲薄也不妄自尊大,自我价值感高通常是内在稳定的、开放的,处世中多是一致的而较少应对的,能够尊重自己的声音,也能够看见他人的需要,同时也能关注到情境。

在咨访中能带领来访者回到自己的中心,从中心出发进入角色,在角色中去实现自己,运用自己,达成目标,是非常好的咨询状态,也是咨询的重要方向。而这正是来访者成长的重要助推器,为自己负起责任,变反应为回应,有意识有觉察地做出意识层面的回应,让生命拥有更多选择权。

给家长:是接纳而不是广泛关注

在遇到青少年出现的各种状况时,第一个慌乱的就是父母,他们不知道怎么办,用了很多方法却不起效果,与孩子之间也越走越远,不但不能帮助到孩子面对解决问题,有时甚至发展出新的问题。

谈到接纳很多家长都知道要接纳孩子,但是是意识层面地告诉自己的要去接纳,到内在上是痛苦的,有的时候是忍受、忍耐,并不是全然地接纳。而接纳恰恰是全然的承托,是不指责、不批判、不挑剔,能愿意看见孩子此时此刻的状态、情感、行为、想法等就是这样,就好像你出门,天空下起了雨,你想到的是找个方法解决这个问题,例如打伞、避雨、等一会儿或者冲进大雨,但你不会站在雨里指着天空大骂,问他为什么要下雨。这就是真正的接纳,是止损的力量,能带着你不在泥潭里打转,能带给你稳定的力量,能帮助你找到改变的方向。

很多家长在关爱孩子的时候,多数是关照关于孩子的事情,身体、学习、吃穿等,却很少关注孩子本身的情绪、想法、期待和心中所需。当我们关注关于孩子的事的时候,孩子容易感受到你们关心的都是这些,而不是我,内心的失落和不满就会容易滋生。

在与未成年相处时,家长的接纳和抱持是给孩子最好的礼物,你的温柔而坚定,情绪稳定的状态更能够给孩子一个学习的榜样,同时也能促进未成年人稳定自身的情绪。

给孩子:是历程而不是终点

每个人都有青春期,每个青春期的孩子都有自己喜欢的人和事。不能被所有人喜欢、不能做所有自己喜欢的事、不是所有的期待都能实现。这个过程中任意一条都有可能成为未成年人的疑惑、困扰、卡点,产生忧郁、焦虑、难过、痛苦的情绪体验,进而让自己感觉很糟糕,忧郁、焦虑、痛苦等这些情绪翻倍,带来更大的痛苦。就像一个滚雪球,越滚越大,困在自己的牢笼里出不来。

然而哪个人没有青春,我们的青春都有荆棘和坎坷,但同时我们的青春生命都是一样的熠熠闪光,因为所有的一切都是成长的历程,是人生中重要的体验,但一定不是人生的终点。

生命的长河里洪水猛兽亦会出现,我们是踏板上的冲浪少年,冲着海浪,打着怪兽,一路向前。